QUESTIONS

SUR

L'ENCYCLOPÉDIE,

PAR

DES AMATEURS.

CINQUIEME PARTIE.

M. DCC. LXXI.

QUESTIONS
SUR
L'ENCYCLOPEDIE.

DROIT CANONIQUE.

IDÉE GÉNÉRALE DU DROIT CANO-
NIQUE, PAR MR. BERTRAND CI DE-
VANT PREMIER PASTEUR DE L'É-
GLISE DE BERNE.

Nous ne prétendons ni adopter, ni contredire ses principes ; c'est au public d'en juger. Le *droit canonique* ou *canon* est suivant les idées vulgaires, la jurisprudence ecclésiastique. C'est le recueil des canons, des regles des conciles, des décrets des papes, & des maximes des pères.

Fausse idée du droit canon.

Cinquiéme partie.

2 DROIT CANONIQUE.

Véritable idée du droit canon. Selon la raison, selon les droits des rois & des peuples, la jurisprudence ecclésiastique n'est & ne peut être que l'exposé des privilèges accordés aux ecclésiastiques par les souverains représentans la nation.

Source du véritable droit canon. S'il est deux autorités suprêmes, deux administrations qui ayent leurs droits séparés, l'une fera sans cesse effort contre l'autre. Il en résultera nécessairement des chocs perpétuels, des guerres civiles, l'anarchie, la tyrannie, malheurs dont l'histoire nous présente l'affreux tableau.

Si un prêtre s'est fait souverain, si le dairi du Japon a été roi jusqu'à notre seiziéme siécle, si le dalai-lama est souverain au Thibet, si *Numa* fut roi & pontife, si les califes furent les chefs de l'état & de la religion, si les papes régnent dans Rome, ce sont autant de preuves de ce que nous avançons; alors l'autorité n'est point divisée, il n'y a qu'une puissance. Les souverains de Russie & d'Angleterre président à la religion; l'unité essentielle de puissance est conservée.

La vraie religion ne peut établir l'indépendance du clergé. Toute religion est dans l'état, tout prêtre est dans la société civile; & tous les ecclésiastiques sont au nombre des sujets du souverain chez lequel ils exercent leur ministère. S'il était une religion qui établît quelque indépendance en faveur des ecclésiastiques, en les soustraiant à l'autorité souveraine &

légitime, cette religion ne saurait venir de DIEU auteur de la société, de DIEU par qui les rois régnent.

Il est par-là même de toute évidence que dans une religion, dont DIEU est représenté comme l'auteur, les fonctions des ministres, leurs personnes, leurs biens, leurs prétentions, la manière d'enseigner la morale, de prêcher le dogme, de célébrer les cérémonies, les peines spirituelles, que tout en un mot ce qui intéresse l'ordre civil doit être soumis à l'autorité du prince & à l'inspection des magistrats. De-là résultent toutes les règles du véritable droit canonique; & ce sont ces règles que nous développerons dans les sections de cet essai. *Tout ce qui regarde de la religion & le clergé est soumis à l'autorité souveraine.*

Si cette jurisprudence fait une science, on en trouvera ici les élémens.

C'est aux magistrats seuls d'autoriser les livres admissibles dans les écoles, selon la nature & la forme du gouvernement. C'est ainsi que Mr. *Paul-Joseph Rieger*, conseiller de cour, enseigne judicieusement le droit canonique dans l'université de Vienne. Ainsi nous voyons la république de Venise examiner & réformer toutes les règles établies dans ses états, qui ne lui conviennent plus. Il est à désirer que des exemples aussi sages soient enfin suivis dans toute la terre. *L'enseignement du droit canon soumis à l'inspection publique.*

A ij

SECTION PREMIÈRE.

Du ministère ecclésiastique.

Idée de la religion. La religion n'est instituée que pour maintenir les hommes dans l'ordre, & leur faire mériter les bontés de Dieu par la vertu. Tout ce qui dans une religion ne tend pas à ce but, doit être regardé comme peu essentiel, ou étranger, ou dangereux.

Moyens qu'ils doivent employer. L'instruction, les exhortations, les menaces des peines à venir, les promesses d'une béatitude immortelle, les prières, les conseils, les secours spirituels sont les seuls moyens que les ecclésiastiques puissent mettre en usage pour essayer de rendre les hommes vertueux ici-bas & heureux pour l'éternité.

La religion exclut toute contrainte. Tout autre moyen répugne à la liberté de la raison, à la nature de l'ame, aux droits inaltérables de sa conscience, à l'essence de la religion, à celle du ministère ecclésiastique, à tous les droits du souverain.

La vertu suppose la liberté comme le transport d'un fardeau suppose la force active. Dans la contrainte point de vertu, & sans vertu point de religion. Rends-moi esclave, je n'en serai pas meilleur.

Le souverain même n'a aucun droit d'employer la contrainte pour amener les hommes à la religion qui suppose essentiellement choix & liberté. Ma pensée n'est pas plus soumise à l'autorité que la maladie ou la santé.

Afin de démêler toutes les contradictons dont on a rempli les livres sur le droit canonique, & de fixer nos idées sur le ministère ecclésiastique, recherchons au milieu de mille équivoques ce que c'est que l'église.

L'église est l'assemblée de tous les fidèles appellés certains jours à prier en commun, & à faire en tout tems de bonnes actions. *Ce que c'est que l'église.*

Les prêtres sont des personnes établies sous l'autorité du souverain pour diriger ces prières & tout le culte religieux. *Ce que c'est qu'un ecclésiastiq.*

Une église nombreuse ne saurait être sans ecclésiastiques ; mais ces ecclésiastiques ne sont pas l'église. *1re. conséquence.*

Il n'est pas moins évident que si les ecclésiastiques qui sont dans la société civile avaient acquis des droits qui allassent à troubler ou à détruire la société, ces droits doivent être supprimés. *2de. conséquence.*

Il est encor de la plus grande évidence que si DIEU a attaché à l'église des prérogatives ou des droits, ces droits ni ces prérogatives ne sauraient appartenir privativement ni au chef de l'église, ni aux ecclésiastiques, parce qu'ils ne sont pas l'église, comme les *3me. conséquence.*

magistrats ne sont le souverain ni dans un état démocratique, ni dans une monarchie.

4me. conséquence. Enfin, il est très évident que ce sont nos ames qui sont soumises aux soins du clergé, uniquement pour les choses spirituelles.

Notre ame agit intérieurement, les actes sont la pensée, les volontés, les inclinations, l'acquiescement à certaines vérités. Tous ces actes sont au-dessus de toute contrainte, & ne sont du ressort du ministère ecclésiastique qu'autant qu'il doit instruire & jamais commander.

5me. conséquence. Cette ame agit aussi extérieurement. Les actions extérieures sont soumises à la loi civile. Ici la contrainte peut avoir lieu; les peines temporelles ou corporelles maintiennent la loi en punissant les violateurs.

La docilité à l'ordre ecclésiastique doit par conséquent toûjours être libre & volontaire; il ne saurait y en avoir d'autre. La soumission au contraire à l'ordre civil peut être contrainte & forcée.

6me. conséquence. Par la même raison, les peines ecclésiastiques toûjours spirituelles, n'atteignent ici-bas que celui qui est intérieurement convaincu de sa faute. Les peines civiles au contraire accompagnées d'un mal physique & civil ont les mêmes effets civils, soit que le coupable en reconnaisse la justice ou non.

De-là il résulte manifestement que l'autorité du clergé n'est & ne peut être que spirituelle ; qu'il ne saurait avoir aucun pouvoir temporel ; qu'aucune force coactive ne convient à son ministere qui en serait détruit.

Il suit encor de-là que le souverain atten- 7me. con‑
tif à ne souffrir aucun partage de son autorité, séquence.
ne doit permettre aucune entreprise qui mette
les membres de la société dans une dépendance extérieure & civile d'un corps ecclésiastique.

Tels sont les principes incontestables du véritable droit canonique, dont les règles & les décisions doivent en tout tems être jugés d'après ces vérités éternelles & immuables, fondées sur le droit naturel & l'ordre nécessaire de la société.

SECTION SECONDE.

Des possessions des ecclésiastiques.

Remontons toûjours aux principes de la société, qui dans l'ordre civil comme dans l'ordre religieux, sont les fondemens de tous droits.

La société en général est propriétaire du Principe
territoire d'un pays, source de la richesse na- sur la pro‑
tionale. Une portion de ce revenu national est priété.
attribuée au souverain pour soutenir les dépenses de l'administration. Chaque particulier est

A iiij

posseffeur de la partie du territoire & du revenu que les loix lui assurent ; & aucune possession, ni aucune jouissance ne peut en aucun tems être souftraite à l'autorité de la loi.

Nous ne possédons pas par le droit de la nature. Dans l'état de société nous ne tenons aucun bien, aucune possession de la seule nature, puisque nous avons renoncé aux droits naturels pour nous soumettre à l'ordre civil qui nous garantit & nous protège ; c'est de la loi que nous tenons toutes nos possessions.

Ni par la religion. Personne non plus ne peut rien tenir sur la terre de la religion ; ni domaine, ni possessions, puisque ses biens sont tous spirituels. Les possessions du fidèle comme véritable membre de l'église, sont dans le ciel ; là est son trésor. Le royaume de JESUS-CHRIST qu'il annonça toûjours comme prochain, n'était & ne pouvait être de ce monde. Aucune possession ne peut donc être de droit divin.

Sous la loi de Moïse. Les lévites sous la loi hébraïque, avaient, il est vrai, la dixme par une loi positive de DIEU ; mais c'était une théocratie qui n'existe plus ; & DIEU agissait comme le souverain de la terre. Toutes ces loix ont cessé, & ne sauraient être aujourd'hui un titre de possession.

Aucune possession n'est de droit divin. Si quelque corps aujourd'hui, comme celui des ecclésiastiques, prétend posséder la dixme ou tout autre bien, de droit divin positif, il faut qu'il produise un titre enregistré dans une révélation divine, expresse & incontestable. Ce titre miraculeux ferait, j'en conviens, exception à la loi civile, autorisée de DIEU, qui dit, *que toute personne doit être soumise aux puissances supérieures, parce qu'elles sont ordonnées de* DIEU, *& établies en son nom.*

Au défaut d'un titre pareil, un corps ecclésiastique quelconque ne peut donc jouir sur la terre que du consentement du souverain, & sous l'autorité des loix civiles : ce sera là le seul titre de ses possessions. Si le clergé renonçait imprudemment à ce titre, il n'en aurait plus aucun ; & il pourait être dépouillé par quiconque aurait assez de puissance pour l'entreprendre. Son intérêt essentiel est donc de dépendre de la société civile qui seule lui donne du pain. Mais par la loi civile.

Par la même raison, puisque tous les biens du territoire d'une nation sont soumis sans exception aux charges publiques pour les dépenses du souverain & de la nation, aucune possession ne peut être exemptée que par la loi ; & cette loi même est toûjours révocable lorsque les circonstances viennent à changer. *Pierre* ne peut être exempté que la charge de *Jean* ne soit augmentée. Ainsi l'équité réclamant sans cesse pour la proportion contre toute surcharge, le souverain est à chaque instant en droit d'examiner les exemptions, & de remettre les choses dans l'ordre naturel & proportionnel, en abolissant les immunités accordées, soufferites ou extorquées. Tous les biens soumis aux charges publiques.

Loi injuste.

Toute loi qui ordonnerait que le souverain fît tout aux fraix du public pour la sûreté & la conservation des biens d'un particulier ou d'un corps, sans que ce corps ou ce particulier contribuât aux charges communes, serait une subversion des loix.

Le magistrat doit avoir un état des biens ecclésiastiques.

Je dis plus, la quotité quelconque de la contribution d'un particulier, ou d'un corps quelconque, doit être réglée proportionnellement, non par lui, mais par le souverain ou les magistrats, selon la loi & la forme générale. Ainsi le souverain doit connaître, & peut demander un état des biens & des possessions de tout corps, comme de tout particulier.

C'est donc encor dans ces principes immuables que doivent être puisées les règles du droit canonique, par rapport aux possessions & aux revenus du clergé.

L'église n'a point de biens temporels.

Les ecclésiastiques doivent sans doute avoir dequoi vivre honorablement ; mais ce n'est ni comme membres, ni comme représentans de l'église ; car l'église par elle-même n'a ni règne ni possession sur cette terre.

Mais s'il est de la justice que les ministres de l'autel vivent de l'autel, il est naturel qu'ils soient entretenus par la société, tout comme les magistrats & les soldats le font. C'est donc à la loi civile à faire la pension proportionnelle du corps ecclésiastique.

Biens donnés au clergé.

Lors même que les possessions des ecclésiastiques leur ont été données par testament, ou de quelque autre manière, les donateurs n'ont pu dénaturer les biens en les fouftraifant aux charges publiques, ou à l'autorité des loix. C'eft toûjours fous la garantie des loix, fans lefquelles il ne faurait y avoir poffeffion affurée & légitime, qu'ils en jouiront.

C'eft donc encor au fouverain ou aux magiftrats en fon nom, à examiner en tout tems fi les revenus eccléfiaftiques font fuffifans; s'ils ne l'étaient pas, ils doivent y pourvoir par des augmentations de penfions; mais s'ils étaient manifeftement exceffifs, c'eft à eux à difpofer du fuperflu pour le bien commun de la fociété.

Mais, felon les principes du droit vulgairement appellé *canonique*, qui a cherché à faire un état dans l'état, un empire dans l'empire, les biens eccléfiaftiques font facrés & intangibles, parce qu'ils appartiennent à la religion & à l'églife; ils viennent de DIEU & non des hommes.

Les biens eccléfiaftiques font-ils facrés ?

D'abord, ils ne fauraient appartenir, ces biens terreftres, à la religion qui n'a rien de temporel. Ils ne font pas à l'églife qui eft le corps univerfel de tous les fidèles, à l'églife qui renferme les rois, les magiftrats; les foldats, tous les fujets; car nous ne devons jamais oublier que les eccléfiaftiques ne font pas plus l'églife que les magiftrats ne font l'état.

Enfin, ces biens ne viennent de DIEU,

que comme tous les autres biens en dérivent, parce que tout est soumis à sa providence.

Ainsi, tout ecclésiastique possesseur d'un bien ou d'une rente, en jouit comme sujet & citoyen de l'état, sous la protection unique de la loi civile.

Un bien qui est quelque chose de matériel & de temporel, ne saurait être sacré ni saint, dans aucun sens, ni au propre, ni au figuré. Si l'on dit qu'une personne, un édifice sont sacrés, cela signifie qu'ils sont consacrés, employés à des usages spirituels.

Abuser d'une métaphore pour autoriser des droits & des prétentions destructives de toute société, c'est une entreprise dont l'histoire de la religion fournit plus d'un exemple, & même des exemples bien singuliers qui ne sont pas ici de mon ressort.

SECTION TROISIÉME.

Des assemblées ecclésiastiques ou religieuses.

Ce qui fait la légitimité des assemblées. Il est certain qu'aucun corps ne peut former dans l'état aucune assemblée publique & régulière, que du consentement du souverain.

Les assemblées religieuses pour le culte doivent être autorisées par le souverain dans l'ordre civil, afin qu'elles soient légitimes.

Exemple de la Hollande. En Hollande, où le souverain accorde à cet égard la plus grande liberté, de même à-peu-près qu'en Russie, en Angleterre, en Prusse, ceux qui veulent former une église doivent en obtenir la permission : dès-lors cette église est dans l'état, quoi qu'elle ne soit pas la religion de l'état. En général, dès qu'il y a un nombre suffisant de personnes ou de familles qui veulent avoir un certain culte & des assemblées, elles peuvent sans doute en demander la permission au magistrat souverain ; & c'est à ce magistrat à en juger. Ce culte une fois autorisé, on ne peut le troubler sans pécher contre l'ordre public. La facilité que le souverain a eue en Hollande d'accorder ces permissions, n'entraîne aucun désordre ; & il en serait ainsi partout, si le magistrat seul examinait, jugeait & protégeait.

Le souverain a le droit en tout tems de savoir ce qui se passe dans les assemblées, de les diriger selon l'ordre public, d'en réformer les abus, & d'abroger les assemblées s'il en naissait des désordres. Cette inspection perpétuelle est une portion essentielle de l'administration souveraine que toute religion doit reconnaître. *Inspection sur ces assemblées.*

S'il y a dans le culte des formulaires de prières, des cantiques, des cérémonies, tout doit être soumis de même à l'inspection du magistrat. Les ecclésiastiques peuvent composer ces formulaires ; mais c'est au souverain à les examiner, à les approuver, à les réformer au besoin. On a vu des guerres sanglantes *Sur les formulaires.*

pour des formulaires, & elles n'auraient pas eu lieu si les souverains avaient mieux connu leurs droits.

Sur les fêtes. Les jours de fêtes ne peuvent pas non plus être établis sans le concours & le consentement du souverain, qui en tout tems peut les réformer, les abolir, les réunir, en régler la célébration selon que le bien public le demande. La multiplication de ces jours de fêtes fera toûjours la dépravation des mœurs, & l'appauvrissement d'une nation.

Sur l'instruction publique. L'inspection sur l'instruction publique de vive voix, ou par des livres de dévotion, appartient de droit au souverain. Ce n'est pas lui qui enseigne, mais c'est à lui à voir comment sont enseignés ses sujets. Il doit faire enseigner surtout la morale, qui est aussi nécessaire que les disputes sur le dogme ont été souvent dangereuses.

Sur les disputes. S'il y a quelque dispute entre les ecclésiastiques sur la manière d'enseigner, ou sur certains points de doctrine, le souverain peut imposer silence aux deux partis, & punir ceux qui désobéissent.

Sur les prédications. Comme les assemblées religieuses ne sont point établies sous l'autorité souveraine pour y traiter des matières politiques, les magistrats doivent réprimer les prédicateurs séditieux qui échauffent la multitude par des déclamations puniffables ; ils font la pefte des états.

Tout culte fuppofe une difcipline pour y conferver l'ordre, l'uniformité & la décence. C'eft au magiftrat à maintenir cette difcipline, & à y apporter les changemens que le tems & les circonftances peuvent exiger. *Sur la difcipline.*

Pendant près de huit fiécles, les empereurs d'Orient affemblèrent des conciles pour appaifer des troubles qui ne firent qu'augmenter, par la trop grande attention qu'on y apporta. Le mépris aurait plus fûrement fait tomber des vaines difputes que les paffions avaient allumées. Depuis le partage des états d'Occident en divers royaumes, les princes ont laiffé aux papes la convocation de ces affemblées. Les droits du pontife de Rome ne font à cet égard que conventionnels, & tous les fouverains réunis peuvent en tout tems en décider autrement. Aucun d'eux en particulier n'eft obligé de foumettre fes états à aucun canon, fans l'avoir examiné & approuvé. Mais comme le concile de Trente fera apparemment le dernier, il eft très inutile d'agiter toutes les queftions qui pouraient regarder un concile futur & général. *Sur les conciles.*

Quant aux affemblées, ou fynodes, ou conciles nationaux, ils ne peuvent fans contredit être convoqués que quand le fouverain les juge néceffaires ; fes commiffaires doivent y préfider, & en diriger toutes les délibérations, *Sur les fynodes.*

& c'eſt à lui à donner la ſanction aux dé- crets.

Sur les aſ- ſemblées périodi- ques.

Il peut y avoir des aſſemblées périodiques du clergé pour le maintien de l'ordre & ſous l'autorité du ſouverain ; mais la puiſſance civile doit toûjours en déterminer les vues, en diriger les délibérations, & en faire exécuter les déciſions. L'aſſemblée périodique du clergé de France, n'eſt autre choſe qu'une aſſemblée de commiſſaires économiques pour tout le clergé du royaume.

Sur les vœux.

Les vœux par leſquels s'obligent quelques eccléſiaſtiques de vivre en corps ſelon une certaine règle, ſous le nom de *moines* ou de *religieux*, ſi prodigieuſement multipliés dans l'Europe ; ces vœux doivent auſſi être toûjours ſoumis à l'examen & à l'inſpection des magiſtrats ſouverains. Ces couvens qui renferment tant de gens inutiles à la ſociété, & tant de victimes qui regrettent la liberté qu'ils ont perdue, ces ordres qui portent tant de noms ſi bizarres, ne peuvent être établis dans un pays, & tous leurs vœux ne peuvent être valables, ou obligatoires, que quand ils ont été examinés & approuvés au nom du ſouverain.

Sur les couvens.

En tout tems le prince eſt donc en droit de prendre connaiſſance des règles de ces maiſons religieuſes, de leur conduite : il peut réformer ces maiſons & les abolir s'il les juge

juge incompatibles avec les circonstances présentes, & le bien actuel de la société.

Les biens & les acquisitions de ces corps religieux sont de même soumis à l'inspection des magistrats pour en connaître la valeur & l'emploi. Si la masse de ces richesses qui ne circulent plus était trop forte, si les revenus excédaient trop les besoins raisonnables de ces réguliers, si l'emploi de ces rentes était contraire au bien général, si cette accumulation appauvrissait les autres citoyens, dans tous ces cas il serait du devoir des magistrats, pères communs de la patrie, de diminuer ces richesses, de les partager, de les faire rentrer dans la circulation qui fait la vie d'un état, de les employer même à d'autres usages pour le bien de la société. *Sur les biens des moines.*

Par les mêmes principes le souverain doit expressément défendre qu'aucun ordre religieux ait un supérieur dans le pays étranger, c'est presque un crime de lèze-majesté. *Sur leurs règles spirituelles.*

Le souverain peut prescrire les règles pour entrer dans ces ordres; il peut, selon les anciens usages, fixer un âge, & empêcher que l'on ne fasse des vœux que du consentement exprès des magistrats. Chaque citoyen naît sujet de l'état, & il n'a pas le droit de rompre des engagemens naturels envers la société sans l'aveu de ceux qui la gouvernent. *Sur l'admission dans les ordres.*

Cinquième partie. B

De la dissolution d'un ordre. Si le souverain abolit un ordre religieux, ces vœux cessent d'être obligatoires. Le premier vœu est d'être citoyen ; c'est un serment primordial & tacite, autorisé de Dieu, un vœu dans l'ordre de la providence, un vœu inaltérable & imprescriptible qui unit l'homme en société avec la patrie & avec le souverain. Si nous avons pris un engagement postérieur, le vœu primitif a été réservé ; rien n'a pu énerver ni suspendre la force de ce ferment primitif. Si donc le souverain déclare ce dernier vœu, qui n'a pu être que conditionnel & dépendant du premier, incompatible avec le ferment naturel ; s'il trouve ce dernier vœu dangereux dans la société, & contraire au bien public qui est la suprême loi, tous sont dès lors déliés en conscience de ce vœu ; pourquoi ? parce que la conscience les attachait primitivement au ferment naturel, & au souverain. Le souverain dans ce cas ne dissout point un vœu ; il le déclare nul, il remet l'homme dans l'état naturel.

En voilà assez pour dissiper tous les sophismes par lesquels les canonistes ont cherché à embarrasser cette question si simple pour quiconque ne veut écouter que la raison.

Section Quatriéme.
Des peines ecclésiastiques.

Peines spirituelles. Puisque ni l'église qui est l'assemblée de tous les fidèles, ni les ecclésiastiques qui sont ministres dans cette églife au nom du fouverain & fous fon autorité, n'ont aucune force coactive, aucune puiffance exécutrice, aucun pouvoir terreftre, il eft évident que ces miniftres de la religion ne peuvent infliger que des peines uniquement fpirituelles. Menacer les pécheurs de la colère du ciel, c'eft la feule peine dont un pafteur peut faire ufage. Si l'on ne veut pas donner le nom de *peines* à ces cenfures, ou à ces déclamations, les miniftres de la religion n'auront aucune peine à infliger.

{De l'excommunication.} L'églife peut-elle bannir de fon fein ceux qui la deshonorent ou la troublent ? Grande queftion fur laquelle les canoniftes n'ont point héfité de prendre l'affirmative. Obfervons d'abord que les eccléfiaftiques ne font pas l'églife. L'églife affemblée dans laquelle font les magiftrats fouverains, pourait fans doute de droit, exclure de fes congrégations un pécheur fcandaleux, après des avertiffemens charitables, réitérés & fuffifans. Cette exclufion ne peut dans ce cas même emporter aucune peine civile, aucun mal corporel, ni la privation d'aucun avantage terreftre. Mais ce que peut l'églife de droit, les eccléfiaftiques qui font dans l'églife ne le peuvent qu'autant que le fouverain les y autorife & le leur permet.

C'eft donc encor même dans ce cas au fouverain à veiller fur la manière dont ce droit fera excercé ; vigilance d'autant plus néceffaire qu'il eſt plus aiſé d'abuſer de cette diſcipline. C'eſt par conſéquent à lui, en conſultant les règles du ſupport & de la charité, à preſcrire les formes & les reſtrictions convenables : ſans cela, toute déclaration du clergé, toute excommunication ſerait nulle & ſans effet, même dans l'ordre ſpirituel. C'eſt confondre des cas entiérement différens que de conclure de la pratique des apôtres la manière de procéder aujourd'hui. Le ſouverain n'était pas de la religion des apôtres, l'égliſe n'était pas encore dans l'état ; les miniſtres du culte ne pouvaient pas recourir au magiſtrat. D'ailleurs, les apôtres étaient des miniſtres extraordinaires tels qu'on n'en voit plus. Si l'on me cite d'autres exemples d'excommunications lancées ſans l'autorité du ſouverain, que dis-je, ſi l'on rappelle ce que l'on ne peut entendre ſans frémir d'horreur, des exemples mêmes d'excommunications fulminées inſolemment contre des ſouverains & des magiſtrats, je répondrai hardiment que ces attentats ſont une rébellion manifeſte, une violation ouverte des devoirs les plus ſacrés de la religion, de la charité, & du droit naturel.

L'excommunication appartient privativement à l'égliſe.

On voit donc évidemment que c'eſt au nom de toute l'égliſe que l'excommunication doit être prononcée contre les pécheurs publics, puiſqu'il s'agit ſeulement de l'excluſion de ce corps ; ainſi elle doit être prononcée par les ecclésiastiques sous l'autorité des magistrats & au nom de l'église, pour les seuls cas dans lesquels on peut présumer que l'église entière bien instruite la prononcerait, si elle pouvait avoir en corps cette discipline qui lui appartient privativement.

Ajoutons encor pour donner une idée complette de l'excommunication, & des vraies règles du droit canonique à cet égard, que cette excommunication légitimement prononcée par ceux à qui le souverain au nom de l'église en a expressément laissé l'exercice, ne renferme que la privation des biens spirituels sur la terre. Elle ne saurait s'étendre à autre chose. Tout ce qui serait au-delà serait abusif, & plus ou moins tyrannique. Les ministres de l'église ne font que déclarer qu'un tel homme n'est plus membre de l'église. Il peut donc jouir malgré l'excommunication de tous les droits naturels, de tous les droits civils, de tous les biens temporels comme homme, ou comme citoyen. Si le magistrat intervient & prive outre cela un tel homme d'une charge ou d'un emploi dans la société, c'est alors une peine civile ajoutée pour quelque faute contre l'ordre civil.

Ce n'est que la privation des biens spirituels sur la terre.

Suppofons encor que les ecclésiastiques qui ont prononcé l'excommunication, ayent été séduits par quelque erreur ou quelque passion, (ce qui peut toûjours arriver puisqu'ils sont hommes) celui qui a été ainsi exposé à

L'excommunication peut être déclarée nulle par la conscience.

une excommunication précipitée est justifié par sa conscience devant Dieu. La déclaration faite contre lui n'est & ne peut être d'aucun effet pour la vie à venir. Privé de la communion extérieure avec les vrais fidèles, il peut encor jouir ici-bas de toutes les consolations de la communion intérieure. Justifié par sa conscience, il n'a rien à redouter dans la vie à venir du jugement de Dieu qui est son véritable juge.

Si le magistrat ou le souverain peut être excommunié.

C'est encor une grande question dans le droit canonique, si le clergé, si son chef, si un corps ecclésiastique quelconque, peut excommunier les magistrats ou le souverain, sous prétexte, ou pour raison de l'abus de leur pouvoir. Cette question seule est scandaleuse, & le simple doute une rébellion manifeste. En effet, le premier devoir de l'homme en société est de respecter & de faire respecter le magistrat ; & vous prétendriez avoir le droit de le diffamer & de l'avilir ! qui vous aurait donné ce droit aussi absurde qu'exécrable ? serait-ce Dieu qui gouverne le monde politique par les souverains, qui veut que la société subsiste par la subordination ?

Les premiers ecclésiastiques, à la naissance du christianisme, se sont-ils crus autorisés à excommunier les *Tibères*, les *Nérons*, les *Claudes*, & ensuite les *Constances* qui étaient hérétiques ? Comment donc a-t-on pu souffrir si longtems des prétentions aussi monstrueuses, des idées aussi atroces, & les attentats affreux qui en ont été la suite; attentats également réprouvés par la raison, le droit naturel & la religion ? S'il était une religion qui enseignât de pareilles horreurs, elle devrait être proscrite de la société comme directement opposée au repos du genre-humain. Le cri des nations s'est déja fait entendre contre ces prétendues loix canoniques, dictées par l'ambition & le fanatisme. Il faut espérer que les souverains mieux instruits de leurs droits, soutenus par la fidélité des peuples, mettront enfin un terme à des abus si énormes, & qui ont causé tant de malheurs. Le philosophe inimitable qui nous a donné l'*Essai sur l'histoire générale & les mœurs des nations*, a été le premier qui a relevé avec force l'atrocité des entreprises de cette nature.

SECTION CINQUIÉME.

De l'inspection sur le dogme.

Le souverain n'est point le juge de la vérité du dogme; il peut juger pour lui-même comme tout autre homme; mais il doit prendre connaissance du dogme dans tout ce qui intéresse l'ordre civil, soit quant à la nature de la doctrine si elle avait quelque chose de contraire au bien public, soit quant à la manière de la proposer.

Attention du souverain sur le dogme.

Règle générale dont les magistrats souverains n'auraient jamais dû se départir. Rien dans le dogme ne mérite l'attention de la police que ce qui peut intéresser l'ordre public; c'est l'influence de la doctrine sur les mœurs qui décide de son importance. Toute doctrine qui n'a qu'un rapport éloigné avec la vertu, ne sauroit être fondamentale. Les vérités qui sont propres à rendre les hommes doux, humains, soumis aux loix, obéissans au souverain, intéressent l'état, & viennent évidemment de Dieu.

Section sixiéme.

Inspection des magistrats sur l'administration des sacremens.

Inspection nécessaire. L'administration des sacremens doit être aussi soumise à l'inspection assidue du magistrat en tout ce qui intéresse l'ordre public.

Sur les régistres. On convient d'abord que le magistrat doit veiller sur la forme des régistres publics des mariages, des batêmes, des morts, sans aucun égard à la croyance des divers citoyens de l'état.

Les mêmes raisons de police & d'ordre n'exigeraient-elles pas qu'il y eût des régistres exacts entre les mains du magistrat, de tous ceux qui font des vœux pour entrer dans les cloîtres, dans les pays où les cloîtres sont admis.

« Dans le sacrement de la pénitence, le ministre qui refuse ou accorde l'absolution, n'est comptable de ses jugemens qu'à DIEU; de même aussi le pénitent n'est comptable qu'à DIEU s'il communie ou non, & s'il communie bien ou mal.

Aucun pasteur pécheur ne peut avoir le droit de refuser publiquement & de son autorité privée, l'eucharistie à un autre pécheur. JESUS-CHRIST impeccable ne refusa pas la communion à *Judas*.

L'extrême-onction & le viatique demandés par les malades sont soumis aux mêmes règles. Le seul droit du ministre est de faire des exhortations au malade, & le devoir du magistrat est d'avoir soin que le pasteur n'abuse pas de ces circonstances pour persécuter les malades.

Autrefois c'était l'église en corps qui appellait ses pasteurs, & leur conférait le droit d'instruire & de gouverner le troupeau. Ce sont aujourd'hui des ecclésiastiques qui en consacrent d'autres, mais la police publique doit y veiller.

C'est sans doute un grand abus introduit depuis longtems, que de conférer les ordres sans fonction; c'est enlever des membres à l'état sans en donner à l'église. Le magistrat est en droit de réformer cet abus.

De la nature du mariage.

Le mariage, dans l'ordre civil, est une union légitime de l'homme & de la femme pour avoir des enfans, pour les élever, & pour leur affurer les droits des propriétés fous l'autorité de la loi. Afin de conftater cette union, elle eft accompagnée d'une cérémonie religieufe, régardée par les uns comme un facrement, par les autres comme une pratique du culte public ; vraie logomachie qui ne change rien à la chofe. Il faut donc diftinguer deux parties dans le mariage, le contract civil ou l'engagement naturel, & le facrement ou la cérémonie facrée. Le mariage peut donc fubfifter avec tous fes effets naturels & civils, indépendamment de la cérémonie religieufe. Les cérémonies même de l'églife ne font devenues néceffaires dans l'ordre civil que parce que le magiftrat les a adoptées. Il s'eft même écoulé un longtems fans que les miniftres de la religion ayent eu aucune part à la célébration des mariages. Du tems de *Juftinien* le confentement des parties en préfence de témoins, fans aucune cérémonie de l'églife, légitimait encor le mariage parmi les chrétiens. C'eft cet empereur qui fit vers le milieu du fixiéme fiécle, les premières loix pour que les prêtres intervinffent comme fimples témoins, fans ordonner encor de bénédiction nuptiale. L'empereur *Léon* qui mourut fur le trône en 886, femble être le premier qui ait mis la cérémonie religieufe au rang des conditions néceffaires. La loi même qu'il fit attefte que c'était un nouvel établiffement.

De l'idée juste que nous nous formons ainsi du mariage, il résulte d'abord que le bon ordre & la piété même rendent aujourd'hui nécessaires les formalités religieuses, adoptées dans toutes les communions chrétiennes. Mais l'essence du mariage ne peut en être dénaturée ; & cet engagement qui est le principal dans la société est, & doit demeurer toûjours soumis dans l'ordre politique à l'autorité du magistrat.

Il suit de-là encor que deux époux élevés dans le culte même des infidèles & des hérétiques, ne sont point obligés de se remarier s'ils l'ont été selon la loi de leur patrie ; c'est au magistrat dans tous les cas d'examiner la chose.

Le prêtre est aujourd'hui le magistrat que la loi a désigné librement en certains pays pour recevoir la foi de mariage. Il est très évident que la loi peut modifier ou changer, comme il lui plait l'étendue de cette autorité ecclésiastique.

Des testamens & enterremens. Les testamens & les enterremens sont incontestablement du ressort de la loi civile & de celui de la police. Jamais ils n'auraient dû souffrir que le clergé usurpât l'autorité de la loi à aucun de ces égards. On peut voir encor dans le siécle de *Loüis XIV* & dans celui de *Loüis XV*, des exemples frappans des entreprises de certains ecclésiastiques fanatiques sur la police des enterremens. On a vu des refus de facremens, d'inhumation, fous prétexte d'héréfie ; barbarie dont les payens mêmes auraient eu horreur.

Section septiéme.

Jurifdiction des ecclésiaftiques.

Le fouverain peut fans doute abandonner à un corps eccléfiaftique ou à un feul prêtre une jurifdiction fur certains objets & fur certaines perfonnes, avec une compétence convenable à l'autorité confiée. Je n'examine point s'il a été prudent de remettre ainfi une portion de l'autorité civile entre les mains d'un corps ou d'une perfonne, qui avait déja une autorité fur les chofes fpirituelles. Livrer à ceux qui devaient feulement conduire les hommes au ciel, une autorité fur la terre, c'était réunir deux pouvoirs dont l'abus était trop facile : mais il eft certain du moins qu'aucun homme en tant qu'eccléfiaftique, ne peut avoir aucune forte de jurifdiction. S'il la poffède, elle eft ou concédée par le fouverain, ou ufurpée, il n'y a point de milieu. Le royaume de JESUS-CHRIST n'eft point de ce monde ; il a refufé d'être jugé fur la terre, il a ordonné de rendre à *Céfar* ce qui appartient à *Céfar* ; il a interdit à fes apôtres toute domination ; il n'a prêché que l'humilité, la douceur & la dépendance. Les eccléfiaftiques ne peuvent tenir de lui ni puissance, ni autorité, ni domination, ni jurisdiction dans le monde. Ils ne peuvent donc posséder légitimement aucune autorité que par une concession du souverain, de qui tout pouvoir doit dériver dans la société.

Puisque c'est du souverain seul que les ecclésiastiques tiennent quelque jurisdiction sur la terre, il suit de-là que le souverain & ses magistrats doivent veiller sur l'usage que le clergé fait de son autorité, comme nous l'avons prouvé.

Il fut un tems, dans l'époque malheureuse du gouvernement féodal, où les ecclésiastiques s'étaient emparés en divers lieux des principales fonctions de la magistrature. On a borné dès-lors l'autorité des seigneurs de fiefs laïques, si redoutable au souverain, & si dure pour les peuples. Mais une partie de l'indépendance des jurisdictions ecclésiastiques a subsisté. Quand donc est-ce que les souverains seront assez instruits, ou assez courageux pour reprendre à eux toute autorité usurpée, & tant de droits dont on a si souvent abusé pour vexer les sujets qu'ils doivent protéger ?

C'est de cette inadvertence des souverains que sont venues les entreprises audacieuses de quelques ecclésiastiques contre le souverain même. L'histoire scandaleuse de ces attentats énormes est consignée dans des monumens qui ne peuvent être contestés, & il est à présumer que les souverains éclairés aujourd'hui par les écrits des sages, ne permettront plus des tentatives qui ont si souvent été accompagnées ou suivies de tant d'horreurs.

La bulle *in Cœna Domini* est encor en particulier une preuve subsistante des entreprises continuelles du clergé contre l'autorité souveraine & civile, &c. (Voyez *Bulle.*) Voyez surtout l'article des *Deux puissances*.

EXTRAIT DU TARIF DES DROITS *qu'on paye en France à la cour de Rome pour les bulles, dispenses, absolutions &c., lequel tarif fut arrêté au conseil du roi le 4 Septembre* 1691, *& qui est rapporté tout entier dans l'*Instruction *de Jacques Le Pelletier, imprimée à Lyon en* 1699, *avec approbation & privilège du roi ; à Lyon chez Antoine Boudet, huitième édition. On en a retiré les exemplaires, & les taxes subsistent.*

1°. Pour absolution du crime d'apostasie, on payera au pape quatre-vingt livres.

2°. Un bâtard qui voudra prendre les ordres, payera pour la dispense vingt-cinq livres ; s'il veut posséder un bénéfice simple, il payera de plus cent quatre-vingt livres ; s'il veut que dans la dispense on ne fasse pas mention de son illégitimité, il payera mille cinquante livres.

DROIT CANONIQUE. 31

3°. Pour dispense & absolution de bigamie, mille cinquante livres.

4°. Pour dispense à l'effet de juger criminellement, ou d'exercer la médecine, quatre-vingt dix livres.

5°. Absolution d'hérésie, quatre-vingt livres.

6°. Bref de quarante heures pour sept ans, douze livres.

7°. Absolution pour avoir commis un homicide à son corps défendant ou sans mauvais dessein, quatre-vingt quinze livres. Ceux qui étaient dans la compagnie du meurtrier doivent aussi se faire absoudre & payer pour cela quatre-vingt cinq livres.

8°. Indulgences pour sept années, douze livres.

9°. Indulgences perpétuelles pour une confrairie, quarante livres.

10°. Dispense d'irrégularité ou d'inhabilité, vingt-cinq livres; si l'irrégularité est grande, cinquante livres.

11°. Permission de lire les livres défendus, vingt-cinq livres.

12°. Dispense de simonie, quarante livres; sauf à augmenter suivant les circonstances.

13°. Bref pour manger les viandes défendues, soixante-cinq livres.

14°. Dispense de vœux simples de chasteté ou de religion, quinze livres. Bref déclaratoire de la nullité de la profession d'un religieux ou d'une religieuse, cent livres : si on demande ce bref dix ans après la profession, on paye le double.

Dispenses de mariage.

Dispense du quatriéme degré de parenté avec cause, soixante-cinq livres ; sans cause quatre-vingt dix livres ; avec absolution des familiarités que les futurs ont eues ensemble, cent quatre-vingt livres.

Pour les parens du troisiéme au quatriéme degré, tant du côté du père que de celui de la mère, la dispense sans cause est de huit cent quatre-vingt livres ; avec cause cent quarante-cinq livres.

Pour les parens au second degré d'un côté, & au quatriéme de l'autre, les nobles payeront mille quatre cent trente livres ; pour les roturiers mille cent cinquante-cinq livres.

Celui qui voudra épouser la sœur de la fille avec laquelle il a été fiancé, payera pour la dispense mille quatre cent trente livres.

Ceux qui sont parens au troisiéme degré, s'ils sont nobles, ou s'ils vivent honnêtement, payeront mille quatre cent trente livres ; si la parenté est tant du côté du père que de celui de la mère, deux mille quatre cent trente livres.

Parens au second degré payeront quatre mille cinq cent trente livres ; si la future a accordé des faveurs au futur, ils payeront de plus pour l'absolution deux mille trente livres.

Ceux

Ceux qui ont tenu sur les fonts de batême l'enfant de l'un ou de l'autre, la dispense est de deux mille sept cent trente livres. Si l'on veut se faire absoudre d'avoir pris des plaisirs prématurés, on payera de plus mille trois cent trente livres.

Celui qui a joui des faveurs d'une veuve pendant la vie du premier mari, payera pour l'épouser légitimement cent quatre-vingt dix livres.

En Espagne & en Portugal, les dispenses de mariage sont beaucoup plus chères. Les cousins-germains ne les obtiennent pas à moins de deux mille écus de dix jules de Componade.

Les pauvres ne pouvant pas payer des taxes aussi fortes, on leur fait des remises. Il vaut bien mieux tirer la moitié du droit que de ne rien avoir du tout en refusant la dispense.

On ne rapporte pas ici les sommes que l'on paye pour les bulles des évêques, des abbés, des prieurs, des curés &c. ; à la bonne heure que le pape perçoive quelques droits sur les gens d'église ; mais on ne voit pas de quelle autorité il impose des taxes sur les laics qui épousent leurs cousines.

Cinquième partie. C

DU DROIT DE LA GUERRE.

Dialogue entre un Anglais & un Allemand.

L'ALLEMAND.

Qu'entendez-vous par le droit de la guerre?

L'ANGLAIS.

Votre *Grotius* en a fait un ample traité, dans lequel il cite plus de deux cent auteurs Grecs ou Latins, & même des auteurs Juifs.

L'ALLEMAND.

Croyez-vous que le prince *Eugène*, & le duc de *Marlborou* l'eussent étudié quand ils vinrent humilier la fierté de *Louis XIV?* Le droit de la paix je le connais assez; c'est de tenir sa parole, & de laisser tous les hommes jouir des droits de la nature; mais pour le droit de la guerre, je ne sais ce que c'est. Le code du meurtre me semble une étrange imagination. J'espère que bientôt on nous donnera la jurisprudence des voleurs de grand chemin.

L'ANGLAIS.

Comment accorderons-nous donc cette horreur si ancienne, si universelle de la guerre, avec des idées du juste & de l'injuste ? avec cette bienveillance pour nos semblables que nous prétendons être née avec nous ? avec le *to Kalon*, le beau & l'honnête ?

L'ALLEMAND.

N'allons pas si vîte. Ce crime qui consiste à commettre un si grand nombre de crimes en front de bandière, n'est pas tout-à-fait si universel qu'on le croit. Les brames & les primitifs nommés *quakres*, n'ont jamais été coupables de cette abomination. Les nations qui sont au-delà du Gange versent très rarement le sang ; & je n'ai point lu que la république de San Marino ait jamais fait la guerre, quoiqu'elle ait à-peu-près autant de terrain qu'en avait *Romulus*. Les Lapons, les Samoyèdes, les peuples du Kamshatka n'ont jamais attaqué leurs voisins. Les peuples de l'Indus & de l'Hidaspe furent bien surpris de voir les premiers voleurs armés qui vinrent s'emparer de leur beau pays. Plusieurs peuples de l'Amérique n'avaient jamais entendu parler de ce péché horrible, quand les Espagnols vinrent les exterminer l'Evangile à la main.

Il n'est point dit que les Cananéens eussent jamais fait la guerre à personne, lorsqu'une horde de Juifs parut tout-d'un-coup, mit les bourgades en cendres, égorgea les femmes sur les corps de leurs maris, & les enfans sur le ventre de leurs mères. Comment expliquerons-nous cette fureur dans nos principes ?

L'Anglais.

Comme les médecins rendent raison de la peste, des deux véroles & de la rage. Ce sont des maladies attachées à la constitution de nos organes. On n'est pas toûjours attaqué de la rage & de la peste; il suffit souvent qu'un prétendu politique enragé ait mordu un autre ministre pour que la rage se communique dans trois mois à quatre ou cinq cent mille hommes.

Mais quand on a ces maladies, il y a quelques remèdes. En connaissez-vous pour la guerre ?

L'Allemand.

Je n'en connais que deux dont la tragédie s'est emparée. La crainte & la pitié. La crainte nous oblige souvent à faire la paix : & la pitié que la nature a mise dans nos cœurs comme un contrepoison contre l'héroïsme carnassier, fait qu'on ne traite pas toûjours les vaincus à toute rigueur. Notre intérêt même est d'user envers eux de miséricorde, afin qu'ils servent sans trop de répugnance leurs nouveaux maîtres : je sais bien qu'il y a eu des brutaux qui ont fait sentir rudement le poids de leurs chaînes aux nations subjuguées. A cela je n'ai autre chose à répondre que ce vers d'une tragédie intitulée *Spartacus*, composée par un Français qui pense profondément.

La loi de l'univers est malheur aux vaincus.

J'ai dompté un cheval : si je suis sage je le nourris bien, je le caresse, & je le monte ; si je suis un fou furieux, je l'égorge.

L'ALLEMAND.

Cela n'est pas consolant : car nous avons presque tous été subjugués. Vous autres Anglais vous l'avez été par les Romains, par les Saxons & les Danois ; & ensuite par un bâtard de Normandie. Le berceau de notre religion est entre les mains des Turcs : une poignée de Francs a soumis la Gaule. Les Tyriens, les Carthaginois, les Romains, les Goths, les Arabes ont tour-à-tour subjugué l'Espagne ; des Latins vinrent des bords du Tibre voler les bestiaux des bords du Rhin & du Danube ; ils firent les cultivateurs esclaves. Enfin, de la Chine à Cadix, presque tout l'univers a toûjours appartenu au plus fort. Je ne connais aucun conquérant qui soit venu l'épée dans une main & un code dans l'autre ; ils n'ont fait des loix qu'après la victoire, c'est-à-dire, après la rapine ; & ces loix, ils les ont faites précisément pour soutenir leur tyrannie. Que diriez-vous, si quelque bâtard de Normandie venait s'emparer de votre Angleterre pour venir vous donner ſes loix ?

L'ANGLAIS.

Je ne dirais rien ; je tâcherais de le tuer à ſa deſcente dans ma patrie ; s'il me tuait je n'aurais rien à repliquer : s'il me ſubjuguait, je n'aurais que deux partis à prendre, celui de me tuer moi-même, ou celui de le bien ſervir.

L'ALLEMAND.

Voilà de triſtes alternatives. Quoi ! point de loi de la guerre, point de droit des gens ?

L'ANGLAIS.

J'en ſuis fâché ; mais il n'y en a point d'autres que de ſe tenir continuellement ſur ſes gardes. Tous les rois, tous les miniſtres penſent comme moi ; & c'eſt pourquoi, douze cent mille mercenaires en Europe font aujourd'hui la parade tous les jours en tems de paix.

Qu'un prince licentie ſes troupes dans votre continent, qu'il laiſſe tomber ſes fortifications en ruines, & qu'il paſſe ſon tems à lire *Grotius*, vous verrez ſi dans un an ou deux il n'aura pas perdu ſon royaume.

L'ALLEMAND.

Quoi ! votre Angleterre ſerait perdue ſi vous n'aviez pas *a ſtanding army*, une armée ſur pied ?

L'ANGLAIS.

Oh! nous sommes dans un cas différent; c'est une *standing army* qui peut nous perdre; il ne nous faut que des flottes. Mais de façon ou d'autre, il faut se mettre en état d'être aussi injuste que ses voisins. Alors l'ambition est contenue par l'ambition, alors les chiens d'égale force montrent les dents, & ne se déchirent que lorsqu'ils ont à disputer une proie.

L'ALLEMAND.

Mais les Romains, les Romains ces grands législateurs !

L'ANGLAIS.

Ils fesaient des loix, comme les Algériens assujettissent leurs esclaves à la règle ; mais quand ils combattaient pour réduire les nations en esclavage, leur loi était leur épée. Voyez le grand *César*, le mari de tant de femmes, & la femme de tant d'hommes, il fait mettre en croix deux mille citoyens du pays de Vannes, afin que le reste apprenne à être plus souple; ensuite quand toute la nation est bien apprivoisée, viennent les loix & les beaux réglemens. On bâtit des cirques, des amphithéâtres ; on élève des aquéducs, on construit des bains publics; & les peuples subjugués dansent avec leurs chaînes.

L'ALLEMAND.

On dit pourtant que dans la guerre il y a des loix qu'on obferve. Par exemple, on fait une trêve de quelques jours pour enterrer fes morts. On ftipule qu'on ne fe battra pas dans un certain endroit. On accorde une capitulation à une ville affiégée ; on lui permet de racheter fes cloches. On n'éventre point les femmes groffes quand on prend poffeffion d'une place qui s'eft rendue. Vous faites des politeffes à un officier bleffé qui eft tombé entre vos mains ; & s'il meurt vous le faites enterrer.

L'ANGLAIS.

Ne voyez-vous pas que ce font-là les loix de la paix, les loix de la nature, les loix primitives qu'on exécute réciproquement ? La guerre ne les a pas dictées ; elles fe font entendre malgré la guerre ; & fans cela les trois quarts du globe ne feraient qu'un défert couvert d'offemens.

Si deux plaideurs acharnés & près d'être ruinés par leurs procureurs, font entre eux un accord qui leur laiffe à chacun un peu de pain, appellerez-vous cet accord une *loi du barreau ?* Si une horde de théologiens allant faire brûler en cérémonie quelques raifonneurs qu'ils appellent *hérétiques*, apprend que le lendemain le parti hérétique les fera brûler à son tour, s'ils font grace afin qu'on la leur fasse; direz-vous que c'est-là une loi théologique? Vous avouerez qu'ils ont écouté la nature & l'intérêt malgré la théologie. Il en est de même dans la guerre. Le mal qu'elle ne fait pas, c'est le besoin & l'intérêt qui l'arrête. La guerre, vous dis-je, est une maladie affreuse qui saisit les nations l'une après l'autre, & que la nature guérit à la longue.

L'ALLEMAND.

Quoi! vous n'admettez donc point de guerre juste?

L'ANGLAIS.

Je n'en ai jamais connu de cette espèce; cela me paraît contradictoire & impossible.

L'ALLEMAND.

Quoi! lorsque le pape *Alexandre VI* & son infame fils *Borgia* pillaient la Romagne, égorgeaient, empoisonnaient tous les seigneurs de ce pays, en leur accordant des indulgences, il n'était pas permis de s'armer contre ces monstres?

L'ANGLAIS.

Ne voyez-vous pas que c'étaient ces monstres qui fesaient la guerre? Ceux qui se défendaient, la soutenaient. Il n'y a certainement dans ce monde que des guerres offensives, la défensive n'est autre chose que la résistance à des voleurs armés.

L'Allemand.

Vous vous moquez de nous. Deux princes se disputent un héritage, leur droit est litigieux, leurs raisons sont également plausibles ; il faut bien que la guerre en décide : alors cette guerre est juste des deux côtés.

L'Anglais.

C'est vous qui vous moquez. Il est impossible physiquement, que l'un des deux n'ait pas tort ; & il est absurde & barbare que des nations périssent parce que l'un de ces deux princes a mal raisonné. Qu'ils se battent en champ clos s'ils veulent ; mais qu'un peuple entier soit immolé à leurs intérêts, voilà où est l'horreur. Par exemple, l'archiduc *Charles* dispute le trône d'Espagne au duc d'*Anjou*, & avant que le procès soit jugé, il en coûte la vie à plus de cinq cent mille hommes. Je vous demande si la chose est juste ?

L'Allemand.

J'avoue que non. Il falait trouver quelqu'autre biais pour accommoder le différend.

L'Anglais.

Le tems seul amène la guérison de cette horrible épidémie ; la nation & ceux qui entrent dans la querelle font malades de la rage. Ses horribles fymptomes durent douze ans jufqu'à ce que les enragés épuifés n'en pouvant plus, foient forcés de s'accorder. Le hazard, le mélange de bons & de mauvais fuccès, les intrigues, la laffitude ont éteint cet incendie, que d'autres hazards, d'autres intrigues, la cupidité, la jaloufie, l'efpérance avaient allumée. La guerre eft comme le mont Véfuve ; fes éruptions engloutiffent des villes, & fes embrafemens s'arrêtent. Il y a des tems où les bêtes féroces defcendues des montagnes dévorent une partie de vos travaux, enfuite elles fe retirent dans leurs cavernes.

L'ALLEMAND.

Quelle funefte condition que celle des hommes ?

L'ANGLAIS.

Celle des perdrix eft pire ; les renards, les oifeaux de proie les dévorent, les chaffeurs les tuent, les cuifiniers les rôtiffent ; & cependant il y en a toûjours. La nature conferve les efpèces, & fe foucie très peu des individus.

L'ALLEMAND.

Vous êtes dur, & la morale ne s'accommode pas de ces maximes.

L'Anglais.

Ce n'eſt pas moi qui ſuis dur; c'eſt la deſtinée. Vos moraliſtes font très bien de crier
toûjours, ,, Miférables mortels, ſoyez juſtes
,, & bienfaiſans, cultivez la terre & ne l'en-
,, ſanglantez pas. Princes, n'allez pas dévaſ-
,, ter l'héritage d'autrui, de peur qu'on ne
,, vous tue dans le vôtre; reſtez chez vous,
,, pauvres gentillâtres, rétabliſſez votre ma-
,, ſure; tirez de vos fonds le double de ce
,, que vous en tiriez; entourez vos champs
,, de hayes vives; plantez des meuriers; que
,, vos fœurs vous faſſent des bas de ſoye; amé-
,, liorez vos vignes; & ſi des peuples voiſins
,, veulent venir boire votre vin malgré vous,
,, défendez-vous avec courage; mais n'allez
,, pas vendre votre ſang à des princes qui
,, ne vous connaiſſent pas, qui ne jetteront
,, jamais ſur vous un coup d'œil, & qui vous
,, traitent comme des chiens de chaſſe qu'on
,, mène contre le ſanglier, & qu'on laiſſe en-
,, ſuite mourir dans un chenil. "

Ces diſcours feront peut-être impreſſion
ſur trois ou quatre têtes bien organiſées,
tandis que cent mille autres ne les enten-
dront ſeulement pas, & brigueront l'honneur
d'être lieutenants de houzards.

Pour les autres moraliſtes à gages que l'on
nomme *prédicateurs*, ils n'ont jamais ſeulement oſé prêcher contre la guerre. Ils

DROIT DE LA GUERRE. 45

déclament contre les appétits sensuels après avoir pris leur chocolat. Ils anathématisent l'amour, & au sortir de la chaire où ils ont crié, gesticulé & sué, ils se font essuyer par leurs dévotes. Ils s'époumonnent à prouver des mystères dont ils n'ont pas la plus légère idée. Mais ils se gardent bien de décrier la guerre, qui réunit tout ce que la perfidie a de plus lâche dans les manifestes, tout ce que l'infâme friponnerie a de plus bas dans les fournitures des armées, tout ce que le brigandage a d'affreux dans le pillage, le viol, le larcin, l'homicide, la dévastation, la destruction. Au contraire, ces bons prêtres bénissent en cérémonie les étendarts du meurtre: & leurs confrères chantent pour de l'argent des chansons juives, quand la terre a été inondée de sang.

Les Français nos voisins sont de grands comédiens en chaire; mais je ne me souviens point en effet d'avoir lu dans leur prolixe & argumentant *Bourdaloue*, le premier qui ait mis les apparences de la raison dans ses sermons, je ne me souviens point, dis-je, d'avoir lu une seule page contre la guerre.

Leur élégant & compassé *Massillon*, en bénissant les drapeaux du régiment de *Catinat*, fait à la vérité quelques vœux pour la paix; mais il permet l'ambition. ,, Ce désir, dit-il, ,, de voir vos services récompensés, s'il est ,, modéré; s'il ne vous porte pas à vous frayer

,, des routes d'iniquité pour parvenir à vos
,, fins, n'a rien dont la morale chrétienne
,, puisse être blessée." Enfin il prie DIEU
d'envoyer l'ange exterminateur au devant du
régiment de *Catinat*. ,, O mon DIEU, faites
,, le précéder toûjours de la victoire & de la
,, mort; répandez sur ses ennemis les esprits
,, de terreur & de vertige."

J'ignore si la victoire peut précéder un régiment & si DIEU répand des esprits de vertige ; mais je sais que les prédicateurs Autrichiens en disaient autant aux cuirassiers de l'empereur, & que l'ange exterminateur ne savait auquel entendre.

Les prédicateurs Juifs allèrent encore plus loin. On voit avec édification les prières humaines dont leurs pseaumes sont remplis. Il n'est question que de mettre l'épée divine sur sa cuisse, d'éventrer les femmes, d'écraser les enfans à la mammelle contre la muraille. L'ange exterminateur ne fut pas heureux dans ses campagnes ; il devint l'ange exterminé ; & les Juifs pour prix de leurs pseaumes furent toûjours vaincus & esclaves. Ils ne réparèrent que par l'usure le mal que leur avait fait la guerre.

De quelque côté que vous vous tourniez, vous verrez que les prêtres ont toûjours prêché le carnage, depuis un *Aaron* que *Toland* prétend avoir été pontife d'une horde d'Arabes, jusqu'au prédicant *Jurieu* prophète d'Amsterdam.

Les négocians de cette ville auſſi ſenſés que ce pauvre garçon était fou, le laiſſaient dire, & vendaient leur gérofle & leur canelle.

L'ALLEMAND.

Eh bien, n'allons point à la guerre; ne nous feſons point tuer au hazard pour avoir de quoi vivre. Contentons-nous de nous bien défendre contre les voleurs appellés *conquérans*.

ECONOMIE.

CE mot ne ſignifie dans l'acception ordinaire que la manière d'adminiſtrer ſon bien ; elle eſt commune à un père de famille & à un ſurintendant des finances d'un royaume. Les différentes ſortes de gouvernement, les tracaſſeries de famille & de cour, les guerres injuſtes & mal conduites, l'épée de *Thémis* miſe dans les mains des bourreaux pour faire périr l'innocent, les diſcordes inteſtines, ſont des objets étrangers à l'économie.

Il ne s'agit pas ici des déclamations de ces politiques qui gouvernent un état du fond de leur cabinet par des brochures.

Economie domestique.

La première économie, celle par qui subsistent toutes les autres, est celle de la campagne. C'est elle qui fournit les trois seules choses dont les hommes ont un vrai besoin, le vivre, le vêtir & le couvert; il n'y en a pas une quatriéme, à moins que ce ne soit le chauffage dans les pays froids. Toutes les trois bien entendues donnent la santé, sans laquelle il n'y a rien.

On appelle quelquefois le sejour de la campagne la *vie patriarcale* ; mais dans nos climats cette vie patriarcale serait impraticable & nous ferait mourir de froid, de faim & de misère.

Abraham va de la Caldée au pays de Sichem; de-là il faut qu'il fasse un long voyage par des déserts arides jusqu'à Memphis pour aller acheter du bled. J'écarte toûjours respectueusement, comme je le dois, tout ce qui est divin dans l'histoire d'*Abraham* & de ses enfans; je ne considere ici que son économie rurale.

Je ne lui vois pas une seule maison: il quitte la plus fertile contrée de l'univers & des villes où il y avait des maisons commodes, pour aller errer dans des pays dont il ne pouvait entendre la langue.

Il va de Sodome dans le désert de Gerar sans avoir le moindre établissement. Lorsqu'il

ÉCONOMIE.

renvoye *Agar* & l'enfant qu'il a eu d'elle, c'est encor dans un désert ; & il ne leur donne pour tout viatique qu'un morceau de pain & une cruche d'eau. Lorsqu'il va sacrifier son fils au Seigneur, c'est encor dans un désert. Il va couper le bois lui-même pour brûler la victime, & le charge sur le dos de son fils qu'il doit immoler.

Sa femme meurt dans un lieu nommé *Arbé* ou *Hébron*, il n'a pas seulement six pieds de terre à lui pour l'ensevélir : il est obligé d'acheter une caverne pour y mettre sa femme. C'est le seul morceau de terre qu'il ait jamais possédé.

Cependant il eut beaucoup d'enfans ; car sans compter *Isaac* & sa postérité, il eut de son autre femme *Cethura* à l'âge de cent quarante ans selon le calcul ordinaire, cinq enfans mâles qui s'en allèrent vers l'Arabie.

Il n'est point dit qu'*Isaac* eût un seul quartier de terre dans le pays où mourut son père ; au contraire, il s'en va dans le désert de Gerar avec sa femme *Rebecca*, chez ce même *Abimelec* roi de Gerar qui avait été amoureux de sa mere.

Ce roi du désert devient aussi amoureux de sa femme *Rebecca* qu'il fait passer pour sa sœur, comme *Abraham* avait donné sa femme *Sara* pour sa sœur à ce même roi *Abimelec* quarante ans auparavant. Il est un peu étonnant que dans cette famille on fasse toûjours passer sa

Cinquième partie.   D

femme pour fa fœur afin d'y gagner quelque chofe ; mais puifque ces faits font confacrés, c'eft à nous de garder un filence refpectueux.

L'Ecriture dit, qu'il s'enrichiffait dans cette terre horrible devenue fertile pour lui, & qu'il devint extrêmement puiffant. Mais il eft dit auffi qu'il n'avait pas de l'eau à boire, qu'il eut une grande querelle avec les pafteurs du roitelet de Gerar pour un puits ; & on ne voit pas qu'il eût une maifon en propre.

Ses enfans, *Efaü* & *Jacob*, n'ont pas plus d'établiffement que leur pere. *Jacob* eft obligé d'aller chercher à vivre dans la Méfopotamie dont *Abraham* était forti : il fert fept années pour avoir une des filles de *Laban*, & fept autres années pour obtenir la feconde fille. Il s'enfuit avec *Rachel* & les troupeaux de fon beau-père qui court après lui. Ce n'eft pas là une fortune bien affurée.

Efaü eft repréfenté auffi errant que *Jacob*. Aucun des douze patriarches, enfans de *Jacob*, n'a de demeure fixe, ni un champ dont il foit propriétaire. Ils ne repofent que fous des tentes, comme les Arabes Bédouins.

Il eft clair que cette vie patriarcale ne convient nullement à la température de notre air. Il faut à un bon cultivateur tel que les *Pignoux* d'Auvergne, une maifon faine tournée à l'orient, de vastes granges, de non moins vastes écuries, des étables proprement tenues ; & le tout peut aller à cinquante mille francs au moins de notre monnoie d'aujourd'hui. Il doit femer tous les ans cent arpens en blé, en mettre autant en bons pâturages, posséder quelques arpens de vignes, & environ cinquante arpens pour les menus grains & les légumes ; une trentaine d'arpens de bois, une plantation de meuriers, des vers à foye, des ruches. Avec tous ces avantages bien économisés, il entretiendra une nombreuse famille dans l'abondance de tout. Sa terre s'améliorera de jour en jour ; il supportera sans rien craindre les dérangemens des saisons & le fardeau des impôts ; parce qu'une bonne année répare les dommages de deux mauvaises. Il jouira dans son domaine d'une souveraineté réelle qui ne sera soumise qu'aux loix. C'est l'état le plus naturel de l'homme le plus tranquille, le plus heureux, & malheureusement le plus rare.

Le fils de ce véritable patriarche se voyant riche, se dégoûte bientôt de payer la taxe humiliante de la taille ; il a malheureusement appris quelque latin ; il court à la ville, achète une charge qui l'exempte de cette taxe & qui donnera la noblesse à son fils au bout de vingt ans. Il vend son domaine pour payer la vanité. Une fille élevée dans le luxe, l'époufe, le deshonore & le ruine; il meurt dans la mendicité; & fon fils porte la livrée dans Paris.

Telle eft la différence entre l'économie de la campagne & les illufions des villes.

L'économie à la ville eft toute différente. Vivez-vous dans votre terre, vous n'achetez prefque rien; le fol vous produit tout, vous pouvez nourrir foixante perfonnes fans prefque vous en appercevoir. Portez à la ville le même revenu, vous achetez tout chérement, & vous pouvez nourrir à peine cinq ou fix domeftiques. Un père de famille qui vit dans fa terre avec douze mille livres de rente, aura befoin d'une grande attention pour vivre à Paris dans la même abondance avec quarante mille. Cette proportion a toûjours fubfifté entre l'économie rurale & celle de la capitale. Il en faut toûjours revenir à la fingulière lettre de madame de *Maintenon* à fa belle-fœur madame d'*Aubigné*, dont on a tant parlé; on ne peut trop la remettre fous les yeux.

. . . .
. . . .

„ Vous croirez bien que je connais Paris
„ mieux que vous; dans ce même efprit,
„ voici, ma chère fœur, un projet de dépenfe,
„ tel que je l'exécuterais fi j'étais hors de

„ la cour. Vous êtes douze personnes, mon-
„ fieur & madame, trois femmes, quatre la-
„ quais, deux cochers, un valet de chambre.
„ Quinze livres de viande à
   „ cinq fous la livre . 3 liv. 15 fous.
„ Deux piéces de rôti . 2 - 10.
„ Du pain . . . 1 - 10.
„ Le vin . . . 2 - 10.
„ Le bois . . . 2.
„ Le fruit . . . 1 - 10.
„ La bougie . . . - 10.
„ La chandelle . . . - 8.
                    ————————
                    14 liv. 13 fous.

„ Je compte quatre fous en vin pour vos
„ quatre laquais & vos deux cochers. C'est
„ ce que madame de *Montespan* donne aux
„ fiens. Si vous aviez du vin en cave il ne
„ vous coûterait pas trois fous : j'en mets six
„ pour votre valet de chambre, & vingt pour
„ vous deux qui n'en buvez pas pour trois.
„ Je mets une livre de chandelle par jour,
„ quoiqu'il n'en faille qu'une demi-livre. Je
„ mets dix fous en bougie ; il y en a six à
„ la livre qui coûte une liv. dix fous, & qui
„ dure trois jours.
„ Je mets deux livres pour le bois ; cepen-
„ dant vous n'en brûlerez que trois mois de
„ l'année ; & il ne faut que deux feux.
„ Je mets une livre dix fous pour le fruit ; le

„ sucre ne coûte que onze sous la livre : & il
„ n'en faut qu'un quarteron pour une compôte.

„ Je mets deux piéces de rôti : on en épar-
„ gne une quand monsieur ou madame soupe
„ ou dîne en ville ; mais aussi j'ai oublié une
„ volaille bouillie pour le potage. Nous en-
„ tendons le ménage. Vous pouvez fort bien
„ sans passer quinze livres avoir une entrée,
„ tantôt de saucisses, tantôt de langues de
„ mouton ou de fraise de veau, le gigot
„ bourgeois, la pyramide éternelle, & la
„ compôte que vous aimez tant. a)

„ Cela posé, & ce que j'apprends à la
„ cour, ma chère enfant, votre dépense ne
„ doit pas passer cent livres par semaine :
„ c'est quatre cent livres par mois. Posons
„ cinq cent, afin que les bagatelles que j'ou-
„ blie ne se plaignent point que je leur fais
„ injustice. Cinq cent livres par mois font,

„ Pour votre dépense de bouche	6000 L.
„ Pour vos habits . . .	1000.
„ Pour loyer de maison . .	1000.
„ Pour gages & habits des gens	1000.
„ Pour les habits, l'opéra & les „ magnificences de monsieur .	3000.
	12000 L.

„ Tout cela n'est-il pas honnête ? &c.

a) Dans ce tems la, & c'était le plus brillant de *Louis XIV*, on ne servait d'entremêts que dans les grands repas d'appareil.

ÉCONOMIE.

Le marc de l'argent valait alors à-peu-près la moitié du numéraire d'aujourd'hui ; tout le nécessaire absolu était de la moitié moins cher : & le luxe ordinaire qui est devenu nécessaire & qui n'est plus luxe, coûtait trois à quatre fois moins que de nos jours. Ainsi le comte d'*Aubigné* aurait pu pour ses douze mille livres de rente qu'il mangeait à Paris assez obscurément, vivre en prince dans sa terre.

Il y a dans Paris trois ou quatre cent familles municipales qui occupent la magistrature depuis un siécle, & dont le bien est en rentes sur l'hôtel-de-ville. Je suppose qu'elles eussent chacune vingt mille livres de rente, ces vingt mille livres fesaient juste le double de ce qu'elles font aujourd'hui ; ainsi elles n'ont réellement que la moitié de leur ancien revenu. De cette moitié on retrancha une moitié dans le tems inconcevable du système de *Lass*. Ces familles ne jouissent donc réellement que du quart du revenu qu'elles possédaient à l'avénement de *Louïs XIV* au trône ; & le luxe étant augmenté des trois quarts, reste à-peu-près rien pour elles ; à moins qu'elles n'ayent réparé leur ruine par de riches mariages, ou par des successions, ou par une industrie secrette : & c'est ce qu'elles ont fait.

En tout pays tout simple rentier qui n'augmente pas son bien dans une capitale, le perd à la longue. Les terriens se soutiennent parce que l'argent augmentant numériquement, le revenu de leurs terres augmente en proportion ; mais ils sont exposés à un autre malheur ; & ce malheur est dans eux-mêmes. Leur luxe & leur inattention non moins dangereuse encor, les conduisent à la ruine. Ils vendent leurs terres à des financiers qui entassent, & dont les enfans dissipent tout à leur tour. C'est une circulation perpétuelle d'élévation & de décadence ; le tout faute d'une économie raisonnable qui consiste uniquement à ne pas dépenser plus qu'on ne reçoit.

DE L'ÉCONOMIE PUBLIQUE.

L'économie d'un état n'est précisément que celle d'une grande famille. C'est ce qui porta le duc de *Sulli* à donner le nom d'*économies* à ses mémoires. Toutes les autres branches d'un gouvernement sont plutôt des obstacles que des secours à l'administration des deniers publics. Des traités qu'il faut quelquefois conclure à prix d'or, des guerres malheureuses, ruinent un état pour longtems ; les heureuses même l'épuisent. Le commerce intercepté & mal entendu l'appauvrit encore ; les impôts excessifs comblent la misère.

Qu'est-ce qu'un état riche & bien économisé ? c'est celui où tout homme qui travaille est sûr d'une fortune convenable à sa

ECONOMIE. 57

condition, à commencer par le roi & à finir par le manœuvre.

Prenons pour exemple l'état où le gouvernement des finances est le plus compliqué; l'Angleterre. Le roi est presque sûr d'avoir toûjours un million sterling par an à dépenser pour sa maison, sa table, ses ambassadeurs & ses plaisirs. Ce million revient tout entier au peuple par la consommation : car si les ambassadeurs dépensent leurs appointemens ailleurs, les ministres étrangers consument eur argent à Londres. Tout possesseur de terres est certain de joüir de son revenu aux taxes près imposées par ses représentans en parlement, c'est-à-dire, par lui-même.

Le commerçant joue un jeu de hazard & d'industrie contre presque tout l'univers; & il est longtems incertain s'il mariera sa fille à un pair du royaume, ou s'il mourra à l'hôpital.

Ceux qui sans être négocians placent leur fortune précaire dans les grandes compagnies de commerce, ressemblent parfaitement aux oisifs de la France qui achetent des effets royaux, & dont le sort dépend de la bonne ou mauvaise fortune du gouvernement.

Ceux dont l'unique profession est de vendre & d'acheter des billets publics sur les nouvelles heureuses ou malheureuses qu'on débite, & de trafiquer la crainte & l'espérance, font en fous ordre dans le même cas que les actionnaires ; & tous font des joueurs, hors le cultivateur qui fournit de quoi jouer.

Une guerre furvient ; il faut que le gouvernement emprunte de l'argent comptant, car on ne paye pas des flottes & des armées avec des promeffes. La chambre des communes imagine une taxe fur la bierre, fur le charbon, fur les cheminées, fur les fenêtres, fur les acres de bled & de pâturage, fur l'importation, &c.

On calcule ce que cet impôt poura produire à-peu-près; toute la nation en eft inftruite; un acte du parlement dit aux citoyens, Ceux qui voudront prêter à la patrie recevront quatre pour cent de leur argent pendant dix ans, au bout defquels ils feront rembourfés.

Ce même gouvernement fait un fonds d'amortiffement du furplus de ce que produifent les taxes. Ce fonds doit fervir à rembourfer les créanciers. Le tems du rembourfement venu, on leur dit, Voulez-vous votre fonds, ou voulez-vous nous le laiffer à trois pour cent ? Les créanciers qui croyent leur dette affurée, laiffent pour la plûpart leur argent entre les mains du gouvernement.

Nouvelle guerre, nouveaux emprunts, nouvelles dettes ; le fonds d'amortiffement eft vide, on ne rembourfe rien.

ECONOMIE.

Enfin, ce monceau de papiers repréſentatifs d'un argent qui n'exiſte pas, a été porté juſqu'à cent trente millions de livres ſterling, qui font cent millions & demi de guinées en l'an 1770 de notre ère vulgaire.

Diſons en paſſant que la France eſt à-peu-près dans ce cas ; elle doit de fonds environ cent vingt-ſept millions de louis-d'or ; or ces deux ſommes montant à deux cent cinquante-quatre millions de louis-d'or, n'exiſte pas dans l'Europe. Comment payer ? Examinons d'abord l'Angleterre.

Si chacun redemande ſon fonds, la choſe eſt viſiblement impoſſible à moins de la pierre philoſophale, ou de quelque multiplication pareille. Que faire ? Une partie de la nation a prêté à toute la nation. L'Angleterre doit à l'Angleterre cent trente millions ſterling à trois pour cent d'intérêt : elle paye donc de ce ſeul article très modique trois millions neuf cent mille livres ſterling d'or chaque année. Les impôts ſont d'environ ſept millions ; il reſte donc pour ſatisfaire aux charges de l'état, trois millions & cent mille livres ſterling, ſur quoi l'on peut en économiſant éteindre peu-à-peu une partie des dettes publiques. *Ceci était écrit en 1770.*

La banque de l'état en produiſant des avantages immenſes aux directeurs, eſt utile à la nation ; parce qu'elle augmente le crédit, que ses opérations sont connues, & qu'elle ne pourait faire plus de billets qu'il n'en faut sans perdre ce crédit & sans se ruiner elle-même. C'est-là le grand avantage d'un pays commerçant, où tout se fait en vertu d'une loi positive, où nulle opération n'est cachée, où la confiance est établie sur des calculs faits par les représentans de l'état, examinés par tous les citoyens. L'Angleterre, quoiqu'on dise, voit donc son opulence assurée, tant qu'elle aura des terres fertiles, des troupeaux abondans, & un commerce avantageux.

Si les autres pays parviennent à n'avoir pas besoin de ses blés & à tourner contre elle la balance du commerce, il peut arriver alors un très grand bouleversement dans les fortunes des particuliers ; mais la terre reste, l'industrie reste ; & l'Angleterre alors moins riche en argent l'est toûjours en valeurs renaissantes que le sol produit; elle revient au même état où elle était au seiziéme siécle.

Il en est absolument de tout un royaume comme d'une terre d'un particulier ; si le fonds de la terre est bon, elle ne sera jamais ruinée ; la famille qui la fesait valoir peut être réduite à l'aumône ; mais le sol prospérera sous une autre famille.

Il y a d'autres royaumes qui ne seront jamais riches, quelque effort qu'ils fassent : ce

ECONOMIE.

font ceux qui fitués fous un ciel rigoureux, ne peuvent avoir tout au plus que l'exact néceffaire. Les citoyens n'y peuvent jouir des commodités de la vie qu'en les fefant venir de l'étranger à un prix qui eft exceffif pour eux. Donnez à la Sibérie & au Kamshatka réunis, qui font quatre fois l'étendue de l'Allemagne, un *Cyrus* pour fouverain, un *Solon* pour légiflateur, un duc de *Sulli*, un *Colbert* pour furintendant des finances, un duc de *Choifeul* pour miniftre de la guerre & de la paix, un *Anfon* pour amiral; ils y mourront de faim avec tout leur génie.

Au contraire, faites gouverner la France par un fou férieux tel que *Lafs*, par un fou plaifant tel que le cardinal *Dubois*, par des miniftres tels que nous en avons vus quelquefois, on poura dire d'eux ce qu'un fénateur de Venife difait de fes confrères au roi *Louïs XII*, à ce que prétendent les raconteurs d'anecdotes. *Louïs XII* en colère menaçait de ruiner la république; Je vous en défie, dit le fénateur, la chofe me paraît impoffible; il y a vingt ans que mes confrères font tous les efforts imaginables pour la détruire, & ils n'en ont pu venir à bout.

Il n'y eut jamais rien de plus extravagant fans doute que de créer une compagnie imaginaire du Miffiffipi qui devait rendre au moins cent pour un à tout intéreffé; de tripler tout-d'un-coup la valeur numéraire des espèces, de rembourser en papier chimérique les dettes & les charges de l'état, & de finir enfin par la défense aussi folle que tyrannique à tout citoyen de garder chez soi plus de cinq cent francs en or ou en argent. Ce comble d'extravagances était inouï : le bouleversement général fut aussi grand qu'il devait l'être : chacun criait que c'en était fait de la France pour jamais. Au bout de dix ans il n'y paraissait pas.

Un bon pays se rétablit toûjours par lui-même, pour peu qu'il soit tolérablement régi : un mauvais ne peut s'enrichir que par une industrie extrême & heureuse.

La proportion sera toûjours la même entre l'Espagne, la France, l'Angleterre propre-prement dite, & la Suède. On compte communément vingt millions d'habitans en France, c'est peut-être trop. *Ustaris* n'en admet que sept en Espagne, *Nicols* en donne huit à l'Angleterre, on n'en attribue pas cinq à la Suède. L'Espagnol (l'un portant l'autre) a la valeur de quatre-vingt de nos livres à dépenser par an. Le Français meilleur cultivateur a cent livres, l'Anglais cent quatre-vingt, le Suédois cinquante. Si nous voulions parler du Hollandais, nous trouverions qu'il n'a que ce qu'il gagne, parce que ce n'est pas son territoire qui le nourrit & qui l'habille.

ECONOMIE.

La Hollande eſt une foire continuelle où perſonne n'eſt riche que de ſa propre induſtrie, ou de celle de ſon père.

Quelle énorme diſproportion entre les fortunes ! un Anglais qui a ſept mille guinées de revenu abſorbe la ſubſiſtance de mille perſonnes. Ce calcul effraye au premier coup d'œil ; mais au bout de l'année il a réparti ſes ſept mille guinées dans l'état ; & chacun a eu à-peu-près ſon contingent.

En général l'homme coûte très peu à la nature. Dans l'Inde où les rayas & les nababs entaſſent tant de tréſors, le commun peuple vit pour deux ſous par jour tout au plus.

Ceux des Américains qui ne ſont ſous aucune domination, n'ayant que leurs bras, ne dépenſent rien ; la moitié de l'Afrique a toûjours vécu de même ; & nous ne ſommes ſupérieurs à tous ces hommes-là que d'environ quarante écus par an. Mais ces quarante écus font une prodigieuſe différence ; c'eſt elle qui couvre la terre de belles villes, & la mer de vaiſſeaux.

C'eſt avec nos quarante écus que *Louïs XIV* eut deux cent vaiſſeaux, & bâtit Verſailles. Et tant que chaque individu, l'un portant l'autre, poura être cenſé jouïr de quarante écus de rente, l'état poura être floriſſant.

Il est évident que plus il y a d'hommes & de richesses dans un état, plus on y voit d'abus. Les frottemens sont si considérables dans les grandes machines, qu'elles sont presque toûjours détraquées. Ces dérangemens font une telle impression sur les esprits, qu'en Angleterre, où il est permis à tout citoyen de dire ce qu'il pense, il se trouve tous les mois quelque calculateur qui avertit charitablement ses compatriotes que tout est perdu, & que la nation est ruinée sans ressource. La permission de penser étant moins grande en France, on s'y plaint en contrebande ; on imprime furtivement, mais fort souvent, que jamais sous les enfans de *Clotaire*, ni du tems du roi *Jean*, de *Charles VI*, de la bataille de Pavie, des guerres civiles & de la St. Barthelemi, le peuple ne fut si misérable qu'aujourd'hui.

Si on répond à ces lamentations par une lettre de cachet qui ne passe pas pour une raison bien légitime, mais qui est très péremptoire, le plaignant s'enfuit en criant aux alguasils qu'ils n'en ont pas pour six semaines & que Dieu merci ils mourront de faim avant ce tems-là comme les autres.

Bois-Guilbert qui attribua si impudemment son insensée *Dixme royale* au maréchal de *Vauban*, prétendait dans son *Détail de la France*, que le grand ministre *Colbert* avait déj déja appauvri l'état de quinze cent millions, en attendant pis.

Un calculateur de notre tems qui paraît avoir les meilleures intentions du monde, quoiqu'il veuille abfolument qu'on s'enyvre après la meffe, prétend que les valeurs renaiffantes de la France qui forment le revenu de la nation ne fe montent qu'à environ quatre cent millions ; en quoi il paraît qu'il ne fe trompe que d'environ feize cent millions de livres à vingt fous la piéce, le marc d'argent monnoié étant à quarante-neuf livres dix. Et il affure que l'impôt pour payer les charges de l'état ne peut être que de foixante & quinze millions, dans le tems qu'il l'eft de trois cent, lefquels ne fuffifent pas à beaucoup près pour acquitter les dettes annuelles.

Une feule erreur dans toutes ces fpéculations, dont le nombre eft très confidérable, reffemble aux erreurs commifes dans les mefures aftronomiques prifes fur la terre. Deux lignes répondent à des efpaces immenfes dans le ciel.

C'eft en France & en Angleterre que l'économie publique eft le plus compliquée. On n'a pas d'idée d'une telle adminiftration dans le refte du globe depuis le mont Atlas jufqu'au Japon. Il n'y a guères que cent trente ans que commença cet art de rendre la moitié d'une nation débitrice de l'autre ; de faire

Cinquiéme partie.

passer avec du papier les fortunes de main en main, de rendre l'état créancier de l'état, de faire un chaos de ce qui devrait être soumis à une règle uniforme. Cette méthode s'est étendue en Allemagne & en Hollande. On a poussé ce rafinement & cet excès jusqu'à établir un jeu entre le souverain & les sujets; & ce jeu est appellé *loterie*. Votre en-jeu est de l'argent comptant; si vous gagnez vous obtenez des espèces ou des rentes; qui perd ne souffre pas un grand dommage. Le gouvernement prend d'ordinaire dix pour cent pour sa peine. On fait ces loteries les plus compliquées que l'on peut pour étourdir & pour amorcer le public. Toutes ces méthodes ont été adoptées en Allemagne & en Hollande; presque tout état a été obéré tour-à-tour. Cela n'est pas trop sage; mais qui l'est ? les petits qui n'ont pas le pouvoir de se ruiner.

ECONOMIE DE PAROLES.

PARLER PAR ÉCONOMIE.

C'Est une expression consacrée aux pères de l'église & même aux premiers instituteurs de notre sainte religion; elle signifie *parler selon les tems & selon les lieux*.

Par exemple, *St. Paul* étant chrétien vient Actes des dans le temple des Juifs s'acquitter des rites apôtres judaïques, pour faire voir qu'il ne s'écarte chap. 21. point de la loi mofaïque ; il eft reconnu au bout de fept jours, & accufé d'avoir prophané le temple. Auſſi-tôt on le charge de coups, on le traîne en tumulte ; le tribun de la cohorte, *tribunus cohortis a*) arrive & le fait lier de deux chaînes. Le lendemain ce tribun Chap. 22. fait affembler le fanhedrin, & amène *Paul* devant ce tribunal ; le grand-prêtre *Annaniah* commence par lui faire donner un fouflet, *b*) Chap. 23. & *Paul* l'appelle *muraille blanchie*.

Il me donna un fouflet ; mais je lui dis bien fon fait.

Or Paul fachant qu'une partie des juges était Chap. 23. *compofée de faducéens, & l'autre de pharifiens, il s'écria, Je fuis pharifien & fils de pharifien, on ne veut me condamner qu'à caufe de l'ef-*

---

a) Il n'y avait pas à la vérité dans la milice Romaine de tribun de cohorte. C'eſt comme ſi on difait parmi nous colonel d'une compagnie. Les centurions étaient à la tête des cohortes, & les tribuns à la tête des légions. Il y avait trois tribuns fouvent dans une légion. Ils commandaient alors tour-à-tour, & étaient fubordonnés les uns aux autres. L'auteur des *Actes* a probablement entendu que le tribun fit marcher une cohorte.

b) Un fouflet chez les peuples Afiatiques était une punition légale. Encor aujourd'hui à la Chine & dans les pays au-delà du Gange, on condamne un homme à une douzaine de fouflets.

pérance & de la résurrection des morts. Paul ayant ainsi parlé il s'éleva une dispute entre les pharisiens & les saducéens, & l'assemblée fut rompue ; car les saducéens disent qu'il n'y a ni résurrection, ni ange, ni esprit ; & les pharisiens confessent le contraire.

Il est bien évident par le texte que *Paul* n'était point pharisien puisqu'il était chrétien, & qu'il n'avait point du tout été question dans cette affaire ni de résurrection, ni d'espérance, ni d'ange, ni d'esprit.

Le texte fait voir que *St. Paul* ne parlait ainsi que pour compromettre ensemble les pharisiens & les saducéens. C'était parler par *économie*, par prudence ; c'était un artifice pieux qui n'eût pas été peut-être permis à tout autre qu'à un apôtre.

C'est ainsi que presque tous les pères de l'église ont parlé par *économie*. St. Jérôme développe admirablement cette méthode dans sa lettre cinquante-quatriéme à *Pammaque*. Pesez ses paroles.

Après avoir dit qu'il est des occasions où il faut présenter un pain & jetter une pierre, voici comme il continue.

,, Lisez, je vous prie, *Démosthène*, lisez
,, *Cicéron* ; & si les rhétoriciens vous déplai-
,, sent parce que leur art est de dire le vrai-
,, semblable plutôt que le vrai, lisez *Platon*,
,, *Théophraste*, *Xénophon*, *Aristote*, & tous

„ ceux qui ayant puifé dans la fontaine de
„ *Socrate* en ont tiré divers ruiſſeaux. Y a-t-il
„ chez eux quelque candeur, quelque ſim-
„ plicité ? quels termes chez eux n'ont pas
„ deux ſens ? & quels ſens ne préſentent-ils
„ pas pour remporter la victoire ? *Origène*,
„ *Méthodius*, *Euſèbe*, *Apollinaire* ont écrit
„ des milliers de verſets contre *Celſe* & *Por-*
„ *phyre*. Conſidérez avec quel artifice, avec
„ quelle ſubtilité problématique ils combat-
„ tent l'eſprit du diable. Ils diſent, non ce
„ qu'ils penſent, mais ce qui eſt néceſſaire.
„ *Non quod ſentiunt, ſed quod neceſſe eſt dicunt.*
„ Je ne parle point des auteurs Latins, *Ter-*
„ *tullien*, *Cyprien*, *Minutius*, *Victorin*, *Lac-*
„ *tance*, *Hilaire ;* je ne veux point les citer
„ ici ; je ne veux que me défendre ; je me
„ contenterai de vous rapporter l'exemple de
„ l'apôtre *St. Paul*, &c. "

St. Auguſtin écrit ſouvent par *économie*. Il
ſe proportionne tellement au tems & aux lieux,
que dans une de ſes épitres il avoue qu'il n'a
expliqué la trinité que *parce qu'il falait bien
dire quelque choſe.*

Ce n'eſt pas aſſurément qu'il doutât de la
ſainte Trinité ; mais il ſentait combien ce
myſtère eſt ineffable, & il avait voulu con-
tenter la curioſité du peuple.

Cette méthode fut toûjours reçue en théologie. On employe contre les encratiques un

argument qui donnerait gain de caufe aux carpocratiens : & quand on difpute enfuite contre les carpocratiens, on change fes armes.

Tantôt on dit que JESUS n'eſt mort que pour *plufieurs*, quand on étale le grand nombre des réprouvés ; tantôt on affirme qu'il eſt mort pour *tous*, lorſqu'on veut manifeſter fa bonté univerſelle. Là vous prenez le fens propre pour le fens figuré ; ici vous prenez le fens figuré pour le fens propre, felon que la prudence l'exige.

Un tel ufage n'eſt pas admis en juſtice. On punirait un témoin qui dirait le pour & le contre dans une affaire capitale. Mais il y a une différence infinie entre les vils intérêts humains qui exigent la plus grande clarté, & les intérêts divins qui font cachés dans un abîme impénétrable. Les mêmes juges qui veulent à l'audience des preuves indubitables approchantes de la démonſtration, fe contenteront au ſermon de preuves morales & même de déclamations fans preuves.

St. Auguſtin parle par *économie* quand il dit, *Je crois parce que cela eſt abfurde. Je crois parce que cela eſt impoſſible.* Ces paroles qui feraient extravagantes dans toute affaire mondaine, font très reſpectables en théologie. Elles fignifient, ce qui eſt abfurde & impoſſible aux yeux mortels, ne l'eſt point aux yeux de DIEU : or DIEU m'a revélé ces prétendues absurdités, ces impossibilités apparentes; donc je dois les croire.

Un avocat ne serait pas reçu à parler ainsi au barreau. On enfermerait à l'hôpital des fous des témoins qui diraient, Nous affirmons qu'un accusé étant au berceau à la Martinique, a tué un homme à Paris ; & nous sommes d'autant plus certains de cet homicide qu'il est absurde & impossible. Mais la révélation, les miracles, la foi fondée sur des motifs de crédibilité, font un ordre de choses tout différent.

Le même *St. Augustin* dit dans sa lettre cent cinquante-troisième; *Il est écrit* c) *que le monde entier appartient aux fidèles ; & les infidèles n'ont pas une obole qu'ils possèdent légitimement.*

Si sur ce principe deux dépositaires viennent m'assurer qu'ils sont fidèles, & si en cette qualité ils me font banqueroute à moi misérable mondain, il est certain qu'ils seront condamnés par le châtelet & par le parlement malgré toute l'économie avec laquelle *St. Augustin* a parlé.

St. Irénée prétend qu'il ne faut condamner ni l'inceste des deux filles de *Loth* avec leur père, ni celui de *Thamar* avec son Liv. IV. ch. XXV.

---

c) Cela est écrit dans les Proverbes chapitre XVII; mais ce n'est que dans la traduction des septante, à laquelle toute l'église s'en tenait alors.

beau-père, par la raison que la sainte Ecriture ne dit pas expressément que cette action soit criminelle. Cette économie n'empêchera pas que l'incefte parmi nous ne soit puni par les loix. Il est vrai que si Dieu ordonnait expressément à des filles d'engendrer des enfans avec leur père, non-seulement elles feraient innocentes ; mais elles deviendraient très coupables en n'obéissant pas. C'est là où est l'économie d'*Irénée* ; son but très louable est de faire respecter tout ce qui est dans les saintes Ecritures hébraïques : mais comme Dieu qui les a dictées n'a donné nul éloge aux filles de *Loth* & à la bru de *Juda*, il est permis de les condamner.

Tous les premiers chrétiens sans exception pensaient sur la guerre comme les esséniens & les thérapeutes, comme pensent & agissent aujourd'hui les primitifs appellés *quakers*, & les autres primitifs appellés *dunkars*, comme ont toûjours pensé & agi les bracmanes. *Tertullien* est celui qui s'explique le plus fortement sur ces homicides légaux que notre abominable nature a rendus nécessaires ; *Il n'y a point de règle, point d'usage qui puisse rendre légitime cet acte criminel.*

De l'idolatrie, ch. XIX.

Cependant après avoir assuré qu'il n'est aucun chrétien qui puisse porter les armes, il dit par économie dans le même livre, pour intimider l'empire Romain, *Nous*

sommes d'hier, & nous remplissons vos villes Ch. XLII.
& vos armées.

Cela n'était pas vrai, & ne fut vrai que sous *Constance-Clore* ; mais l'économie exigeait que *Tertullien* exagérât dans la vue de rendre son parti redoutable.

C'est dans le même esprit qu'il dit que *Pi-* Apolo-
late était chrétien dans le cœur. Tout son gét. chap.
apologétique est plein de pareilles assertions XXI.
qui redoublaient le zèle des néophites.

Terminons tous ces exemples du stile économique qui sont innombrables, par ce passage de *St. Jérôme* dans sa dispute contre *Jo-* Liv. I.
vinien sur les secondes noces. ,, Si les organes
,, de la génération dans les hommes, l'ou-
,, verture de la femme, le fond de sa vulve,
,, & la différence des deux sexes faits l'un
,, pour l'autre, montrent évidemment qu'ils
,, sont destinés pour former des enfans, voici
,, ce que je réponds. Il s'ensuivrait que nous
,, ne devons jamais cesser de faire l'amour,
,, de peur de porter en vain des membres des-
,, tinés pour lui. Pourquoi un mari s'abstien-
,, drait-il de sa femme ? pourquoi une veuve
,, persévérerait-elle dans le veuvage si nous
,, sommes nés pour cette action comme les
,, autres animaux ? en quoi me nuira un
,, homme qui couchera avec ma femme ?
,, Certainement si les dents sont faites pour
,, manger, & pour faire passer dans l'estomac

„ ce qu'elles ont broié ; s'il n'y a nul mal
„ qu'un homme donne du pain à ma femme,
„ il n'y en a pas davantage si étant plus
„ vigoureux que moi il appaise sa faim d'une
„ autre maniere, & qu'il me soulage de mes
„ fatigues, puisque les génitoires sont faits
„ pour jouir toûjours de leur destinée. "

Quoniam ipsa organa & genitalium fabrica & nostra feminarumque discretio, & receptacula vulvæ, ad suscipiendos & coalendos fœtus condita, sexus differentiam prædicant, hoc breviter respondebo. Numquam ergo cessemus à libidine, ne frustra hujuscemodi membra portemus. Cur enim maritus se abstineat ab uxore ? Cur casta vidua perseveret, si ad hoc tantum nati sumus, ut pecudum more vivamus ? Aut quid mihi nocebit si cum uxore meâ alius concubuerit ? Quomodo enim dentium officium est mandere, & in alvum ea, quæ sunt mensa, transmittere, & non habet crimen, qui conjugi meæ panem dederit : ita si genitalium hoc est officium, ut semper fruantur naturâ suâ, meam lassitudinem alterius vires superent : & uxoris, ut ita dixerim, ardentissimam gulam, fortuita libido restinguat.

Après un tel passage il est inutile d'en citer d'autres. Remarquons seulement que ce stile économique qui tient de si près au polémique, doit être manié avec la plus grande circonspection, & qu'il n'appartient point aux prophanes d'imiter dans leurs difputes ce que les faints ont hazardé, foit dans la chaleur de leur zèle, foit dans la naïveté de leur ftile.

ECROUELLES.

ECrouelle, fcrofules, appellées *humeurs froides*, quoi qu'elles foient très cauftiques ; l'une de ces maladies prefque incurables qui défigurent la nature humaine, & qui mènent à une mort prématurée par les douleurs & par l'infection.

On prétend que cette maladie fut traitée de divine, parce qu'il n'était pas au pouvoir humain de la guérir.

Peut-être quelques moines imaginèrent que des rois en qualité d'images de la Divinité, pouvaient avoir le droit d'opérer la cure des fcrofuleux, en les touchant de leurs mains qui avaient été ointes. Mais pourquoi ne pas attribuer à plus forte raifon ce privilège aux empereurs qui avaient une dignité fi fupérieure à celle des rois ? pourquoi ne le pas donner aux papes qui fe difaient les maîtres des empereurs, & qui étaient bien autre chofe que de fimples images de DIEU, puisqu'ils en étaient les vicaires. Il y a quelque apparence que quelque songe-creux de Normandie, pour rendre l'usurpation de *Guillaume le bâtard* plus respectable, lui concéda de la part de Dieu la faculté de guérir les écrouelles avec le bout du doigt.

C'est quelque tems après *Guillaume* qu'on trouve cet usage tout établi. On ne pouvait gratifier les rois d'Angleterre de ce don miraculeux, & le refuser aux rois de France leurs suzerains. C'eût été blesser le respect dû aux loix féodales. Enfin, on fit remonter ce droit à *St. Edouard* en Angleterre, & à *Clovis* en France.

'Appendix N°. 6. Le seul témoignage un peu croyable que nous ayons de l'antiquité de cet usage, se trouve dans les écrits en faveur de la maison de *Lancaster*, composés par le chevalier *Jean Fortescue* sous le roi *Henri VI*, reconnu roi de France à Paris dans son berceau & ensuite roi d'Angleterre, & qui perdit ses deux royaumes. *Jean Fortescue* grand chancelier d'Angleterre, dit que de tems immémorial les rois d'Angleterre étaient en possession de toucher les gens du peuple malades des écrouelles. On ne voit pourtant pas que cette prérogative rendit leurs personnes plus sacrées dans les guerres de la Rose rouge & de la Rose blanche.

ÉCROUELLES.

Les reines qui n'étaient que femmes de rois ne guériffaient pas les écrouelles, parce qu'elles n'étaient pas ointes aux mains comme les rois; mais *Elizabeth* reine de son chef & ointe les guériffait sans difficulté.

Il arriva une chose assez triste à *Martorillo* le Calabrois, que nous nommons *St. François de Paule*; le roi *Louis XI* le fit venir au Pleffis-les-Tours pour le guérir des suites de son apoplexie: le saint arriva avec les écrouelles: *Ipse fuit detentus gravi inflatura quam in parte inferiori genæ suæ dextræ circa guttur patiebatur chirurgi dicebant morbum esse scropharum.* *Acta St. Francisci Pauli,* pag. 155.

Le saint ne guérit point le roi, & le roi ne guérit point le saint.

Quand le roi d'Angleterre *Jacques II* fut reconduit de Rochester à Wittehall, on proposa de lui laisser faire quelque acte de royauté, comme de toucher les écrouelles; il ne se présenta personne. Il alla exercer sa prérogative en France, à St. Germain, où il toucha quelques Irlandaises. Sa fille *Marie*, le roi *Guillaume*, la reine *Anne*, les rois de la maison de *Brunswick* ne guérirent personne. Cette mode sacrée passa, quand le raisonnement arriva.

EDUCATION.

Dialogue entre un conseiller & un ex-jésuite.

L'EX-JÉSUITE.

MOnsieur, vous voyez le triste état où la banqueroute de deux marchands missionnaires m'ont réduit. Je n'avais assurément aucune correspondance avec frère *La Valette* & frere *Saci* ; j'étais un pauvre prêtre du collège de Clermont dit *Louis le Grand* ; je savais un peu de latin & de catéchisme que je vous ai enseignés pendant six ans, sans aucun salaire : à peine sorti du collège, à peine ayant fait semblant d'étudier en droit avez vous acheté une charge de conseiller au parlement, que vous avez donné votre voix pour me faire mendier mon pain hors de ma patrie, ou pour me réduire à y vivre bafoué avec seize louis & seize francs par an, qui ne suffisent pas pour me vêtir & me nourrir, moi & ma sœur la couturière devenué impotente. Tout le monde m'a dit que ce désastre était advenu aux frères jésuites non-seulement par la banqueroute de *La Valette* & *Saci* missionnaires ; mais parce que frère *La Chaise* confesseur avait été un trigaud, & frère *Le Tellier* confesseur un perfécuteur impudent : mais je n'ai jamais connu ni l'un ni l'autre ; ils étaient morts avant que je fuffe né.

On prétend encore que des difputes de janféniftes & de moliniftes fur la grace verfatile & fur la fcience moyenne, ont fort contribué à nous chaffer de nos maifons : mais je n'ai jamais fu ce que c'était que la grace. Je vous ai fait lire autrefois *Defpautère* & *Cicéron*, les vers de *Commire* & de *Virgile* ; le *Pédagogue chrétien* & *Sénèque* ; les pfaumes de *David* en latin de cuifine, & les odes d'*Horace* à la brune Lalagé & au blond Ligurinus, *flavam religantis comam*, renouant fa blonde chevelure. En un mot, j'ai fait ce que j'ai pu pour vous bien élever ; & voilà ma récompenfe.

Le Conseiller.

Vraiment vous m'avez donné là une plaifante éducation ; il eft vrai que je m'accommodais fort du blond *Ligurinus*. Mais lorfque j'entrai dans le monde, je voulus m'avifer de parler & on fe moqua de moi ; j'avais beau citer les odes à *Ligurinus* & le *Pédagogue chrétien* : je ne favais ni fi *François I* avait été fait prifonnier à Pavie, ni où eft Pavie ; le pays même où je fuis né était ignoré de moi ; je ne connaiffais ni les loix principales, ni les intérêts de ma patrie : pas un mot de mathématiques, pas un mot de faine philofophie ; je favais du latin & des fotifes.

L'ex-Jésuite.

Je ne pouvais vous apprendre que ce qu'on m'avait enfeigné. J'avais étudié au même collège jufqu'à quinze ans ; à cet âge un jéfuite m'enquinauda ; je fus novice, on m'abêtit pendant deux ans, & enfuite on me fit régenter. Ne voudriez-vous pas que je vous euffe donné l'éducation qu'on reçoit dans l'école militaire ?

Le Conseiller.

Non, il faut que chacun apprenne de bonne heure tout ce qui peut le faire réuffir dans la profeffion à laquelle il eft deftiné. *Clairaut* était le fils d'un maître de mathématiques ; dès qu'il fut lire & écrire, fon père lui montra fon art : il devint très bon géomètre à douze ans ; il apprit enfuite le latin, qui ne lui fervit jamais à rien. La célebre marquife du *Châtelet* apprit le latin en un an & le favait très bien ; tandis qu'on nous tenait fept années au collège pour nous faire balbutier cette langue fans jamais parler à notre raifon.

Quant à l'étude des loix dans laquelle nous entrions en fortant de chez vous, c'était encore pis. Je fuis de Paris & on m'a fait

ÉDUCATION.

fait étudier pendant trois ans les loix oubliées de l'ancienne Rome ; ma coutume me fuffirait s'il n'y avait pas dans notre pays cent quarante-quatre coutumes différentes.

J'entendis d'abord mon profeffeur qui commence par diftinguer la jurifprudence en droit naturel & droit des gens : le droit naturel eft commun, felon lui, aux hommes & aux bêtes ; & le droit des gens commun à toutes les nations, dont aucune n'eft d'accord avec fes voifins.

Enfuite on me parla de la loi des douze tables abrogée bien vîte chez ceux qui l'avaient faite, de l'édit du préteur quand nous n'avons point de préteur, de tout ce qui concerne les efclaves quand nous n'avons point d'efclaves domeftiques, (au moins dans l'Europe chrétienne) du divorce quand le divorce n'eft pas encore reçu chez nous, &c. &c. &c.

Je m'apperçus bientôt qu'on me plongeait dans un abîme dont je ne pourais jamais me tirer. Je vis qu'on m'avait donné une éducation très inutile pour me conduire dans le monde.

J'avoue que ma confufion a redoublé quand j'ai lu nos ordonnances ; il y en a la valeur de quatre-vingt volumes, qui prefque toutes fe contredifent : je fuis obligé quand je juge de m'en rapporter au peu de bon fens &

Cinquiéme partie. F

d'équité que la nature m'a donné ; & avec ces deux secours je me trompe à presque toutes les audiences.

J'ai un frère qui étudie en théologie pour être grand vicaire ; il se plaint bien davantage de son éducation : il faut qu'il consume six années à bien statuer s'il y a neuf chœurs d'anges, & quelle est la différence précise entre un trône & une domination ; si le Phison dans le paradis terrestre était à droite ou à gauche de Géon ; si la langue dans laquelle le serpent eut des conversations avec *Eve* était la même que celle dont l'ânesse se servit avec *Balaam* : comment *Melchisédec* était né sans père & sans mère ; en quel endroit demeure *Enoch* qui n'est point mort : où sont les chevaux qui transportèrent *Elie* dans un char de feu après qu'il eut séparé les eaux du Jourdain avec son manteau, & dans quel tems il doit revenir pour annoncer la fin du monde ? Mon frère dit que toutes ces questions l'embarrassent beaucoup, & ne lui ont encor pu procurer un canonicat de Notre-Dame sur lequel nous comptions.

Vous voyez entre nous que la plûpart de nos éducations sont ridicules, & que celles qu'on reçoit dans les arts & métiers sont infiniment meilleures.

L'EX-JESUITE.

D'accord; mais je n'ai pas de quoi vivre avec mes quatre cent francs, qui font vingt-deux sous deux deniers par jour; tandis que tel homme, dont le père allait derrière un carrosse, a trente-six chevaux dans son écurie, quatre cuisiniers & point d'aumonier.

LE CONSEILLER.

Eh bien, je vous donne quatre cent autres francs de ma poche; c'est ce que *Jean Despautère* ne m'avait point enseigné dans mon éducation.

EGALITÉ.

SECTION PREMIÈRE.

IL est clair que tous les hommes jouïssant des facultés attachées à leur nature, sont égaux; ils le sont quand ils s'acquittent des fonctions animales, & quand ils exercent leur entendement. Le roi de la Chine, le grand-mogol, le padisha de Turquie, ne peut dire au dernier des hommes, Je te défends de digérer & de penser. Tous les animaux de chaque espèce sont égaux entre eux.

Un cheval ne dit point au cheval son confrère
Qu'on peigne mes beaux crins, qu'on m'étrille &
    me serre ;
Toi, cours, & va porter mes ordres souverains
Aux mulets de ces bords, aux ânes mes voisins.
Toi, prépare les grains dont je fais des largesses
A mes fiers favoris, à mes douces maîtresses.
Qu'on châtre les chevaux désignés pour servir
Les coquettes jumens dont seul je dois jouïr.
Que tout soit dans la crainte & dans la dépendance.
Et si quelqu'un de vous hennit en ma présence,
Pour punir cet impie & ce séditieux,
Qui foule aux pieds les loix des chevaux & des Dieux;
Pour venger dignement le ciel & la patrie,
Qu'il soit pendu sur l'heure auprès de l'écurie.

Les animaux ont naturellement au dessus de nous l'avantage de l'indépendance. Si un taureau qui courtise une genisse est chassé à coups de cornes par un taureau plus fort que lui, il va chercher une autre maîtresse dans un autre pré; & il vit libre. Un coq battu par un coq, se console dans un autre poulaillier. Il n'en est pas ainsi de nous. Un petit visir exile à Lemnos un bostangi; le visir *Azem* exile le petit visir à Tenedos. Le padisha exile le visir *Azem* à Rhodes. Les janissaires mettent en prison le padisha, & en élisent un autre qui exilera les bons musulmans à son choix; encor lui sera-t-on bien obligé s'il se borne à ce petit exercice de son autorité sacrée.

Si cette terre était ce qu'elle semble devoir être, si l'homme y trouvait partout une subsistance facile & assurée, & un climat convenable à sa nature, il est clair qu'il eût été impossible à un homme d'en asservir un autre. Que ce globe soit couvert de fruits salutaires, que l'air qui doit contribuer à notre vie, ne nous donne point des maladies & une mort prématurée, que l'homme n'ait besoin d'autre logis & d'autre lit que celui des daims & des chevreuils ; alors les *Gengiskan* & les *Tamerlan* n'auront de valets que leurs enfans qui feront assez honnêtes gens pour les aider dans leur vieillesse.

Dans cet état naturel dont jouissent tous les quadrupèdes non-domptés, les oiseaux & les reptiles, l'homme serait aussi heureux qu'eux ; la domination serait alors une chimère, une absurdité à laquelle personne ne penserait ; car pourquoi chercher des serviteurs quand vous n'avez besoin d'aucun service ?

S'il passait par l'esprit de quelque individu à tête tyrannique & à bras nerveux, d'asservir son voisin moins fort que lui, la chose serait impossible ; l'opprimé serait sur le Danube, avant que l'oppresseur eût pris ses mesures sur le Volga.

Tous les hommes feraient donc nécessairement égaux, s'ils étaient sans besoins; la misère attachée à notre espèce subordonne un homme à un autre homme : ce n'est pas l'inégalité qui est un malheur réel, c'est la dépendance. Il importe fort peu que tel homme s'appelle *sa hautesse*, tel autre *sa sainteté*; mais il est dur de servir l'un ou l'autre.

Une famille nombreuse a cultivé un bon terroir; deux petites familles voisines ont des champs ingrats & rebelles; il faut que les deux pauvres familles servent la famille opulente, ou qu'ils l'égorgent; cela va sans difficulté. Une des deux familles indigentes va offrir ses bras à la riche pour avoir du pain; l'autre va l'attaquer & est battue. La famille servante est l'origine des domestiques & des manœuvres; la famille battue est l'origine des esclaves.

Il est impossible dans notre malheureux globe que les hommes vivans en société ne soient pas divisés en deux classes, l'une de riches qui commandent, l'autre de pauvres qui servent; & ces deux se subdivisent en mille, & ces mille ont encor des nuances différentes.

Tu viens quand les lots sont faits nous dire, Je suis homme comme vous, j'ai deux mains & deux pieds, autant d'orgueil & plus que vous, un esprit aussi désordonné pour le moins, auſſi inconſéquent, auſſi contradictoire que le vôtre. Je ſuis citoyen de St. Marin, ou de Raguſe, ou de Vaugirard ; donnez-moi ma part de la terre. Il y a dans notre hémiſphère connu environ cinquante mille millions d'arpens à cultiver, tant paſſables que ſtériles. Nous ne ſommes qu'environ un milliard d'animaux à deux pieds ſans plumes ſur ce continent ; ce font cinquante arpens pour chacun, faites-moi juſtice, donnez-moi mes cinquante arpens.

On lui répond, Va-t-en les prendre chez les Caffres, chez les Hottentots ou chez les Samoyèdes ; arrange-toi avec eux à l'amiable ; ici toutes les parts ſont faites. Si tu veux avoir parmi nous le manger, le vêtir, le loger & le chauffer, travaille pour nous comme feſait ton père ; ſers-nous, ou amuſe-nous, & tu ſeras payé ; ſinon tu ſerais obligé de demander l'aumône ; ce qui dégraderait trop la ſublimité de ta nature, & t'empêcherait réellement d'être égal aux rois, & même aux vicaires de village, ſelon les prétentions de ta noble fierté.

SECTION SECONDE.

Tous les pauvres ne ſont pas malheureux. La plûpart ſont nés dans cet état, & le travail continuel les empêche de trop ſentir leur situation ; mais quand ils la fentent, alors on voit des guerres, comme celle du parti populaire contre le parti du fénat à Rome; celles des payfans en Allemagne, en Angleterre, en France. Toutes ces guerres finiffent tôt ou tard par l'afferviffement du peuple, parce que les puiffans ont l'argent, & que l'argent eft maître de tout dans un état; je dis dans un état, car il n'en eft pas de même de nation à nation. La nation qui fe fervira le mieux du fer, fubjuguera toûjours celle qui aura plus d'or & moins de courage.

Tout homme nait avec un penchant affez violent pour la domination, la richeffe & les plaifirs ; & avec beaucoup de goût pour la pareffe : par conféquent tout homme voudrait avoir l'argent & les femmes ou les filles des autres, être leur maître, les affujettir à tous fes caprices, & ne rien faire, ou du moins ne faire que des chofes très agréables. Vous voyez bien qu'avec ces belles difpofitions il eft auffi impoffible que les hommes foient égaux, qu'il eft impoffible que deux prédicateurs ou deux profeffeurs de théologie ne foient pas jaloux l'un de l'autre.

Le genre-humain tel qu'il eft, ne peut fubfifter à moins qu'il n'y ait une infinité d'hommes utiles qui ne poffèdent rien du tout. Car certainement un homme à fon aife ne quittera pas fa terre pour venir labourer la vôtre; & fi vous avez besoin d'une paire de souliers, ce ne sera pas un maître de requêtes qui vous la fera. L'égalité est donc à la fois la chose la plus naturelle, & en même tems la plus chimérique.

Comme les hommes sont excessifs en tout quand ils le peuvent, on a outré cette inégalité, on a prétendu dans plusieurs pays qu'il n'était pas permis à un citoyen de sortir de la contrée où le hazard l'a fait naître ; le sens de cette loi est visiblement, *Ce pays est si mauvais & si mal gouverné que nous défendons à chaque individu d'en sortir, de peur que tout le monde n'en sorte.* Faites mieux, donnez à tous vos sujets envie de demeurer chez vous, & aux étrangers d'y venir.

Chaque homme dans le fond de son cœur a droit de se croire entiérement égal aux autres hommes : il ne s'ensuit pas de-là que le cuisinier d'un cardinal doive ordonner à son maître de lui faire à dîner. Mais le cuisinier peut dire : Je suis homme comme mon maître ; je suis né comme lui en pleurant ; il mourra comme moi dans les mêmes angoisses & les mêmes cérémonies. Nous fesons tout deux les mêmes fonctions animales. Si les Turcs s'emparent de Rome, & si alors je suis cardinal & mon maître cuisinier, je le prendrai à mon service. Tout ce discours est raisonnable & juste ; mais en attendant que le grand Turc s'empare de Rome, le cuifinier doit faire fon devoir, ou toute fociété humaine eft pervertie.

A l'égard d'un homme qui n'eft ni cuifinier d'un cardinal, ni revêtu d'aucune autre charge dans l'état ; à l'égard d'un particulier qui ne tient à rien, mais qui eft fâché d'être reçu partout avec l'air de la protection ou du mépris, qui voit évidemment que plufieurs *monfignors* n'ont ni plus de fcience, ni plus d'efprit, ni plus de vertu que lui, & qui s'ennuie d'être quelquefois dans leur anti-chambre, quel parti doit-il prendre ? celui de s'en aller.

EGLISE.

PRÉCIS DE L'HISTOIRE DE L'ÉGLISE CHRÉTIENNE.

Nous ne porterons point nos regards fur les profondeurs de la théologie ; DIEU nous en préferve ; l'humble foi feule nous fuffit. Nous ne fefons jamais que raconter.

Dans les premières années qui fuivirent la mort de JESUS-CHRIST Dieu & homme, on comptait chez les Hébreux neuf écoles ou neuf fociétés religieufes, pharifiens, faducéens, efféniens, judaïtes, thérapeutes, récabites, hérodiens, disciples de *Jean*, & les disciples de Jesus, nommés les *frères*, les *Galiléens*, les *fidèles*, qui ne prirent le nom de *chrétiens* que dans Antioche vers l'an 60 de notre ère, conduits secrettement par Dieu même dans des voies inconnues aux hommes.

Les pharisiens admettaient la métempsicose, les saducéens niaient l'immortalité de l'ame & l'existence des esprits, & cependant étaient fidèles au Pentateuque.

Pline le naturaliste (apparemment sur la foi de *Flavien Joseph*) appelle les esséniens *gens æterna in quâ nemo nascitur*; famille éternelle dans laquelle il ne nait personne; parce que les esséniens se mariaient très rarement. Cette définition a été depuis appliquée à nos moines. [Livre v. ch. XVII.]

Il est difficile de juger si c'est des esséniens ou des judaïtes que parle *Joseph* quand il dit: *Ils méprisent les maux de la terre; ils triomphent des tourmens par leur constance; ils préfèrent la mort à la vie lorsque le sujet en est honorable. Ils ont souffert le fer & le feu, & vu briser leurs os, plutôt que de prononcer la moindre parole contre leur législateur, ni manger des viandes défendues.* [Hist. ch. XII.]

Il paraît que ce portrait tombe sur les judaïtes, & non pas sur les esséniens. Car voici les paroles de Joseph: *Judas fut l'auteur d'une* nouvelle secte, entiérement différente des trois autres, c'est-à-dire, des saducéens, des pharisiens & des esséniens. Il continue & dit; *Ils sont Juifs de nation; ils vivent unis entre eux, & regardent la volupté comme un vice:* le sens naturel de cette phrase fait croire que c'est des judaïtes dont l'auteur parle.

Quoiqu'il en soit, on connut ces judaïtes avant que les disciples du CHRIST commençassent à faire un parti considérable dans le monde. Quelques bonnes gens les ont pris pour des hérétiques qui adoraient *Judas Iscariote*.

Les thérapeutes étaient une société différente des esséniens & des judaïtes; ils ressemblaient aux gymnosophistes des Indes, & aux brames. *Ils ont*, dit Philon, *un mouvement d'amour céleste, qui les jette dans l'entousiasme des bacchantes & des coribantes, & qui les met dans l'état de la contemplation à laquelle ils aspirent.* Cette secte nâquit dans Alexandrie qui était toute remplie de Juifs; & s'étendit beaucoup dans l'Egypte.

Les récabites subsistaient encor; ils fesaient vœu de ne jamais boire de vin; & c'est peut-être à leur exemple que *Mahomet* défendit cette liqueur à ses musulmans.

Les hérodiens regardaient *Hérode* premier du nom comme un messie, un envoyé de

DIEU, qui avait rebâti le temple. Il est évident que les Juifs célébraient sa fête à Rome du tems de *Néron*, témoins les vers de Perse; *Herodi venere dies*, &c.

Voici le jour d'Hérode, où tout infâme Juif
Fait fumer sa lanterne avec l'huile ou le suif.

Les disciples de *Jean-Batiste* s'étendirent un peu en Egypte, mais principalement dans la Syrie, dans l'Arabie & vers le golphe Persique. On les connaît aujourd'hui sous le nom de *chrétiens de St. Jean*; il y en eut aussi dans l'Asie mineure. Il est dit dans les *Actes des apôtres* (chap. IX), que *Paul* en rencontra plusieurs à Ephèse; il leur dit: *Avez-vous reçu le St. Esprit?* Ils lui répondirent, *Nous n'avons pas seulement ouï dire qu'il y ait un St. Esprit.* Il leur dit, *Quel batême avez-vous donc reçu?* Ils lui repondirent, *Le batême de Jean*.

Les véritables chrétiens cependant, jettaient, comme on fait, les fondemens de la seule religion véritable.

Celui qui contribua le plus à fortifier cette société naissante, fut ce *Paul* même qui l'avait persécutée avec le plus de violence. Il était né à Tarsis en Cilicie, *a*) & fut élevé par le fameux docteur pharisien *Gamaliel* disciple de

---

a) *St. Jérôme* dit qu'il était de Giscala en Galilée.

Hillel. Les Juifs prétendent qu'il rompit avec *Gamaliel*, qui refufa de lui donner fa fille en mariage. On voit quelques traces de cette anecdote à la fuite des *Actes de Ste. Thécle*. Ces actes portent qu'il avait le front large, la tête chauve, les fourcils joints, le nez aquilin, la taille courte & groffe, & les jambes torfes. *Lucien*, dans fon dialogue de *Philopatris*, femble faire un portrait affez femblable. On a douté qu'il fût citoyen Romain, car en ce tems-là on n'accordait ce titre à aucun Juif ; ils avaient été chaffés de Rome par *Tibère* : & Tarfis ne fut colonie romaine que près de cent ans après fous *Caracalla*, comme le remarque *Cellarius* dans fa Géographie livre III, & *Grotius* dans fon commentaire fur les actes, auxquels feuls nous devons nous en rapporter.

DIEU qui était defcendu fur la terre pour y être un exemple d'humilité & de pauvreté, donnait à fon églife les plus faibles commencemens, & la dirigeait dans ce même état d'humiliation, dans lequel il avait voulu naître. Tous les premiers fidèles furent des hommes obfcurs ; ils travaillaient tous de leurs mains. L'apôtre *St. Paul* témoigne qu'il gagnait fa vie à faire des tentes. *St. Pierre* refufcita la couturière *Dorcas* qui fefait les robes des frères. L'affemblée des fidèles fe tenait à Joppé, dans la maifon d'un corroyeur nommé *Simon*, comme on le voit au chap. IX. des *Actes des apôtres*.

Les fidèles se répandirent secrettement en Grèce, & quelques-uns allèrent de là à Rome, parmi les Juifs à qui les Romains permettaient une synagogue. Ils ne se séparèrent point d'abord des Juifs ; ils gardèrent la circoncision ; & comme on l'a déja remarqué ailleurs, les quinze premiers évêques secrets de Jérusalem furent tous circoncis, ou du moins de la nation Juive.

Lorsque l'apôtre *Paul* prit avec lui *Timothée* qui était fils d'un père gentil, il le circoncit lui-même dans la petite ville de Listre. Mais *Tite* son autre disciple, ne voulut point se soumettre à la circoncision. Les frères disciples de JESUS furent unis aux Juifs, jusqu'au tems où *Paul* essuia une persécution à Jérusalem, pour avoir amené des étrangers dans le temple. Il était accusé par les Juifs de vouloir détruire la loi mosaïque par JESUS-CHRIST. C'est pour se laver de cette accusation que l'apôtre *St. Jaques* proposa à l'apôtre *Paul* de se faire raser la tête, & de s'aller purifier dans le temple avec quatre Juifs qui avaient fait vœu de se raser ; *Prenez-les avec vous*, lui dit Jaques (chap. XXI. Act. des apôt.) *purifiez-vous avec eux, & que tout le monde sache que ce que l'on dit de vous est faux, & que vous continuez à garder la loi de Moïse.*

EGLISE.

Ainsi donc *Paul* qui d'abord avait été le persécuteur sanguinaire de la sainte société établie par Jesus, *Paul* qui depuis voulut gouverner cette société naissante ; *Paul* chrétien judaïse *afin que le monde sache qu'on le calomnie quand on dit qu'il ne suit plus la loi mosaïque.*

St. *Paul* n'en fut pas moins accusé d'impiété & d'hérésie, & son procès criminel dura longtems ; mais on voit évidemment par les accusations mêmes intentées contre lui, qu'il était venu à Jérusalem pour observer les rites judaïques,

Il dit à *Festus* ces propres paroles (chap. XXV. des Actes :) *Je n'ai péché ni contre la loi juive, ni contre le temple.*

Les apôtres annonçaient Jesus-Christ comme un juste indignement persécuté, un prophète de Dieu, un fils de Dieu envoyé aux Juifs pour la réformation des mœurs.

La circoncision est utile, dit l'apôtre St. Paul, (ch. II. Epit. aux Rom.) *si vous observez la loi ; mais si vous la violez, votre circoncision devient prépuce. Si un incirconcis garde la loi, il sera comme circoncis. Le vrai Juif est celui qui est Juif intérieurement.*

Quand cet apôtre parle de Jesus-Christ dans ses épîtres, il ne révèle point le mystère ineffable de sa consubstantialité avec Dieu ;
„ Nous sommes délivrés par lui (dit-il
„ chap.

„ chap. V. épit. aux Rom.) de la colère de
„ DIEU : le don de DIEU s'eſt répandu ſur
„ nous, par la grace donnée à un ſeul homme
„ qui eſt JESUS-CHRIST..... La mort a
„ régné par le péché d'un ſeul homme, les
„ juſtes régneront dans la vie par un ſeul
„ homme qui eſt JESUS-CHRIST.

Et au chap. VIII. „ Nous les héritiers de
„ DIEU, & les cohéritiers de CHRIST. Et
„ au chap. XVI. A DIEU, qui eſt le ſeul
„ ſage, honneur & gloire par JESUS-
„ CHRIST..... Vous êtes à JESUS-CHRIST,
„ & JESUS-CHRIST à DIEU. (I. aux Co-
„ rinth. chap. III.)

Et, (I. aux Corinth. chap. XV. vſ. 27.)
„ Tout lui eſt aſſujetti, en exceptant ſans
„ doute DIEU qui lui a aſſujetti toutes
„ choſes. "

On a eu quelque peine à expliquer le paſſage de l'épitre aux Philippiens ; *Ne faites
rien par une vaine gloire ; croyez mutuelle-
ment par humilité que les autres vous ſont
ſupérieurs, ayez les mêmes ſentimens que
CHRIST JESUS, qui étant dans l'empreinte
de DIEU n'a point cru ſa proye de s'égaler à
DIEU.* Ce paſſage paraît très bien appro-
fondi, & mis dans tout ſon jour, dans une
lettre qui nous reſte des égliſes de Vienne
& de Lyon, écrite l'an 177, & qui eſt un
précieux monument de l'antiquité. On loüe

Cinquième partie. G

dans cette lettre la modeſtie de quelques fidèles : *Ils n'ont pas voulu*, dit la lettre, *prendre le grand titre de martyrs*, (pour quelques tribulations) *à l'exemple de* JESUS-CHRIST, *lequel étant empreint de* DIEU, *n'a pas cru ſa proye la qualité d'égal à* DIEU. Origène dit auſſi dans ſon commentaire ſur *Jean*; La grandeur de JESUS a plus éclaté quand il s'eſt humilié, *que s'il eût fait ſa proye d'être égal à* DIEU. En effet, l'explication contraire peut paraître un contre-ſens. Que ſignifierait, *Croyez les autres ſupérieurs à vous; imitez* JESUS *qui n'a pas cru que c'était une proye, une uſurpation, de s'égaler à* DIEU? Ce ſerait viſiblement ſe contredire, ce ſerait donner un exemple de grandeur pour un exemple de modeſtie ; ce ſerait pécher contre la dialectique.

La ſageſſe des apôtres fondait ainſi l'égliſe naiſſante. Cette ſageſſe ne fut point altérée par la diſpute qui ſurvint entre les apôtres *Pierre*, *Jaques* & *Jean* d'un côté, & *Paul* de l'autre. Cette conteſtation arriva dans Antioche. L'apôtre *Pierre*, autrement *Céphas*, ou *Simon Barjone*, mangeait avec les gentils convertis, & n'obſervait point avec eux les cérémonies de la loi, ni la diſtinction des viandes ; il mangeait, lui, *Barnabé*, & d'autres diſciples, indifféremment du porc, des chairs étouffées, des animaux qui avaient le pied fendu & qui ne ruminaient pas ; mais plufieurs Juifs chrétiens arrivés, *St. Pierre* fe remit avec eux à l'abftinence des viandes défendues, & aux cérémonies de la loi mofaïque.

Cette action paraiffait très prudente ; il ne voulait pas fcandalifer les Juifs chrétiens fes compagnons ; mais *St. Paul* s'éleva contre lui avec un peu de dureté. *Je lui réfiftai, dit-il, à fa face, parce qu'il était blâmable.* (Epitre aux Galates chap. II.)

Cette querelle paraît d'autant plus extraordinaire de la part de *St. Paul*, qu'ayant été d'abord perfécuteur, il devait être modéré, & que lui-même il était allé facrifier dans le temple à Jérufalem, qu'il avait circoncis fon difciple Timothée, qu'il avait accompli les rites juifs, lefquels il reprochait alors à *Céphas*. *St. Jérôme* prétend que cette querelle entre *Paul* & *Céphas* était feinte. Il dit dans fa première homélie, tom. III. qu'ils firent comme deux avocats qui s'échauffent & fe piquent au barreau, pour avoir plus d'autorité fur leurs clients ; il dit que *Pierre Céphas* étant deftiné à prêcher aux Juifs, & *Paul* aux Gentils, ils firent femblant de fe quereller, *Paul* pour gagner les Gentils, & *Pierre* pour gagner les Juifs. Mais *St. Auguftin* n'eft point du tout de cet avis. *Je fuis fâché*, dit-il dans l'épître à Jérôme, *qu'un auffi grand-homme fe rende le patron du menfonge, patronum mendacii.*

Cette dispute entre *St. Jérôme* & *St. Augustin* ne doit pas diminuer notre vénération pour eux, encor moins pour *St. Paul* & pour *St. Pierre*.

Au reste, si *Pierre* était destiné aux Juifs judaïsans, & *Paul* aux étrangers, il paraît probable que *Pierre* ne vint point à Rome. Les *Actes des apôtres* ne font aucune mention du voyage de *Pierre* en Italie.

Quoi qu'il en soit, ce fut vers l'an 60 de notre ère, que les chrétiens commencèrent à se séparer de la communion juive, & c'est ce qui leur attira tant de querelles & tant de persécutions de la part des synagogues répandues à Rome, en Grèce, dans l'Egypte & dans l'Asie. Ils furent accusés d'impiété, d'athéïsme par leurs frères Juifs, qui les excommuniaient dans leurs synagogues trois fois les jours du sabbath. Mais DIEU les soutint toûjours au milieu des persécutions.

Petit à petit, plusieurs églises se formèrent, & la séparation devint entière entre les Juifs & les chrétiens, avant la fin du premier siécle ; cette séparation était ignorée du gouvernement Romain. Le sénat de Rome, ni les empereurs n'entraient point dans ces querelles d'un petit troupeau que DIEU avait jusques-là conduit dans l'obscurité, & qu'il élevait par des degrés infenfibles.

Le chriftianifme s'établit en Grèce & dans Alexandrie. Les chrétiens y eurent à combattre une nouvelle fecte de Juifs devenus philofophes à force de fréquenter les Grecs ; c'était celle de la gnofe ou des gnoftiques ; il s'y mêla de nouveaux chrétiens. Toutes ces fectes jouiffaient alors d'une entière liberté de dogmatifer, de conférer & d'écrire quand les courtiers Juifs établis dans Rome & dans Alexandrie ne les accufaient pas auprès des magiftrats ; mais fous *Domitien* la religion chrétienne commença à donner quelque ombrage au gouvernement.

Le zèle de quelques chrétiens, qui n'était pas felon la fcience, n'empêcha pas l'églife de faire les progrès que DIEU lui deftinait. Les chrétiens célébrèrent d'abord leurs myftères dans des maifons retirées, dans des caves, pendant la nuit ; de-là leur vint le titre de *lucifugaces* (felon Minutius Felix.) *Philon* les appelle *gefféens*. Leurs noms les plus communs, dans les quatre premiers fiécles chez les Gentils, étaient ceux de *Galiléens*, & de *Nazaréens* ; mais celui de *chrétiens* a prévalu fur tous les autres.

Ni la hiérarchie, ni les ufages ne furent établis tout-d'un-coup ; les tems apoftoliques furent différens des tems qui les suivirent.

La messe, qui se célèbre au matin, était la cène qu'on fesait le soir ; ces usages changèrent à mesure que l'église se fortifia. Une société plus étendue exigea plus de réglemens, & la prudence des pasteurs se conforma aux tems & aux lieux.

St. Jérôme & *Eusèbe* rapportent que quand les églises reçurent une forme, on y distingua peu-à-peu cinq ordres différens. Les surveillans, *épiscopoi*, d'où sont venus les évèques : les anciens de la société, *presbiteroi*, les prêtres, les servans, ou diacres ; les *pistoi*, croyans, initiés ; c'est-à-dire, les batisés, qui avaient part aux soupers des agapes, les cathécumènes qui attendaient le batême, & les énergumènes qui attendaient qu'on les délivrât du démon. Aucun, dans ces cinq ordres, ne portait d'habit différent des autres ; aucun n'était contraint au célibat, témoin le livre de *Tertullien* dédié à sa femme, témoin l'exemple des apôtres. Aucune représentation, soit en peinture, soit en sculpture, dans leurs assemblées, pendant les deux premiers siécles ; point d'autels, encor moins de cierges, d'encens & d'eau lustrale. Les chrétiens cachaient soigneusement leurs livres aux Gentils ; ils ne les confiaient qu'aux initiés ; il n'était pas même permis aux cathécumènes de réciter l'oraifon dominicale.

DU POUVOIR DE CHASSER LES DIABLES DONNÉ A L'ÉGLISE.

Ce qui diftinguait le plus les chrétiens, & ce qui a duré jufqu'à nos derniers tems, était le pouvoir de chaffer les diables avec le figne de la croix. *Origène* dans fon traité contre *Celfe*, avoué au nombre 133 qu'*Antinoüs* divinifé par l'empereur *Adrien*, fefait des miracles en Egypte par la force des charmes & des preftiges; mais il dit que les diables fortent du corps des poffedés à la prononciation du feul nom de Jesus.

Tertullien va plus loin, & du fond de l'Afrique où il était, il dit dans fon apologétique, au chap. XXIII. *Si vos Dieux ne confeffent pas qu'ils font des diables à la préfence d'un vrai chrétien, nous voulons bien que vous répandiez le fang de ce chrétien.* Y a-t-il une démonftration plus claire ?

En effet, Jesus-Christ envoya fes apôtres pour chaffer les démons. Les Juifs avaient auffi de fon tems le don de les chaffer; car lorfque Jesus eut délivré des poffedés, & eut envoyé les diables dans les corps d'un troupeau de deux mille cochons, & qu'il eut opéré d'autres guérifons pareilles, les pharifiens dirent, il chaffe les démons par la puissance de Belzébut. *Si c'est par Belzébut que je les chasse*, répondit Jesus, *par qui vos fils les chassent-ils ?* Il est incontestable que les Juifs se vantaient de ce pouvoir : ils avaient des exorcistes, & des exorcismes. On invoquait le nom de Dieu, de *Jacob* & d'*Abraham*. On mettait des herbes consacrées dans le nez des démoniaques, (*Joseph* rapporte une partie de ces cérémonies.) Ce pouvoir sur les diables, que les Juifs ont perdu, fut transmis aux chrétiens, qui semblent aussi l'avoir perdu depuis quelque tems.

Dans le pouvoir de chasser les démons, était compris celui de détruire les opérations de la magie; car la magie fut toûjours en vigueur chez toutes les nations. Tous les pères de l'église rendent témoignage à la magie. *St. Justin* avoüe dans son apologétique au livre III. qu'on évoque souvent les ames des morts, & il en tire un argument en faveur de l'immortalité de l'ame. *Lactance*, au liv. VII. de ses institutions divines, dit, *que si on osait nier l'existence des ames après la mort, le magicien vous en convaincrait bientôt en les fesant paraître.* Irenée, *Clément* Alexandrin, *Tertullien*, l'évêque *Cyprien*, tous affirment la même chose. Il est vrai qu'aujourd'hui tout est changé, & qu'il n'y a pas plus de magiciens que de démoniaques.

Mais Dieu est le maître d'avertir les hommes par des prodiges dans certains tems, & de les faire cesser dans d'autres.

Des Martyrs de l'Église.

Quand les sociétés chrétiennes devinrent un peu nombreuses, & que plusieurs s'élevèrent contre le culte de l'empire Romain, les magistrats sévirent contr'elles, & les peuples surtout les persécutèrent. On ne persécutait point les Juifs qui avaient des priviléges particuliers, & qui se renfermaient dans leurs synagogues ; on leur permettait l'exercice de leur religion, comme on fait encor aujourd'hui à Rome ; on souffrait tous les cultes divers répandus dans l'empire, quoique le sénat ne les adoptât pas.

Mais les chrétiens se déclarant ennemis de tous ces cultes, & surtout de celui de l'empire, furent exposés plusieurs fois à ces cruelles épreuves.

Un des premiers, & des plus célèbres martyrs, fut *Ignace* évêque d'Antioche, condamné par l'empereur *Trajan* lui-même, alors en Asie, & envoyé par ses ordres à Rome, pour être exposé aux bêtes, dans un tems où l'on ne massacrait point à Rome les autres chrétiens. On ne sait point précisément de quoi il était accusé auprès de cet empereur, renommé d'ailleurs pour sa clémence ; il falait que *St. Ignace* eût de bien violens ennemis. Quoi qu'il en foit, l'hiſtoire de ſon martyre rapporte qu'on lui trouva le nom de Jesus-Christ gravé ſur le cœur, en caractères d'or ; & c'eſt de là que les chrétiens prirent en quelques endroits le nom de *Théophores*, qu'*Ignace* s'était donné à lui-même.

On nous a conſervé une lettre de lui, *b*) par laquelle il prie les évèques & les chrétiens de ne point s'oppoſer à ſon martyre ; ſoit que dès-lors les chrétiens fuſſent aſſez puiſſans pour le délivrer, ſoit que parmi eux quelques-uns euſſent aſſez de crédit pour obtenir ſa grace. Ce qui eſt encor très remarquable, c'eſt qu'on ſouffrit que les chrétiens de Rome vinſſent au devant de lui, quand il fut amené dans cette capitale ; ce qui prouverait évidemment qu'on puniſſait en lui la perſonne, & non pas la ſecte.

Les perſécutions ne furent pas continuées. *Origène* dans ſon livre III. contre *Celſe*, dit, *On ne peut compter facilement les chrétiens qui ſont morts pour leur religion, parce qu'il en eſt mort peu, & ſeulement de tems en tems, & par intervalle.*

Dieu eut un ſi grand ſoin de ſon égliſe, que malgré ſes ennemis, il fit enſorte qu'elle

b) *Du Pin* dans ſa *Bibliothèque eccléſiaſtique*, prouve que cette lettre eſt autentique.

E G L I S E. 107

tint cinq conciles dans le premier fiécle, feize dans le fecond, & trente dans le troifiéme; c'eſt-à-dire, des aſſemblées fecrettes & tolérées. Ces aſſemblées furent quelquefois défendues, quand la fauſſe prudence des magiſtrats craignit qu'elles ne devinſſent tumultueuſes. Il nous eſt reſté peu de procès verbaux des proconſuls & des préteurs qui condamnèrent les chrétiens à mort. Ce ferait les feuls actes fur lefquels on pût conſtater les acculations portées contr'eux, & leurs fupplices.

Nous avons un fragment de *Denys* d'Alexandrie, dans lequel il rapporte l'extrait du greffe d'un proconſul d'Egypte, fous l'empereur *Valérien*; le voici.

„ *Denys*, *Faufte*, *Maxime*, *Marcel*, &
„ *Cherémon*, ayant été introduits à l'audien-
„ ce, le préfet *Emilien* leur a dit: Vous
„ avez pu connaître par les entretiens que
„ j'ai eus avec vous, & par tout ce que
„ je vous en ai écrit, combien nos princes
„ ont témoigné de bonté à votre égard; je
„ veux bien encor vous le redire: ils font
„ dépendre votre conſervation & votre falut
„ de vous-mêmes, & votre deſtinée eſt entre
„ vos mains: ils ne demandent de vous
„ qu'une feule choſe, que la raiſon exige
„ de toute perſonne raiſonnable, c'eſt que
„ vous adoriez les Dieux protecteurs de leur

„ empire, & que vous abandonniez cet autre
„ culte si contraire à la nature & au bon
„ sens. "

Denys a répondu : „ Chacun n'a pas les
„ mêmes Dieux, & chacun adore ceux qu'il
„ croit l'être véritablement. "

Le préfet *Emilien* a repris : „ Je vois bien
„ que vous êtes des ingrats, qui abusez des
„ bontés que les empereurs ont pour vous.
„ Eh bien, vous ne demeurerez pas davan-
„ tage dans cette ville, & je vous envoye
„ à Cephro dans le fond de la Lybie ; ce
„ sera là le lieu de votre bannissement, selon
„ l'ordre que j'en ai reçu de nos empereurs :
„ au reste, ne pensez pas y tenir vos assem-
„ blées, ni aller faire vos prières dans ces
„ lieux que vous nommez des cimetières,
„ cela vous est absolument défendu, & je
„ ne le permettrai à personne. "

Rien ne porte plus les caractères de vérité, que ce procès verbal. On voit par-là qu'il y avait des tems où les assemblées étaient prohibées. C'est ainsi qu'en France il est défendu aux calvinistes de s'assembler ; on a même quelquefois fait pendre & roüer des ministres, ou prédicans, qui tenaient des assemblées malgré les loix ; & depuis 1745 il y en a eu six de pendus. C'est ainsi qu'en Angleterre & en Irlande, les assemblées sont défendúes aux catholiques romains ; & il y a eu des occasions, où les délinquans ont été condamnés à la mort.

Malgré ces défenses portées par les loix romaines, DIEU inspira à plusieurs empereurs de l'indulgence pour les chrétiens. *Dioclétien* même, qui passe chez les ignorans pour un persécuteur, *Dioclétien* dont la première année de régne est encor l'époque de l'ère des martyrs, fut, pendant plus de dix-huit ans, le protecteur déclaré du christianisme, au point que plusieurs chrétiens eurent des charges principales auprès de sa personne. Il épousa même une chrétienne, il souffrit que dans Nicomédie sa résidence, il y eût une superbe église, élevée vis-à-vis son palais.

Le césar *Galérius* ayant malheureusement été prévenu contre les chrétiens, dont il croyait avoir à se plaindre, engagea *Dioclétien* à faire détruire la cathédrale de Nicomédie. Un chrétien plus zélé que sage, mit en piéces l'édit de l'empereur, & de-là vint cette persécution si fameuse, dans laquelle il y eut plus de deux cent personnes exécutées à mort dans l'empire Romain, sans compter ceux que la fureur du petit peuple, toûjours fanatique, & toûjours barbare, fit périr, contre les formes juridiques.

Il y eut en divers tems un si grand nombre de martyrs, qu'il faut bien se donner de garde d'ébranler la vérité de l'hiſtoire de ces véritables confeſſeurs de notre ſainte religion, par un mélange dangereux de fables, & de faux martyrs.

Le bénédictin *Dom Ruinart*, par exemple, homme d'ailleurs auſſi inſtruit qu'eſtimable & zélé, aurait dû choiſir avec plus de diſcrétion ſes actes ſincères. Ce n'eſt pas aſſez qu'un manuſcrit ſoit tiré de l'abbaye de St. Benoit-ſur-Loire, ou d'un couvent de céleſtins de Paris, conforme à un manuſcrit des feuillans, pour que cet acte ſoit autentique ; il faut que cet acte ſoit ancien, écrit par des contemporains, & qu'il porte d'ailleurs tous les caractères de la vérité.

Il aurait pu ſe paſſer de rapporter l'avanture du jeune *Romanus*, arrivée en 303. Ce jeune Romain avait obtenu ſon pardon de *Dioclétien* dans Antioche. Cependant, il dit que le juge *Aſclépiade* le condamna à être brûlé. Des Juifs préſens à ce ſpectacle, ſe moquèrent du jeune St. *Romanus*, & reprochèrent aux chrétiens que leur Dieu les laiſſait brûler, lui qui avait délivré *Sidrac*, *Miſac*, & *Abdenago* de la fournaiſe ; qu'auſſi-tôt il s'éleva, dans le tems le plus ſerein, un orage qui éteignit le feu ; qu'alors le juge ordonna qu'on coupât la langue au jeune *Romanus* ; que le premier médecin de l'empereur ſe trouvant là, fit officieuſement la fonction de bourreau, & lui coupa la langue dans la racine ; qu'aussi-tôt le jeune homme qui était bègue auparavant, parla avec beaucoup de liberté ; que l'empereur fut étonné que l'on parlât si bien sans langue ; que le médecin pour réitérer cette expérience coupa sur le champ la langue à un passant, lequel en mourut subitement.

Eusèbe, dont le bénédictin *Ruinart* a tiré ce conte, devait respecter assez les vrais miracles, opérés dans l'ancien & dans le nouveau Testament (desquels personne ne doutera jamais) pour ne pas leur associer des histoires si suspectes, lesquelles pouraient scandaliser les faibles.

Cette dernière persécution ne s'étendit pas dans tout l'empire. Il y avait alors en Angleterre quelque christianisme, qui s'éclipsa bientôt pour reparaître ensuite sous les rois Saxons. Les Gaules méridionales & l'Espagne, étaient remplies de chrétiens. Le césar *Constance Clore* les protégea beaucoup dans toutes ces provinces. Il avait une concubine, qui était chrétienne, c'est la mère de *Constantin*, connue sous le nom de *Ste. Hélène* ; car il n'y eut jamais de mariage avéré entre elle & lui, & il la renvoya même dès l'an 92 quand il épousa la fille de *Maximien-Hercule* ; mais elle avait conservé sur lui beaucoup d'ascendant, & lui avait inspiré une grande affection pour notre sainte religion.

DE L'ÉTABLISEMENT DE L'ÉGLISE SOUS CONSTANTIN.

La divine providence préparait ainsi, par des voies qui semblent humaines, le triomphe de son église.

Constance Clore mourut en 306 à Yorck en Angleterre, dans un tems où les enfans qu'il avait de la fille d'un césar étaient en bas âge, & ne pouvaient prétendre à l'empire. *Constantin* eut la confiance de se faire élire à Yorck par cinq ou six mille soldats Allemands, Gaulois & Anglais pour la plûpart. Il n'y avait pas d'apparence que cette élection faite sans le consentement de Rome, du sénat, & des armées, pût prévaloir ; mais Dieu lui donna la victoire sur *Maxentius* élu à Rome, & le délivra enfin de tous ses collègues. On ne peut dissimuler qu'il ne se rendît d'abord indigne des faveurs du ciel, par le meurtre de tous ses proches, de sa femme & de son fils.

On peut douter de ce que *Zozime* rapporte à ce sujet. Il dit que *Constantin* agité de remords, après tant de crimes, demanda aux pontifes de l'empire, s'il y avait quelques expiations pour lui, & qu'ils lui dirent qu'ils n'en connaissaient pas. Il est bien vrai qu'il n'y en avait point eu pour *Néron*, & qu'il n'avait osé assister aux sacrés mystères en Grèce. Cependant, les tauroboles étaient en usage ;
&

& il est bien difficile de croire qu'un empereur tout-puissant n'ait pu trouver un prêtre qui voulût lui accorder des sacrifices expiatoires. Peut-être même est-il encor moins croyable que *Constantin* occupé de la guerre, de son ambition, de ses projets, & environné de flatteurs, ait eu le tems d'avoir des remords. *Zozime* ajoute qu'un prêtre Egyptien arrivé d'Espagne, qui avait accès à sa porte, lui promit l'expiation de tous ses crimes dans la religion chrétienne. On a soupçonné que ce prêtre était *Ozius* évêque de Cordoüe.

Quoi qu'il en soit, DIEU réserva *Constantin* pour l'éclairer & pour en faire le protecteur de l'église. Ce prince fit bâtir sa ville de Constantinople, qui devint le centre de l'empire & de la religion chrétienne. Alors l'église prit une forme auguste. Et il est à croire que lavé par son batême & repentant à sa mort, il obtint miséricorde.

Dès l'an 314, avant que *Constantin* résidât dans sa nouvelle ville, ceux qui avaient persécuté les chrétiens furent punis par eux de leurs cruautés. Les chrétiens jettèrent la femme de *Maximien* dans l'Oronte ; ils égorgèrent tous ses parens ; ils massacrèrent dans l'Egypte & dans la Palestine, les magistrats qui s'étaient le plus déclarés contre le christianisme. La veuve & la fille de *Dioclétien* s'étant cachées à Thessalonique, furent reconnues, & leurs corps jettés dans la mer. Il

Cinquiéme partie. H

eût été à fouhaiter que les chrétiens euffent moins écouté l'efprit de vengeance; mais Dieu qui punit felon fa juftice, voulut que les mains des chrétiens fuffent teintes du fang de leurs perfécuteurs, fitôt que ces chrétiens furent en liberté d'agir.

Conftantin convoqua, affembla dans Nicée, vis-à-vis de Conftantinople, le premier concile œcuménique, auquel préfida *Ozius*. On y décida la grande queftion qui agitait l'églife, touchant la divinité de Jesus-Christ. (Voyez *Arianifme*.)

On fait affez comment l'églife ayant combattu trois cent ans contre les rites de l'empire Romain, combattit enfuite contre elle-même, & fut toûjours militante & triomphante.

Dans la fuite des tems l'églife grecque prefque toute entière, & toute l'églife d'Afrique devinrent efclaves fous les Arabes, & enfuite fous les Turcs, qui élevèrent la religion mahométane fur les ruines de la chrétienne. L'églife romaine fubfifta, mais toûjours fouillée de fang par plus de fix cent ans de difcorde entre l'empire d'Occident & le facerdoce. Ces querelles mêmes la rendirent très puiffante. Les évèques, les abbés en Allemagne fe firent tous princes, & les papes acquirent peu-à-peu la domination abfolue dans Rome, & dans un pays confidérable. Ainfi Dieu éprouva fon églife par les humiliations, par les troubles, par les crimes, & par la fplendeur.

ÉGLISE.

Cette église latine perdit au seiziéme siécle la moitié de l'Allemagne, le Dannemarck, la Suède, l'Angleterre, l'Écoffe, l'Irlande, la meilleure partie de la Suiffe, la Hollande; elle a gagné plus de terrain en Amérique par les conquêtes des Efpagnols, qu'elle n'en a perdu en Europe, mais avec plus de territoire elle a bien moins de fujets.

La providence divine femblait deftiner le Japon, Siam, l'Inde & la Chine, à fe ranger fous l'obéiffance du pape, pour le récompenfer de l'Afie mineure, de la Syrie, de la Grèce, de l'Egypte, de l'Afrique, de la Ruffie, & des autres états perdus, dont nous avons parlé. *St. François Xavier* qui porta le St. Evangile aux Indes orientales, & au Japon quand les Portugais y allèrent chercher des marchandifes, fit un très grand nombre de miracles, tous atteftés par les RR. PP. jéfuites; quelques-uns difent qu'il reffufcita neuf morts; mais le R. P. *Ribadeneira*, dans fa *Fleur des faints*, fe borne à dire qu'il n'en reffufcita que quatre; c'eft bien affez. La providence voulut qu'en moins de cent années il y eût des milliers de catholiques romains dans les ifles du Japon. Mais le diable fema fon yvroie au milieu du bon grain. Les jéfuites, à ce qu'on croit, formèrent une conjuration fuivie d'une guerre civile, dans laquelle tous les chrétiens furent exterminés en 1638.

Alors la nation ferma fes ports à tous les étrangers, excepté aux Hollandais qu'on regardait comme des marchands, & non pas comme des chrétiens, & qui furent d'abord obligés de marcher fur la croix pour obtenir la permiffion de vendre leurs denrées dans la prifon où on les renferme lorfqu'ils abordent à Nangazaki.

La religion catholique, apoftolique & romaine fut profcrite à la Chine dans nos derniers tems, mais d'une manière moins cruelle. Les RR. PP. jéfuites n'avaient pas à la vérité reffufcité des morts à la cour de Pékin, ils s'étaient contentés d'enfeigner l'aftronomie, de fondre du canon, & d'être mandarins. Leurs malheureufes difputes avec des dominicains & d'autres, fcandaliférent à tel point le grand empereur *Yontchin*, que ce prince qui était la juftice & la bonté même, fut affez aveugle pour ne plus permettre qu'on enfeignât notre fainte religion, dans laquelle nos miffionnaires ne s'accordaient pas. Il les chaffa avec une bonté paternelle, leur fourniffant des fubfiftances & des voitures jufqu'aux confins de fon empire.

Toute l'Afie, toute l'Afrique, la moitié de l'Europe, tous ce qui appartient aux Anglais, aux Hollandais dans l'Amérique, toutes les hordes Américaines non domptées, toutes les terres auftrales, qui font une cinquiéme partie du globe, sont demeurées la proye du démon, pour vérifier cette sainte parole : *Il y en a beaucoup d'appellés, mais peu d'élus.*

DE LA SIGNIFICATION DU MOT EGLISE. PORTRAIT DE L'ÉGLISE PRIMITIVE. DÉGÉNÉRATION. EXAMEN DES SOCIÉTÉS QUI ONT VOULU RÉTABLIR L'ÉGLISE PRIMITIVE, ET PARTICULIÉREMENT DES PRIMITIFS APPELLÉS QUAKERS.

Ce mot grec signifiait chez les Grecs *assemblée du peuple.* Quand on traduisit les livres hébreux en grec, on rendit synagogue par église, & on se servit du même nom pour exprimer la *société juive*, la *congrégation politique*, l'*assemblée juive*, le *peuple Juif*. Ainsi il est dit dans les Nombres : *Pourquoi avez-vous mené l'église dans le désert ?* Et dans le Deuteronome : *L'eunuque, le Moabite, l'Ammonite n'entreront pas dans l'église ; les Iduméens, les Egyptiens n'entreront dans l'église qu'à la troisiéme génération.* Ch. xx, ℣. 4. C. xxiii, ℣. 1. 2. 3.

JESUS-CHRIST dit dans St. Matthieu : „ Si votre frère a péché contre vous, (vous a „ offensé) reprenez-le entre vous & lui. „ Prenez, amenez avec vous un ou deux té„ moins, afin que tout s'éclaircisse par la bou„ che de deux ou trois témoins ; & s'il ne „ les écoute pas, plaignez-vous à l'assem„ blée du peuple, à l'église : & s'il n'écoute Chapitre xxxviii.

H iij

,, pas l'églife, qu'il foit comme un gentil
,, ou un receveur des deniers publics. Je vous
,, dis, ainfi foit-il, en vérité, tout ce que
,, vous aurez lié fur terre fera lié au ciel ; &
,, ce que vous aurez délié fur terre fera dé-
,, lié au ciel. (Allufion aux clés des portes
,, dont on liait & déliait la courroie.) "

Il s'agit ici de deux hommes dont l'un a offenfé l'autre & perfifte. On ne pouvait le faire comparaître dans l'affemblée, dans l'église chrétienne, il n'y en avait point encore ; on ne pouvait faire juger cet homme dont fon compagnon fe plaignait, par un évêque & par les prêtres qui n'exiftaient pas encore ; de plus, ni les prêtres Juifs, ni les prêtres chrétiens ne furent jamais juges des querelles entre particuliers ; c'était une affaire de police. Les évêques ne devinrent juges que vers le tems de *Valentinien III.*

Les commentateurs ont donc conclu que l'écrivain facré de cet Evangile fait parler ici notre Seigneur par anticipation, que c'eft une allégorie, une prédiction de ce qui arrivera quand l'églife chrétienne fera formée & établie.

In Sine-driis he-breorum, liv. II.

Selden fait une remarque importante fur ce paffage ; c'eft qu'on n'excommuniait point chez les Juifs les publicains, les receveurs des deniers royaux. Le petit peuple pouvait les détefter ; mais étant des officiers néceffaires nommés par le prince, il n'était jamais tombé dans la tête de personne de vouloir les séparer de l'*assemblée*. Les Juifs étaient alors sous la domination du proconsul de Syrie, qui étendait sa jurisdiction jusqu'aux confins de la Galilée & jusques dans l'isle de Chypre, où il avait des vice-gérens. Il aurait été très imprudent de marquer publiquement son horreur pour les officiers légaux du proconsul. L'injustice même eût été jointe à l'imprudence : car les chevaliers Romains fermiers du domaine public, les receveurs de l'argent de *César* étaient autorisés par les loix.

St. Augustin dans son sermon LXXXI, peut fournir des réflexions pour l'intelligence de ce passage. Il parle de ceux qui gardent leur haine, qui ne veulent point pardonner. *Cœpisti habere fratrem tuum tanquam publicanum. Ligas illum in terrà ; sed ut juste alliges, vide : nam injusta vincula disrumpit justitia. Cum autem correxeris & concordaveris cum fratre tuo, solvisti eum in terra.*

„ Vous regardez votre frère comme un
„ publicain. C'est l'avoir lié sur la terre.
„ Mais voyez si vous le liez justement : car la
„ justice rompt les liens injustes. Mais si vous
„ avez corrigé votre frère, si vous vous êtes ac-
„ cordé avec lui, vous l'avez délié sur la terre."

Il semble par la manière dont *St. Augustin* s'explique, que l'offensé ait fait mettre l'offenfeur en prifon, & qu'on doive entendre que s'il eſt jetté dans les liens ſur la terre, il eſt auſſi dans les liens céleſtes ; mais que ſi l'offenſé eſt inexorable, il devient lié lui-même. Il n'eſt point queſtion de l'égliſe dans l'explication de *St. Auguſtin* ; il ne s'agit que de pardonner ou de ne pardonner pas une injure. *St. Auguſtin* ne parle point ici du droit ſacerdotal de remettre les péchés de la part de Dieu. C'eſt un droit reconnu ailleurs, un droit dérivé du ſacrement de la confeſſion. *St. Auguſtin* tout profond qu'il eſt dans les types & dans les allégories, ne regarde pas ce fameux paſſage comme une alluſion à l'abſolution donnée ou refuſée par les miniſtres de l'égliſe catholique romaine dans le ſacrement de pénitence.

Du nom d'Egliſe dans les Sociétés Chrétiennes.

On ne reconnait dans pluſieurs états chrétiens que quatre égliſes, la grecque, la romaine, la luthérienne, la réformée ou calviniſte. Il en eſt ainſi en Allemagne ; les primitifs ou quakers, les anabatiſtes, les ſociniens, les memnoniſtes, les piétiſtes, les moraves, les Juifs & autres, ne forment point d'égliſe. La religion juive a conſervé le titre de ſynagogue. Les ſectes chrétiennes qui ſont tolérées, n'ont que des aſſemblées ſecrettes, des conventicles ; il en eſt de même à Londres.

On ne reconnait l'églife catholique ni en Suède ni en Dannemarck, ni dans les parties feptentrionales de l'Allemagne, ni en Hollande, ni dans les trois quarts de la Suiffe, ni dans les trois royaumes de la Grande-Bretagne.

DE LA PRIMITIVE ÉGLISE, ET DE CEUX QUI ONT CRU LA RÉTABLIR.

Les Juifs, ainfi que tous les peuples de Syrie, furent divifés en plufieurs petites congrégations religieufes, comme nous l'avons vu : toutes tendaient à une perfection myftique.

Un rayon plus pur de lumière anima les difciples de *St. Jean*, qui fubfiftent encor vers Moful. Enfin vint fur la terre le fils de DIEU annoncé par *St. Jean*. Ses difciples furent conftamment tous égaux. JESUS leur avait dit expreffément : *Il n'y aura parmi vous ni premier, ni dernier... Je fuis venu pour fervir & non pour être fervi... Celui qui voudra être le maître des autres les fervira.* Matth. ch. xx. & Marc ch. ix & x.

Une preuve d'égalité c'eft que les chrétiens, dans les commencemens, ne prirent d'autre nom que celui de *frères*. Ils s'affemblaient & attendaient l'efprit : ils prophétifaient quand ils étaient infpirés. *St. Paul* dans fa première lettre aux Corinthiens, leur dit : *Si dans votre affemblée chacun de vous a le don du cantique, celui de la doctrine, celui de l'apocalypfe, celui* Ch. xiv.

des langues, *celui d'interprêter*, *que tous soit à l'édification. Si quelqu'un parle de la langue comme deux ou trois & par parties ; qu'il y en ait un qui interprête.*

Que deux ou trois prophètes parlent, que les autres jugent ; & que si quelque chose est révélée à un autre, que le premier se taise : car vous pouvez tous prophétiser chacun à part; afin que tous apprennent & que tous exhortent, l'esprit de prophétie est soumis aux prophètes : car le Seigneur est un DIEU *de paix.... Ainsi donc, mes frères, ayez tous l'émulation de prophétiser, & n'empêchez point de parler des langues.*

J'ai traduit mot-à-mot, par respect pour le texte, & pour ne point entrer dans des disputes de mots.

Chap. XI. St. *Paul*, dans la même épître, convient que
ỳ. 5. les femmes peuvent prophétiser, quoi qu'il leur défende au chapitre XIV de parler dans les assemblées. *Toute femme*, dit-il, *priant ou prophétisant sans avoir un voile sur la tête, souille sa tête : car c'est comme si elle était chauve.*

Il est clair par tous ces passages & par beaucoup d'autres, que les premiers chrétiens étaient tous égaux, non-seulement comme frères en JESUS-CHRIST, mais comme également partagés. L'esprit se communiquait également à eux ; ils parlaient également diverses langues; ils avaient également le don de prophétiser, sans distinction de rang ni d'âge, ni de sexe.

Les apôtres qui enseignaient les néophites, avaient sans doute sur eux cette prééminence naturelle que le précepteur a sur l'écolier ; mais de jurisdiction, de puissance temporelle, de ce qu'on appelle *honneurs* dans le monde, de distinction dans l'habillement, de marque de supériorité, ils n'en avaient assurément aucune, ni ceux qui leur succédèrent. Ils possédaient une autre grandeur bien différente, celle de la persuasion.

Les frères mettaient leur argent en commun. Ce furent eux-mêmes qui choisirent sept d'entre eux pour avoir soin des tables & de pourvoir aux nécessités communes. Ils élurent dans Jérusalem même ceux que nous nommons *Etienne*, *Philippe*, *Procore*, *Nicanor*, *Timon*, *Parmenas* & *Nicolas*. Ce qu'on peut remarquer, c'est que parmi ces sept élus par la communauté juive, il y a six Grecs. *Act. des apôtres, chap. VI.*

Après les apôtres on ne trouve aucun exemple d'un chrétien qui ait eu sur les autres chrétiens d'autre pouvoir que celui d'enseigner, d'exhorter, de chasser les démons du corps des énergumènes, de faire des miracles. Tout est spirituel ; rien ne se ressent des pompes du monde. Ce n'est guères que dans le troisiéme siécle que l'esprit d'orgueil, de vanité, d'intérêt se manifesta de tous côtés chez les fidèles.

Les agapes étaient déja de grands festins, on leur reprochait le luxe & la bonne chère. *Tertullien* l'avoue. „ Oui, dit-il, nous fesons „ grande chère ; mais dans les mystères d'A-„ thènes & d'Egypte ne fait-on pas bonne „ chère aussi ? Quelque dépense que nous fas-„ sions, elle est utile & pieuse, puisque les „ pauvres en profitent. " *Quantiscumque sumptibus constet, lucrum est pietatis, siquidem inopes refrigerio isto juvamus.*

<small>Tertullien chapitre XXXIX.</small>

Dans ce tems-là même des sociétés de chrétiens qui osaient se dire plus parfaites que les autres, les montanistes, par exemple, qui se vantaient de tant de prophéties & d'une morale si austère, qui regardaient les secondes noces commes des adultères, & la fuite de la persécution comme une apostasie, qui avaient si publiquement des convulsions sacrées & des extases, qui prétendaient parler à Dieu face à face, furent convaincus, à ce qu'on prétend, de mêler le sang d'un enfant d'un an au pain de l'eucharistie. Ils attirèrent sur les véritables chrétiens ce cruel reproche qui les exposa aux persécutions.

Voici comme ils s'y prenaient, selon *St. Augustin*; ils piquaient avec des épingles tout le corps de l'enfant, ils paitrissaient la farine avec ce sang & en fesaient un pain ; s'il

<small>Augustin de Heresibus. Heresi XXVI.</small>

ÉGLISE.

en mourait, ils l'honoraient comme un martyr.

Les mœurs étaient si corrompues, que les saints pères ne cessaient de s'en plaindre. Ecoutez *St. Cyprien* dans son livre des *Tombés*: „ Chaque prêtre, dit-il, court après les biens „ & les honneurs avec une fureur insatiable. „ Les évêques sont sans religion, les femmes „ sans pudeur, la friponnerie règne ; on jure, „ on se parjure ; les animosités divisent les „ chrétiens ; les évêques abandonnent les „ chaires pour courir aux foires, & pour „ s'enrichir par le négoce ; enfin, nous nous „ plaisons à nous seuls, & nous déplaisons à „ tout le monde. " *Voyez les œuvres de St. Cyprien & l'Hist. ecclésiast. de Fleuri, tome II. pag. 168. édition in-12°. 1725.*

Avant ces scandales, le prêtre *Novatien* en avait donné un bien funeste aux fidèles de Rome : il fut le premier antipape. L'épiscopat de Rome quoique secret, & exposé à la persécution, était un objet d'ambition & d'avarice par les grandes contributions des chrétiens, & par l'autorité de la place.

Ne répétons point ici ce qui est déposé dans tant d'archives, ce qu'on entend tous les jours dans la bouche des personnes instruites ; ce nombre prodigieux de shismes & de guerres ; six cent années de querelles sanglantes entre l'empire & le sacerdoce ; l'argent des nations coulant par mille canaux, tantôt à Rome, tantôt dans Avignon lorsque les papes y fixèrent leur séjour pendant soixante & douze ans ; & le sang coulant dans toute l'Europe soit pour l'intérêt d'une thiare si inconnue à Jesus-Christ, soit pour des questions inintelligibles dont il n'a jamais parlé. Notre religion n'en est pas moins vraie, moins sacrée, moins divine, pour avoir été souillée si longtems dans le crime, & plongée dans le carnage.

Quand la fureur de dominer, cette terrible passion du cœur humain, fut parvenue à son dernier excès, lorsque le moine *Hildebrand* élu contre les loix évêque de Rome, arracha cette capitale aux empereurs, & défendit à tous les évêques d'Occident de porter l'ancien nom de pape pour se l'attribuer à lui seul, lorsque les évêques d'Allemagne à son exemple se rendirent souverains, que tous ceux de France & d'Angleterre tâchèrent d'en faire autant, il s'éleva depuis ces tems affreux jusqu'à nos jours, des sociétés chrétiennes, qui sous cent noms différens voulurent rétablir l'égalité primitive dans le christianisme.

Mais ce qui avait été praticable dans une petite société cachée au monde, ne l'était plus dans de grands royaumes. L'église militante & triomphante ne pouvait plus être l'église ignorée & humble. Les évêques, les grandes communautés monastiques riches & puissantes se réunissant sous les étendarts du pontife de la Rome nouvelle, combattirent alors *pro aris & pro focis*, pour leurs autels & pour leurs foyers. Croisades, armées, siéges, batailles, rapines, tortures, assassinats par la main des bourreaux, assassinats par la main des prêtres des deux partis, poisons, dévastations par le fer & par la flamme, tout fut employé pour soutenir ou pour humilier la nouvelle administration ecclésiastique ; & le berceau de la primitive église fut tellement caché sous les flots de sang & sous les ossemens des morts, qu'on put à peine le retrouver.

DES PRIMITIFS APPELLÉS QUAKERS.

Les guerres religieuses & civiles de la Grande-Bretagne, ayant désolé l'Angleterre, l'Ecosse & l'Irlande dans le règne infortuné de *Charles I* ; *Guillaume Penn*, fils d'un vice-amiral, résolut d'aller rétablir ce qu'il appellait la *primitive église*, sur les rivages de l'Amérique septentrionale, dans un climat doux, qui lui parut fait pour ses mœurs. Sa secte était nommée celle des *trembleurs* ; dénomination ridicule, mais qu'ils méritaient par les tremblemens de corps qu'ils affectaient en prêchant, & par un nazillonnement qui ne fut dans l'église romaine que le partage d'une espèce de moines appellés *capucins*. Mais on peut en parlant du nez & en se secouant, être doux, frugal, modeste, juste, charitable,

Perſonne ne nie que cette ſociété de primitifs ne donnât l'exemple de toutes ces vertus.

Penn voyait que les évêques anglicans & les presbytériens avaient été la cauſe d'une guerre affreuſe pour un ſurplis, des manches de linon, & une liturgie; il ne voulut ni liturgie, ni linon, ni ſurplis. Les apôtres n'en avaient point. JESUS-CHRIST n'avait batiſé perſonne; les aſſociés de *Penn* ne voulurent point être batiſés.

Les premiers fidèles étaient égaux; ces nouveaux venus prétendirent l'être autant qu'il eſt poſſible. Les premiers diſciples reçurent l'eſprit & parlaient dans l'aſſemblée; ils n'avaient ni autels, ni temples, ni ornemens, ni cierges, ni encens, ni cérémonies; *Penn* & les ſiens ſe flattèrent de recevoir l'eſprit, & renoncèrent à toute cérémonie, à tout appareil. La charité était précieuſe aux diſciples du Sauveur; ceux de *Penn* firent une bourſe commune pour ſecourir les pauvres. Ainſi ces imitateurs des eſſéniens & des premiers chrétiens, quoi qu'errans dans les dogmes & dans les rites, étaient pour toutes les autres ſociétés chrétiennes un modèle étonnant de morale & de police.

Enfin, cet homme ſingulier alla s'établir avec cinq cent des ſiens dans le canton alors le plus ſauvage de l'Amérique. La reine *Chriſtine*
de

de Suède avait voulu y fonder une colonie qui n'avait pas réuffi ; les primitifs de *Penn* eurent plus de fuccès.

C'était fur les bords de la rivière Laware, vers le quarantiéme degré. Cette contrée n'appartenait au roi d'Angleterre que parce qu'elle n'était réclamée alors par perfonne, & que les peuples nommés par nous *fauvages*, qui auraient pu la cultiver, avaient toûjours demeuré affez loin dans l'épaiffeur des forêts. Si l'Angleterre n'avait eu ce pays que par droit de conquête, *Penn* & fes primitifs auraient eu en horreur un tel afyle. Ils ne regardaient ce prétendu droit de conquête que comme une violation du droit de la nature, & comme une rapine.

Le roi *Charles II* déclara *Penn* fouverain de tout ce pays défert, par l'acte le plus autentique du 4 Mars 1681. *Penn*, dès l'année fuivante y promulgua fes loix. La première fut la liberté civile entière, de forte que chaque colon poffédant cinquante acres de terre était membre de la légiflation ; la feconde une défenfe expreffe aux avocats & aux procureurs de prendre jamais d'argent ; la troifiéme l'admiffion de toutes les religions, & la permiffion même à chaque habitant d'adorer DIEU dans fa maifon, fans affifter jamais à aucun culte public.

Cinquiéme partie. I

Voici cette loi telle qu'elle est portée.

„ La liberté de conscience étant un droit
„ que tous les hommes ont reçu de la nature
„ avec l'existence, & que tous les gens pai-
„ sibles doivent maintenir ; il est fermement
„ établi, que personne ne sera forcé d'assister
„ à aucun exercice public de religion.

„ Mais il est expressément donné plein pou-
„ voir à chacun de faire librement l'exercice
„ public ou privé de sa religion, sans qu'on
„ puisse y apporter aucun trouble ni empê-
„ chement sous aucun prétexte ; pourvu qu'il
„ fasse profession de croire en un seul DIEU
„ éternel, tout-puissant, créateur, conser-
„ vateur, gouverneur de l'univers, & qu'il
„ remplisse tous les devoirs de la société ci-
„ vile, auxquels on est obligé envers ses
„ compatriotes. "

Cette loi est encor plus indulgente, plus humaine que celle qui fut donnée aux peuples de la Caroline par *Locke* le *Platon* de l'Angleterre, si supérieur au *Platon* de la Grèce. *Locke* n'a permis d'autres religions publiques que celles qui seraient approuvées par sept pères de famille. C'est une autre sorte de sagesse que celle de *Penn*.

Mais ce qui est pour jamais honorable pour ces deux législateurs, & ce qui doit servir d'exemple éternel au genre-humain, c'est que cette liberté de conscience n'a pas causé le moindre trouble. On dirait au contraire que DIEU a répandu ſes bénédictions les plus ſenſibles ſur la colonie de la Penſilvanie. Elle était de cinq cent perſonnes en 1682 ; & en moins d'un ſiécle elle s'eſt accrue juſqu'à près de trois cent mille : c'eſt la proportion de cent cinquante à un. La moitié des colons eſt de la religion primitive ; vingt autres religions compoſent l'autre moitié. Il y a douze beaux temples dans Philadelphie, & d'ailleurs chaque maiſon eſt un temple. Cette ville a mérité ſon nom d'*amitié fraternelle*. Sept autres villes & mille bourgades fleuriſſent ſous cette loi de concorde. Trois cent vaiſſeaux partent du port tous les ans.

Cet établiſſement qui ſemble mériter une durée éternelle, fut ſur le point de périr dans la funeſte guerre de 1755, quand d'un côté les Français avec leurs alliés ſauvages, & les Anglais avec les leurs commencèrent par ſe diſputer quelques glaçons de l'Acadie.

Les primitifs, fidèles à leur chriſtianiſme pacifique, ne voulurent point prendre les armes. Des ſauvages tuèrent quelques-uns de leurs colons ſur la frontière. Les primitifs n'uſèrent point de repréſailles ; ils refuſèrent même longtems de payer des troupes ; ils dirent au général Anglais ces propres paroles : *Les hommes ſont des morceaux d'argile qui ſe briſent les uns contre les autres, pourquoi les aiderons-nous à se brifer?*

Enfin, dans l'affemblée générale par qui tout fe règle, les autres religions l'emportèrent; on leva des milices; les primitifs contribuèrent; mais ils ne s'armèrent point. Ils obtinrent ce qu'ils s'étaient propofé, la paix avec leurs voifins. Ces prétendus fauvages leur dirent, *Envoyez-nous quelque defcendant du grand Penn qui ne nous trompa jamais; nous traiterons avec lui.* On leur députa un petit-fils de ce grand-homme, & la paix fut conclue.

Plufieurs primitifs avaient des efclaves nègres pour cultiver leurs terres; mais ils ont été honteux d'avoir en cela imité les autres chrétiens; ils ont donné la liberté à leurs efclaves en 1769.

Toutes les autres colonies les imitent aujourd'hui dans la liberté de confcience; & quoiqu'il y ait des presbytériens & des gens de la haute églife, perfonne n'eft gêné dans fa croyance. C'eft ce qui a égalé le pouvoir des Anglais en Amérique à la puiffance Efpagnole qui poffède l'or & l'argent. Il y aurait un moyen fûr d'énerver toutes les colonies anglaifes, ce ferait d'y établir l'inquifition.

NB. L'exemple des primitifs nommés *quakers* a produit dans la Penfilvanie une fociété nouvelle dans un canton qu'elle appelle *Eufrate*, c'est la secte des dunkards, ou des dumplers, beaucoup plus détachée du monde que celle de *Penn*, espèce de religieux hospitaliers, tous vêtus uniformément; elle ne permet pas aux mariés d'habiter la ville d'Eufrate, ils vivent à la campagne qu'ils cultivent. Le tréfor public fournit à tous leurs besoins dans les disettes. Cette société n'administre le batème qu'aux adultes; elle rejette le péché originel comme une impiété, & l'éternité des peines comme une barbarie. Leur vie pure ne leur laisse pas imaginer que Dieu puisse tourmenter ses créatures cruellement, & éternellement. Egarés dans un coin du nouveau monde, loin du troupeau de l'église catholique, ils sont jusqu'à présent, malgré cette malheureuse erreur, les plus justes & les plus inimitables des hommes.

QUERELLES ENTRE L'ÉGLISE GRECQUE ET LA LATINE, DANS L'ASIE ET DANS L'EUROPE.

Les gens de bien gémissent depuis environ quatorze siécles que les deux églises grecque & latine ayent été toûjours rivales, & que la robe de Jesus-Christ qui était sans couture ait été toûjours déchirée. Cette division est bien naturelle. Rome & Constantinople se haïssaient; quand les maîtres se déteſtent, leurs aumôniers ne s'aiment pas. Les deux communions ſe diſputaient la ſupériorité de la langue, l'antiquité des ſiéges, la ſcience, l'éloquence, le pouvoir.

Il eſt vrai que les Grecs eurent longtems tout l'avantage; ils ſe vantaient d'avoir été les maîtres des Latins, & de leur avoir tout enſeigné. Les Evangiles furent écrits en grec. Il n'y avait pas un dogme, un rite, un myſtère, un uſage qui ne fût grec; depuis le mot de *batême* juſqu'au mot d'*euchariſtie*, tout était grec. On ne connut de pères de l'égliſe que parmi les Grecs juſqu'à *St. Jérôme* qui même n'était pas Romain, puiſqu'il était de Dalmatie. *St. Auguſtin* qui ſuivit de près *St. Jérôme*, était Africain. Les ſept grands conciles œcuméniques furent tenus dans des villes grecques; les évêques de Rome n'y parurent jamais, parce qu'ils ne ſavaient que leur latin, qui même était déja très corrompu.

L'inimitié entre Rome & Conſtantinople éclata dès l'an 452 au concile de Calcédoine, aſſemblé pour décider ſi Jesus-Christ avait eu deux natures & une perſonne, ou deux perſonnes avec une nature. On y décida que l'égliſe de Conſtantinople était en tout égale à celle de Rome pour les honneurs; & le patriarche de l'une égal en tout au patriarche de l'autre. Le pape *St. Léon* ſouſcrivit aux deux natures; mais ni lui, ni ſes ſucceſſeurs ne souscrivirent à l'égalité. On peut dire que dans cette dispute de rang & de prééminence on allait directement contre les paroles de JESUS-CHRIST rapportées dans l'Evangile, *Il n'y aura parmi vous ni premier, ni dernier*. Les saints sont saints ; mais l'orgueil se glisse partout : le même esprit qui fait écumer de colère le fils d'un maçon devenu évêque d'un village, quand on ne l'appelle pas *monseigneur*, a brouillé l'univers chrétien.

Les Romains furent toûjours moins disputeurs, moins subtils que les Grecs ; mais ils furent bien plus politiques. Les évèques d'Orient en argumentant demeurèrent sujets, celui de Rome sans argumens sut établir enfin son pouvoir sur les ruines de l'empire d'Occident. Et on pouvait dire des papes ce que *Virgile* dit des *Scipions* & des *Césars* ;

Romanos rerum dommos gentemque togatam.

Vers digne de *Virgile*, rendu comiquement par un de nos vieux traducteurs.

Tous gens en robe & souverains des rois.

La haine devint une scission du tems de *Photius* pâpa ou surveillant de l'église bizantine, & *Nicolas I* pâpa ou surveillant de l'église romaine. Comme malheureusement il n'y eut presque jamais de querelle ecclésiastique sans ridicule, il arriva que le combat commença par deux patriarches qui étaient tout deux eunuques ; *Ignace* & *Photius* qui se disputaient la chaire de Constantinople étaient tout deux chaponnés. Cette mutilation leur interdisant la vraie paternité, ils ne pouvaient être que pères de l'église.

On dit que les châtrés font tracassiers, malins, intrigans. *Ignace* & *Photius* troublèrent toute la cour Grecque.

Le Latin *Nicolas I* ayant pris le parti d'*Ignace*, *Photius* déclara ce pape hérétique, attendu qu'il admettait la procession du soufle de Dieu, du St. Esprit par le Père & par le Fils, contre la décision unanime de toute l'église, qui ne l'avait fait procéder que du Père.

Outre cette procession hérétique, *Nicolas* mangeait & fesait manger des œufs & du fromage en carême. Enfin, pour comble d'infidélité, le pâpa Romain se fesait raser la barbe ; ce qui était une apostasie manifeste aux yeux des pâpas Grecs, vu que *Moïse*, les patriarches & Jesus-Christ étaient toûjours peints barbus par les peintres Grecs & Latins.

Lorsqu'en 879 le patriarche *Photius* fut rétabli dans son siége par le huitiéme concile œcuménique grec, composé de quatre cent évêques, dont trois cent l'avaient condamné dans le concile œcuménique précédent, alors le pape *Jean VIII* le reconnut pour son frère. Deux légats envoyés par lui à ce concile, se joignirent à l'églife grecque, & déclarèrent *Judas*, quiconque dirait que le St. Efprit procède du Père & du Fils. Mais ayant perfifté dans l'ufage de fe rafer le menton & de manger des œufs en carême, les deux églifes reftèrent toûjours divifées.

Le shifme fut entiérement confommé l'an 1053 & 1054, lorfque *Michel Cerularicus* patriarche de Conftantinople condamna publiquement l'évêque de Rome *Léon IX* & tous les Latins, ajoutant à tous les reproches de *Photius*, qu'ils ofaient fe fervir de pain azime dans l'euchariftie contre la pratique des apôtres ; qu'ils commettaient le crime de manger du boudin, & de tordre le cou aux pigeons au-lieu de le leur couper pour les cuire. On ferma toutes les églifes latines dans l'empire Grec, & on défendit tout commerce avec quiconque mangeait du boudin.

Le pape *Léon IX* négocia férieufement cette affaire avec l'empereur *Conftantin Monomaque*, & obtint quelques adouciffemens. C'était précifément le tems où ces célèbres gentilhommes Normands, enfans de *Taucrède de Hauteville*, fe moquant du pape & de l'empereur Grec, prenaient tout ce qu'ils pouvaient dans la Pouille & dans la Calabre, & mangeaient du boudin effrontément. L'empereur Grec favorifa le pape autant qu'il put ; mais rien ne réconcilia les Grecs avec nos Latins. Les

Grecs regardaient leurs adverfaires comme des barbares qui ne favaient pas un mot de grec.

L'irruption des croifés fous prétexte de délivrer les faints lieux , & dans le fond pour s'emparer de Conftantinople, acheva de rendre les Romains odieux.

Mais la puiffance de l'églife latine augmenta tous les jours , & les Grecs furent enfin conquis peu-à-peu par les Turcs. Les papes étaient depuis longtems de puiffans & riches fouverains ; toute l'églife grecque fut efclave depuis *Mahomet II*, excepté la Ruffie qui était alors un pays barbare , & dont l'églife n'était pas comptée.

Quiconque eft un peu inftruit des affaires du Levant, fait que le fultan confère le patriarchat des Grecs par la croffe & par l'anneau, fans crainte d'être excommunié, comme le furent les empereurs Allemands par les papes pour cette cérémonie.

Bien eft-il vrai que l'églife de Stamboul a confervé en apparence la liberté d'élire fon archevèque ; mais elle n'élit que celui qui eft indiqué par la porte Ottomane. Cette place coûte à préfent environ quatre-vingt mille francs , qu'il faut que l'élu reprenne fur les Grecs. S'il fe trouve quelque chanoine accrédité qui offre plus d'argent au grand-vifir, on dépoffède le titulaire & on donne la place au dernier encheriſſeur, préciſément comme *Marozia* & *Théodora* donnaient le ſiége de Rome dans le dixiéme ſiécle. Si le patriarche titulaire réſiſte, on lui donne cinquante coups de bâton ſur la plante des pieds & on l'exile. Quelquefois on lui coupe la tête, comme il arriva au patriarche *Lucas Cyrille* en 1638.

Le grand Turc donne ainſi tous les autres évêchés moiennant finance ; & la ſomme à laquelle chaque évêché fut taxé ſous *Mahomet II*, eſt toûjours exprimée dans la patente ; mais le ſupplément qu'on a payé n'y eſt pas énoncé. On ne fait jamais au juſte combien un prêtre Grec achète ſon évêché.

Ces patentes ſont plaiſantes. *J'accorde à N*** prêtre chrétien le préſent mandement pour perfection de félicité. Je lui commande de réſider en la ville ci-nommée, comme évêque des infidèles chrétiens, ſelon leur ancien uſage & leurs vaines & extravagantes cérémonies ; voulant & ordonnant que tous les chrétiens de ce diſtrict le reconnaiſſent, & que nul prêtre ni moine ne ſe marie ſans ſa permiſſion.* (C'eſt-à-dire ſans payer.)

L'eſclavage de cette égliſe eſt égal à ſon ignorance ; mais les Grecs n'ont que ce qu'ils ont mérité. Ils ne s'occupaient que de leurs diſputes ſur la lumière du Tabor & ſur celle de leur nombril, lorſque Conſtantinople fut priſe.

On espère qu'au moment où nous écrivons ces douloureuses vérités, l'impératrice de Russie *Catherine II* rendra aux Grecs leur liberté. On souhaite qu'elle puisse leur rendre le courage & l'esprit qu'ils avaient du tems de *Miltiade*, de *Thémistocle*, & qu'ils ayent de bons soldats & moins de moines au mont Athos.

DE LA PRESENTE ÉGLISE GRECQUE.

Si quelque chose peut nous donner une grande idée des mahométans, c'est la liberté qu'ils ont laissée à l'église grecque. Ils ont paru dignes de leurs conquêtes puisqu'ils n'en ont point abusé. Mais il faut avouer que les Grecs n'ont pas trop mérité la protection que les musulmans leur accordent; voici ce qu'en dit Mr. *Porter* ambassadeur d'Angleterre en Turquie.

„ Je voudrais tirer le rideau sur ces dis-
„ putes scandaleuses des Grecs & des Ro-
„ mains au sujet de Bethléem & de la Terre
„ sainte, comme ils l'appellent. Les procédés
„ iniques, odieux qu'elles occasionnent entre
„ eux, sont la honte du nom chrétien. Au
„ milieu de ces débats, l'ambassadeur chargé
„ de protéger la communion romaine, mal-
„ gré sa dignité éminente, devient vérita-
„ blement un objet de compassion.

„ Il se léve dans tous les pays de la

„ croyance romaine des sommes immenses
„ pour soutenir contre les Grecs des préten-
„ tions équivoques à la possession précaire
„ d'un coin de terre réputée sacrée, & pour
„ conserver entre les mains des moines de
„ leur communion les restes d'une vieille
„ étable à Bethléem, où l'on a érigé une
„ chapelle, & où, sur l'autorité incertaine
„ d'une tradition orale, on prétend que
„ naquit le CHRIST ; de même qu'un tom-
„ beau, qui peut être, & plus vraisembla-
„ blement peut n'être pas, ce qu'on appelle
„ son *sepulcre*. Car la situation exacte de
„ ces deux endroits est aussi peu certaine
„ que la place qui recèle les cendres de
„ *César*. "

Ce qui rend les Grecs encor plus méprisables aux yeux des Turcs, c'est le miracle qu'ils font tous les ans au tems de pâques. Le malheureux évêque de Jérusalem s'enferme dans le petit caveau qu'on fait passer pour le tombeau de notre Seigneur JESUS-CHRIST, avec des paquets de petite bougie ; il bat le briquet, allume un de ces petits cierges, & sort de son caveau en criant, *Le feu du ciel est descendu, & la sainte bougie est allumée.* Tous les Grecs aussi-tôt achètent de ces bougies, & l'argent se partage entre le commandant Turc & l'évêque.

On peut juger par ce seul trait de l'état

déplorable de cette églife fous la domination du Turc.

L'églife grecque, en Ruffie, a pris depuis peu une confiftance beaucoup plus refpectable depuis que l'impératrice *Catherine II* l'a délivrée du foin de fon temporel; elle lui a ôté quatre cent mille efclaves qu'elle poffédait. Elle eft payée aujourd'hui du tréfor impérial, entiérement foumife au gouvernement, contenue par des loix fages; elle ne peut faire que du bien; elle devient tous les jours favante & utile. Elle a aujourd'hui un prédicateur nommé *Platon* qui a fait des fermons que l'ancien *Platon* Grec n'aurait pas défavoués.

EGLOGUE.

IL femble qu'on ne doive rien ajouter à ce que Mr. le chevalier de *Jaucourt* & Mr. *Marmontel* ont dit de l'églogue dans le Dictionnaire encyclopédique; il faut après les avoir lus, lire *Théocrite* & *Virgile*, & ne point faire d'églogues. Elles n'ont été jufqu'à préfent parmi nous que des madrigaux amoureux, qui auraient beaucoup mieux convenu aux filles d'honneur de la reine-mère qu'à des bergers.

ÉGLOGUE.

L'ingénieux *Fontenelle*, auſſi galant que philoſophe, qui n'aimait pas les anciens, donne le plus de ridicules qu'il peut au tendre *Théocrite* le maître de *Virgile*; il lui reproche une églogue qui eſt entiérement dans le goût ruſtique; mais il ne tenait qu'à lui de donner de juſtes éloges à d'autres églogues qui reſpirent la paſſion la plus naïve exprimée avec toute l'élégance & la molle douceur convenable aux ſujets.

Il y en a de comparables à la belle ode de *Sapho* traduite dans toutes les langues. Que ne nous donnait-il une idée de la pharmaceutrée imitée par *Virgile*, & non égalée peut-être ? on ne pourait pas en juger par ce morceau que je vais rapporter; mais c'eſt une eſquiſſe qui fera connaître la beauté du tableau à ceux dont le goût démêle la force de l'original dans la faibleſſe même de la copie.

    Reine des nuits dis quel fut mon amour;
Comme en mon ſein les friſſons & la flamme
Se ſuccédaient, me perdaient tour-à-tour,
Quels doux tranſports égarèrent mon ame;
Comment mes yeux cherchaient envain le jour;
Comme j'aimais, & ſans ſonger à plaire !
Je ne pouvais ni parler ni me taire.....
Reine des nuits dis quel fut mon amour.
    Mon amant vint. O momens délectables !

Il prit mes mains, tu le sais, tu le vis
Tu fus témoin de ses sermens coupables,
De ses baisers, de ceux que je rendis,
Des voluptés dont je fus enyvrée.
Momens charmans passez-vous sans retour?
Daphnis trahit la foi qu'il m'a jurée.
Reine des cieux dis quel fut mon amour.

Ce n'est là qu'un échantillon de ce *Théocrite* dont *Fontenelle* fesait si peu de cas. Les Anglais qui nous ont donné des traductions en vers de tous les poetes anciens, en ont aussi une de *Théocrite*; elle est de Mr. *Fawkes*: toutes les graces de l'original s'y retrouvent. Il ne faut pas omettre qu'elle est en vers rimés ainsi que celles de *Virgile* & d'*Homère*. Les vers blancs dans tout ce qui n'est pas tragédie, ne sont, comme di sait *Pope*, que le partage de ceux qui ne peuvent pas rimer.

Je ne sais si après avoir parlé des églogues qui enchantèrent la Grèce & Rome, il sera bien convenable de citer une églogue allemande, & surtout une églogue dont l'amour n'est pas le principal sujet; elle fu écrite dans une ville qui venait de passe sous une domination étrangère.

EGLOGUE ALLEMANDE.
HERNAND, DERNIN.

DERNIN.

Confolons-nous, Hernand, l'aftre de la nature
Va de nos aquilons tempérer la froidure;
Le zéphyre à nos champs promet quelques beaux jours.
Nous chanterons auffi nos vins & nos amours :
Nous n'égalerons point la Grèce & l'Aufonie;
Nous fommes fans printems, fans fleurs & fans génie;
Nos voix n'ont jamais eu ces fons harmonieux
Qu'aux pafteurs de Sicile ont accordé les Dieux.
Ne pourons-nous jamais, en lifant leurs ouvrages,
Surmonter l'âpreté de nos climats fauvages,
Vers ces coteaux du Rhin que nos foins affidus
Ont forcés à s'orner des tréfors de Bacchus?

Forçons le Dieu des vers exilé de la Grèce;
A venir de nos chants adoucir la rudeffe.
Nous connaiffons l'amour, nous connaîtrons les vers.
Orphée était de Thrace; il brava les hyvers;
Il aimait; c'eft affez : Vénus monta fa lyre.
Il polit fon pays; il eut un doux empire
Sur des cœurs étonnés de céder à fes loix.

HERNAND.

On dit qu'il amollit les tigres de fes bois.
Humaniferons-nous les loups qui nous déchirent?
Depuis qu'aux étrangers les deftins nous foumirent,

Cinquième partie. K

Depuis que l'esclavage affaissa nos esprits,
Nos chants furent changés en de lugubres cris.
D'un commis odieux l'insolence affamée
Vient ravir la moisson que nous avons semée,
Vient décimer nos fruits, notre lait, nos troupeaux;
C'est pour lui que ma main couronna ces coteaux
Des pampres consolans de l'amant d'Ariane.
 Si nous osons nous plaindre, un traitant nous condamne;
Nous craignons de gémir, nous dévorons nos pleurs.
Ah! dans la pauvreté, dans l'excès des douleurs,
Le moyen d'imiter Théocrite & Virgile!
Il faut pour un cœur tendre un esprit plus tranquile.
Le rossignol tremblant dans son obscur séjour,
N'élève point sa voix sous le bec du vautour.
Fuyons, mon cher Dernin, ces malheureuses rives.
Portons nos chalumeaux & nos lyres plaintives
Aux bords de l'Adigé loin des yeux des tyrans.
Et le reste.

Voici une chose plus extraordinaire; une églogue française sans madrigaux & sans galanterie.

ÉGLOGUE A MR. DE ST. LAMBERT,
auteur du poëme des quatre saisons.

Chantre des vrais plaisirs, harmonieux émule
Du pasteur de Mantoue & du tendre Tibulle,
Qui peignez la nature & qui l'embellissez;

ÉGLOGUE.

Que vos SAISONS m'ont plu! que mes sens émoussés,
A votre aimable voix se sentirent renaître!
Que j'aime, en vous lisant, ma retraite champêtre!
Je fais, depuis quinze ans, tout ce que vous chantez.

Dans ces champs malheureux si longtems dé-
  sertés,
Sur les pas du travail j'ai conduit l'abondance,
J'ai séché de mes mains les pleurs de l'innocence.
Ces vignobles, ces bois, ma main les a plantés,
Ces granges, ces hameaux désormais habités,
Ces landes, ces marais changés en pâturages,
Ces colons rassemblés, ce sont-là mes ouvrages;
Ouvrages fortunés dont le succès constant
De la mode & du goût n'est jamais dépendant,
Ouvrages plus chéris que Mérope & Zaïre,
Et que n'atteindront point les traits de la satire.

Heureux qui peut chanter les jardins & les bois,
Les charmes des amours, l'honneur des grands ex-
  ploits!
Et parcourant des arts la flatteuse carrière
Aux mortels aveuglés rendre un peu de lumière.
Mais encor plus heureux qui peut loin de la cour,
Embellir sagement un champêtre séjour,
Entendre autour de lui cent voix qui le bénissent!

De ses heureux succès quelques fripons gémissent,
Un vil cagot titré, tyran des gens de bien,
Va l'accuser en cour de n'être pas chrétien;
Le sage ministère écoute avec surprise,

Il reconnaît Tartuffe, & rit de fa fotife. *a*)
Cependant le vieillard achève fes moiffons,
Le pauvre en eft nourri : fes chanvres, fes toifons,
Habillent décemment le berger, la bergère,
Il unit par l'himen Méris avec Glicère,
Il donne une chafuble au bon curé du lieu,
Qui, buvant avec lui, voit bien qu'il croit en Dieu ;
Ainfi dans l'allégreffe il achève fa vie.

Ce n'eft qu'au fucceffeur du chantre d'Aufonie,
De peindre ces tableaux ignorés dans Paris,
D'en ranimer les traits par fon beau coloris,
D'infpirer aux humains le goût de la retraite.
Mais de nos chers Français la nobleffe inquiète
Pouvant régner chez foi, va ramper dans les cours,
Les folles vanités confument fes beaux jours,
Le vrai féjour de l'homme eft un exil pour elle.

Plutus eft dans Paris : c'eft de-là qu'il appelle,
Les voifins de l'Adour, & du Rhône & du Var.
Tous viennent à genoux environner fon char.
Les uns montent deffus, les autres dans la boue
Baifent en foupirant les rayons de fa roue.
Le fils de mon manœuvre en ma ferme élevé,
A d'utiles travaux à quinze ans enlevé,
Des laquais de Paris s'en va groffir l'armée,
Il fert d'un vieux traitant la maitreffe affamée,
De fergent des impôts il obtient un emploi,

---

a) On ne fait quel eft le miférable brouillon dont l'auteur veut parler ici.

La sainte Ecriture qui est toûjours notre guide infaillible, nous apprend qu'*Enoch* fut père de *Mathusala* ou *Mathusalem*, & qu'il ne vécut sur la terre que trois cent soixante & cinq ans, ce qui a paru une vie bien courte pour un des premiers patriarches. Il est dit, qu'il marcha avec Dieu & qu'il ne parut plus parce que Dieu l'enleva. ,, C'est ,, ce qui fait, dit *Dom Calmet*, que les pères ,, & le commun des commentateurs assu- ,, rent qu'*Enoch* est encor en vie, que Dieu ,, l'a transporté hors du monde aussi bien ,, qu'*Elie*, qu'ils viendront avant le juge- ,, ment dernier s'opposer à l'antechrist, qu'*E- ,, lie* prêchera aux Juifs, & *Enoch* aux ,, Gentils. "

St. Paul, dans son Epître aux Hébreux, (qu'on lui a contestée) dit expressément, *c'est par la foi qu'Enoch fut enlevé, afin qu'il ne vît point la mort; & on ne le vit plus parce que le Seigneur le transporta.*

St. Justin, ou celui qui a pris son nom, dit qu'*Enoch* & *Elie* sont dans le paradis terrestre, & qu'ils y attendent le second avénement de Jesus-Christ.

St. Jérôme au contraire croit qu'*Enoch* & *Elie* sont dans le ciel. C'est ce même *Enoch* septiéme homme après *Adam*, qu'on prétend avoir écrit un livre cité par *St. Jude*. (Voyez *Livres apocryphes*.)

Jérôme commentaire sur *Amos*.

Tertullien dit que cet ouvrage fut conservé dans l'arche, & qu'*Enoch* en fit même une seconde copie après le déluge.

<small>Liv. I. *de cultu fœminarum*, &c.</small>

Voilà ce que la sainte Ecriture & les pères nous disent d'*Enoch*; mais les prophanes de l'Orient en disent bien davantage. Ils croyent en effet qu'il y a eu un *Enoch*, & qu'il fut le premier qui fit des esclaves à la guerre; ils l'appellent tantôt *Enoc*, tantôt *Edris*; ils disent que c'est lui qui donna des loix aux Egyptiens sous le nom de ce *Thaut*, appellé par les Grecs *Hermès Trismégiste*. On lui donne un fils nommé *Sabi* auteur de la religion des Sabiens ou Sabéens.

Il y avait une ancienne tradition en Phrygie sur un certain *Anach*, dont on disait que les Hébreux avaient fait *Enoch*. Les Phrygiens tenaient cette tradition des Caldéens ou Babyloniens, qui reconnaissaient aussi un *Enoch* ou *Anach* pour inventeur de l'astronomie.

On pleurait *Enoch* un jour de l'année en Phrygie, comme on pleurait *Adoni* ou *Adonis* chez les Phéniciens.

L'écrivain ingénieux & profond qui croit *Elie* un personnage purement allégorique, pense la même chose d'*Enoch*. Il croit qu'*Enoch*, *Anach*, *Annoch*, signifiait l'*année*; que les Orientaux le pleuraient ainsi qu'*Adonis*,

& qu'ils se réjouissaient au commencement de l'année nouvelle.

Que le *Janus* connu ensuite en Italie, était l'ancien *Anach*, ou *Annoch* de l'Asie.

Que non-seulement *Enoch* signifiait autre fois chez tous ces peuples le commencement & la fin de l'an, mais le dernier jour de la semaine.

Que les noms d'*Anne*, de *Jean*, de *Januarius*, *Janvier*, ne sont venus que de cette source.

Il est difficile de pénétrer dans les profondeurs de l'histoire ancienne. Quand on y saisirait la vérité à tâtons, on ne serait jamais sûr de la tenir. Il faut absolument qu'un chrétien s'en tienne à l'Ecriture, quelque difficulté qu'on trouve à l'entendre.

ELOQUENCE.

(Cet article a paru dans le grand Dictionnaire encyclopédique.)

Il y a dans celui-ci des additions &, ce qui vaut bien mieux, des retranchemens.

L'Eloquence est née avant les régles de la rhétorique, comme les langues se sont formées avant la grammaire.

La nature rend les hommes éloquens dans les grands intérêts & dans les grandes paſſions. Quiconque eſt vivement ému voit les choſes d'un autre œil que les autres hommes. Tout eſt pour lui objet de comparaiſon rapide & de métaphore, ſans qu'il y prenne garde : il anime tout, & fait paſſer dans ceux qui l'écoutent une partie de ſon entouſiaſme.

Un philoſophe très éclairé a remarqué que le peuple même s'exprime par des figures ; que rien n'eſt plus commun, plus naturel que les tours qu'on appelle *Tropes*.

Ainſi, dans toutes les langues, *le cœur brûle, le courage s'allume, les yeux étincellent, l'eſprit eſt accablé, il ſe partage, il s'épuiſe, le ſang ſe glace, la tête ſe renverſe, on eſt enflé d'orgueil, enyvré de vengeance* : la nature ſe peint partout dans ces images fortes, devenues ordinaires.

C'eſt elle dont l'inſtinct enſeigne à prendre d'abord un air, un ton modeſte avec ceux dont on a beſoin. L'envie naturelle de captiver ſes juges & ſes maîtres, le recueillement de l'ame profondément frappée, qui ſe prépare à déployer les ſentimens qui la preſſent, ſont les premiers maîtres de l'art.

C'eſt cette même nature qui inſpire quelquefois des débuts vifs & animés ; une forte paſſion, un danger preſſant, appellent tout-d'un-coup l'imagination : ainsi un capitaine des premiers califes voyant fuir les musulmans, s'écria, ,, Où courez-vous ? ce n'est ,, pas là que sont les ennemis. "

On attribue ce même mot à plusieurs capitaines ; on l'attribue à *Cromwell.* Les ames fortes se rencontrent beaucoup plus souvent que les beaux esprits.

Rasi, un capitaine musulman du tems même de *Mahomet*, voit les Arabes effrayés qui s'écrient que leur général *Dérar* est tué; *Qu'importe*, dit-il, *que Dérar soit mort*, Dieu *est vivant & vous regarde, marchez.*

C'était un homme bien éloquent que ce matelot Anglais qui fit résoudre la guerre contre l'Espagne en 1740. *Quand les Espagnols m'ayant mutilé me présentèrent la mort, je recommandai mon ame à* Dieu *& ma vengeance à ma patrie.*

La nature fait donc l'éloquence ; & si on a dit que les poetes naissent, & que les orateurs se forment, on l'a dit quand l'éloquence a été forcée d'étudier les loix, le génie des juges, & la méthode du tems : la nature seule n'est éloquente que par élans.

Les préceptes sont toûjours venus après l'art. *Tibias* fut le premier qui recueillit les loix de l'éloquence, dont la nature donne les premières règles.

Platon dit ensuite dans son *Gorgias*, qu'un orateur doit avoir la subtilité des dialecticiens, la science des philosophes, la diction presque des poetes, la voix & les gestes des plus grands acteurs.

Aristote fit voir ensuite que la véritable philosophie est le guide secret de l'esprit de tous les arts : il creusa les sources de l'éloquence dans son livre de la *rhétorique*; il fit voir que la dialectique est le fondement de l'art de persuader, & qu'être éloquent c'est savoir prouver.

Il distingua les trois genres, le délibératif, le démonstratif, & le judiciaire. Dans le déliberatif il s'agit d'exhorter ceux qui délibèrent, à prendre un parti sur la guerre & sur la paix, sur l'administration publique, &c. ; dans le démonstratif, de faire voir ce qui est digne de louange ou de blâme ; dans le judiciaire, de persuader, d'absoudre ou de condamner, &c. On sent assez que ces trois genres rentrent souvent l'un dans l'autre.

Il traite ensuite des passions & des mœurs que tout orateur doit connaître.

Il examine quelles preuves on doit employer dans ces trois genres d'*éloquence*. Enfin, il traite à fond de l'élocution, sans laquelle tout languit ; il recommande les métaphores, pourvu qu'elles soient justes &

nobles ; il exige furtout la convenance & la bienféance.

Tous ces préceptes refpirent la juftesse éclairée d'un philofophe, & la politesse d'un Athénien ; & en donnant les règles de l'*éloquence*, il est éloquent avec fimplicité.

Il est à remarquer que la Grèce fut la feule contrée de la terre, où l'on connût alors les loix de l'*éloquence*, parce que c'était la feule où la véritable *éloquence* exiftât.

L'art groffier était chez tous les hommes; des traits fublimes ont échappé partout à la nature dans tous les tems : mais remuer les efprits de toute une nation polie, plaire, convaincre & toucher à la fois, cela ne fut donné qu'aux Grecs.

Les Orientaux étaient prefque tous efclaves : c'est un caractère de la fervitude de tout exagérer ; ainfi l'*éloquence* afiatique fut monftrueufe. L'Occident était barbare du tems d'*Ariftote*.

L'*éloquence* véritable commença à fe montrer dans Rome du tems des *Gracques*, & ne fut perfectionnée que du tems de *Cicéron*. *Marc-Antoine* l'orateur, *Hortenfius*, *Curion*, *Céfar* & plufieurs autres furent des hommes éloquens.

Cette *éloquence* périt avec la république, ainfi que celle d'Athènes. L'*éloquence* fublime n'appartient, dit-on, qu'à la liberté; c'est qu'elle consiste à dire des vérités hardies, à étaler des raisons & des peintures fortes. Souvent un maître n'aime pas la vérité, craint les raisons, & aime mieux un compliment délicat que de grands traits.

Cicéron, après avoir donné les exemples dans ses harangues, donna les préceptes dans son livre de l'*Orateur* ; il suit presque toute la méthode d'*Aristote*, & s'explique avec le stile de *Platon*.

Il distingue le genre simple, le tempéré, & le sublime.

Rollin a suivi cette division dans son *Traité des Etudes* ; &, ce que *Cicéron* ne dit pas, il prétend que *le tempéré* est *une belle rivière ombragée de vertes forêts des deux côtés ; le simple, une table servie proprement, dont tous les mèts sont d'un goût excellent, & dont on bannit tout rafinement ; que le sublime foudroye, & que c'est un fleuve impétueux qui renverse tout ce qui lui résiste.*

Sans se mettre à *cette table*, sans suivre *ce foudre*, *ce fleuve* & *cette rivière*, tout homme de bon sens voit que l'*éloquence simple* est celle qui a des choses simples à exposer, & que la clarté & l'élégance sont tout ce qui lui convient.

Il n'est pas besoin d'avoir lu *Aristote*, *Cicéron* & *Quintilien*, pour sentir qu'un avo cat qui débute par un exorde pompeux au sujet d'un mur mitoyen, est ridicule : c'était pourtant le vice du barreau jusqu'au milieu du dix-septiéme siécle ; on disait avec emphase des choses triviales. On pourait compiler des volumes de ces exemples ; mais tous se réduisent à ce mot d'un avocat, homme d'esprit, qui voyant que son adversaire parlait de la guerre de Troye & du Scamandre, l'interrompit en disant : *La cour observera que ma partie ne s'appelle pas* Scamandre, *mais* Michaut.

Le genre sublime ne peut regarder que de puissans intérêts, traités dans une grande assemblée.

On en voit encore de vives traces dans le parlement d'Angleterre ; on a quelques harangues qui y furent prononcées en 1739, quand il s'agissait de déclarer la guerre à l'Espagne. L'esprit de *Démosthène* & de *Cicéron* semble avoir dicté plusieurs traits de ces discours ; mais ils ne passeront pas à la postérité comme ceux des Grecs & des Romains, parce qu'ils manquent de cet art & de ce charme de la diction qui mettent le sceau de l'immortalité aux bons ouvrages.

Le genre tempéré est celui de ces discours d'appareil, de ces harangues publiques, de ces complimens étudiés, dans lesquels il faut couvrir de fleurs la futilité de la matière.

Ces trois genres rentrent encore souvent l'un dans l'autre, ainsi que les trois objets de l'*éloquence* qu'*Aristote* considère ; & le grand mérite de l'orateur est de les mêler à propos.

La grande *éloquence* n'a guères pu en France être connue au barreau, parce qu'elle ne conduit pas aux honneurs comme dans Athènes, dans Rome, & comme aujourd'hui dans Londres, & n'a point pour objet de grands intérêts publics : elle s'est réfugiée dans les oraisons funebres, où elle tient un peu de la poesie.

Bossuet, & après lui *Fléchier*, semblent avoir obéi à ce précepte de *Platon*, qui veut que l'élocution d'un orateur soit quelquefois celle même d'un poete.

L'éloquence de la chaire avait été presque barbare jusqu'au *P. Bourdaloue* ; il fut un des premiers qui firent parler la raison.

Les Anglais ne vinrent qu'ensuite, comme l'avoue *Burnet* évêque de Salisburi. Ils ne connurent point l'oraison funèbre ; ils évitèrent dans les sermons les traits véhémens qui ne leur parurent point convenables à la simplicité de l'Evangile ; & ils se défièrent de cette méthode des divisions recherchées, que l'archevèque *Fénelon* condamne dans ses *Dialogues sur l'éloquence*.

Quoi

ÉLOQUENCE.

Quoique nos sermons roulent sur l'objet le plus important à l'homme, cependant il s'y trouve peu de morceaux frappans, qui comme les beaux endroits de *Cicéron* & de *Démosthène*, sont devenus les modèles de toutes les nations occidentales. Le lecteur sera pourtant bien aise de trouver ici ce qui arriva la première fois que M. *Massillon*, depuis évêque de Clermont, prècha son fameux sermon du petit nombre des élus : il y eut un endroit où un transport de saisissement s'empara de tout l'auditoire ; presque tout le monde se leva à moitié par un mouvement involontaire ; le murmure d'acclamation & de surprise fut si fort, qu'il troubla l'orateur, & ce trouble ne servit qu'à augmenter le pathétique de ce morceau : le voici.

,, Je suppose que ce soit ici notre dernière
,, heure à tous, que les cieux vont s'ouvrir
,, sur nos têtes, que le tems est passé, &
,, que l'éternité commence, que Jesus-
,, Christ va paraître pour nous juger selon
,, nos œuvres, & que nous sommes tous ici
,, pour attendre de lui l'arrêt de la vie ou
,, de la mort éternelle : je vous le demande,
,, frappé de terreur comme vous, ne séparant
,, point mon sort du vôtre, & me
,, mettant dans la même situation où nous
,, devons tous paraître un jour devant Dieu
,, notre juge : si Jesus-Christ, dis-je, paraissait
,, dès-à-présent pour faire la terrible

Cinquième partie.   L

,, féparation des juftes & des pécheurs,
,, croyez-vous que le plus grand nombre
,, fût fauvé ? Croyez-vous que le nombre
,, des juftes fût au moins égal à celui des
,, pécheurs ? Croyez-vous que s'il fefait main-
,, tenant la difcuffion des œuvres du grand
,, nombre qui eft dans cette églife, il trouvât
,, feulement dix juftes parmi nous ? En trou-
,, verait-il un feul ? " (Il y a eu plufieurs
éditions différentes de ce difcours, mais le
fonds eft le même dans toutes.)

Cette figure, la plus hardie qu'on ait jamais
employée, & en même tems la plus à fa place,
eft un des plus beaux traits d'éloquence qu'on
puiffe lire chez les nations anciennes & modernes ; & le refte du difcours n'eft pas indigne
de cet endroit fi faillant.

De pareils chefs-d'œuvre font très rares ;
tout eft d'ailleurs devenu lieu commun.

Les prédicateurs qui ne peuvent imiter ces
grands modèles, feraient mieux de les apprendre par cœur & de les débiter à leur auditoire,
(fuppofé encore qu'ils euffent ce talent fi rare
de la déclamation) que de prêcher dans un
ftile languiffant des chofes auffi rebattues
qu'utiles.

On demande fi l'*éloquence* eft permife aux
hiftoriens ; celle qui leur eft propre confifte
dans l'art de préparer les événemens, dans
leur expofition toûjours élégante, tantôt vive

& pressée, tantôt étendue & fleurie, dans la peinture vraie & forte des mœurs générales & des principaux personnages, dans les réflexions incorporées naturellement au récit, & qui n'y paraissent point ajoutées. L'*éloquence* de *Démosthène* ne convient point à *Thucidide* ; une harangue directe qu'on met dans la bouche d'un héros qui ne la prononça jamais, n'est guères qu'un beau défaut, au jugement de plusieurs esprits éclairés.

EMBLÊME,

FIGURE, ALLÉGORIE, SYMBOLE, &c.

TOut est emblême & figure dans l'antiquité. On commence en Caldée par mettre un bèlier, deux chevreaux, un taureau dans le ciel pour marquer les productions de la terre au printems. Le feu est le symbole de la divinité dans la Perse, le chien céleste avertit les Egyptiens de l'inondation du Nil ; le serpent qui cache sa queue dans sa tête, devient l'image de l'éternité. La nature entière est peinte & déguisée.

Vous retrouvez encor dans l'Inde plusieurs de ces anciennes statues effrayantes & grossières dont nous avons déja parlé, qui représentent la vertu munie de dix grands bras avec lesquels elle doit combattre les vices, & que nos pauvres missionnaires ont prises pour le portrait du diable, ne doutant pas que tous ceux qui ne parlaient pas français ou italien n'adorassent le diable.

Mettez tous ces symboles de l'antiquité sous les yeux de l'homme du sens le plus droit qui n'en aura jamais entendu parler, il n'y comprendra rien ; c'est une langue qu'il faut apprendre.

Les anciens poetes théologiens furent dans la nécessité de donner des yeux à DIEU, des mains, des pieds, de l'annoncer sous la figure d'un homme.

Stromates liv. V. St. *Clément* d'Alexandrie rapporte ces vers de *Xénophanes* le Colophonien, dignes de toute notre attention.

Grand Dieu, quoi que l'on fasse, & quoi qu'on ose feindre,
On ne peut te comprendre, & moins encor te peindre.
Chacun figure en toi ses attributs divers,
Les oiseaux te feraient voltiger dans les airs,
Les bœufs te prêteraient leurs cornes menaçantes,
Les lions t'armeraient de leurs dents déchirantes,
Les chevaux dans les champs te feraient galopper.

On voit par ces vers de *Xénophanes*, que ce n'est pas d'aujourd'hui que les hommes ont fait DIEU à leur image. L'ancien *Orphée* de

Thrace, ce premier théologien des Grecs, fort antérieur à *Homère*, s'exprime ainsi selon le même *Clément* d'Alexandrie.

> Sur son trône éternel assis dans les nuages,
> Immobile, il régit les vents & les orages;
> Ses pieds pressent la terre; & du vague des airs
> Sa main touche à la fois aux rives des deux mers;
> Il est principe, fin, milieu de toutes choses.

Tout étant donc figure & emblème, les philosophes, & surtout ceux qui avaient voyagé dans l'Inde, employèrent cette méthode; leurs préceptes étaient des emblèmes, des énigmes.

N'attisez pas le feu avec une épée, c'est-à-dire, N'irritez point des hommes en colère.

Ne mettez point la lampe sous le boisseau. — Ne cachez point la vérité aux hommes.

Abstenez-vous des fèves. — Fuyez souvent les assemblées publiques dans lesquelles on donnait son suffrage avec des fèves blanches ou noires.

N'ayez point d'hirondelles dans votre maison. — Qu'elle ne soit point remplie de babillards.

Dans la tempête adorez l'écho. — Dans les troubles civils retirez-vous à la campagne.

N'écrivez point sur la neige. — N'enseignez point les esprits mous & faibles.

Ne mangez ni votre cœur, ni votre cervelle. — Ne vous livrez ni au chagrin ni à des entreprises trop difficiles, &c.

Telles sont les maximes de *Pythagore*, dont le sens n'est pas difficile à comprendre.

Le plus beau de tous les emblêmes est celui de Dieu, que *Timée* de Locres figure par cette idée ; *Un cercle dont le centre est partout, & la circonférence nulle part*. Platon adopta cet emblême ; Pascal l'avait inféré parmi les matériaux dont il voulait faire usage & qu'on a intitulé ses *pensées*.

En métaphysique, en morale, les anciens ont tout dit. Nous nous rencontrons avec eux, ou nous les répétons. Tous les livres modernes de ce genre ne sont que des redites.

Plus vous avancez dans l'Orient, plus vous trouvez cet usage des emblêmes & des figures établi ; mais plus aussi ces images sont-elles éloignées de nos mœurs & de nos coutumes.

C'est surtout chez les Indiens, les Egyptiens, les Syriens que les emblêmes qui nous paraissent les plus étranges, étaient consacrés. C'est là qu'on portait en procession avec le plus profond respect les deux organes de la génération, les deux symboles de la vie. Nous en rions, nous osons traiter ces peuples d'idiots barbares, parce qu'ils remerciaient Dieu innocemment de leur avoir donné l'être. Qu'auraient-ils dit, s'ils nous avaient vus entrer dans nos temples avec l'instrument de la destruction à notre côté ?

EMBLÊME.

A Thèbes on repréſentait les péchés du peuple par un bouc. Sur la côte de Phénicie une femme nue avec une queue de poiſſon était l'emblême de la nature.

Il ne faut donc pas s'étonner ſi cet uſage des ſymboles pénétra chez les Hébreux, lorſqu'ils eurent formé un corps de peuple vers le déſert de la Syrie.

DE QUELQUES EMBLÊMES DANS LA NATION JUIVE.

Un des plus beaux emblêmes des livres judaïques eſt ce morceau de l'Eccléſiaſte.

Quand les travailleuſes au moulin ſeront en petit nombre & oiſives, quand ceux qui regardaient par les trous s'obſcurciront, que l'amandier fleurira, que la ſauterelle s'engraiſſera, que les capres tomberont, que la cordelette d'argent ſe caſſera, que la bandelette d'or ſe retirera,.... & que la cruche ſe briſera ſur la fontaine.......

Cela ſignifie que les vieillards perdent leurs dents, que leur vue s'affaiblit, que leurs cheveux blanchiſſent comme la feuille de l'amandier, que leurs pieds s'enflent comme la ſauterelle, que leurs cheveux tombent comme les feuilles du caprier, qu'ils ne ſont plus propres à la génération, & qu'alors il faut ſe préparer au grand voyage.

EMBLÊME.

Le Cantique des cantiques eft (comme on fait) un embleme continuel du mariage de Jesus-Christ avec l'églife.

Qu'il me baife d'un baifer de fa bouche, car vos tetons font meilleurs que du vin — qu'il mette fa main gauche fous ma tête, & qu'il m'embraffe de la main droite — que tu es belle, ma chère, tes yeux font des yeux de colombe — tes cheveux font comme des troupeaux de chèvres, fans parler de ce que tu nous caches — tes lèvres font comme un petit ruban d'écarlate, tes joues font comme des moitiés de pommes d'écarlate, fans parler de ce que tu nous caches — que ta gorge eft belle! — que tes lèvres diftilent le miel. — Mon bien aimé mit fa main au trou, & mon ventre treffaillit à fes attouchemens — ton nombril eft comme une coupe faite au tour — ton ventre eft comme un monceau de froment entouré de lis — tes deux tetons font comme deux fans gemeaux de chevreuil — ton cou eft comme une tour d'yvoire — ton nez eft comme la tour du mont Liban — ta tête eft comme le mont Carmel, ta taille eft celle d'un palmier. — J'ai dit, je monterai fur le palmier & je cueillerai de fes fruits, &c.

Il faudrait traduire tout le cantique pour voir qu'il eft un emblême d'un bout à l'autre; furtout l'ingénieux *Dom Calmet* démontre que le palmier fur lequel monte le bien aimé, eft la croix à laquelle on condamna notre

EMBLÊME. 169

Seigneur JESUS-CHRIST. Mais il faut avouer qu'une morale faine & pure eſt encor préférable à ces allégories.

On voit dans les livres de ce peuple une foule d'emblèmes typiques qui nous révoltent aujourd'hui, & qui exercent notre incrédulité & notre raillerie ; mais qui paraiſſaient communs & ſimples aux peuples aſiatiques.

DIEU apparaît à *Iſaïe* fils d'*Amos*, & lui dit, „ Va, détache ton ſac de tes reins, & tes „ ſandales de tes pieds; & il le fit ainſi mar- „ chant tout nud & déchaux. Et DIEU dit, „ Ainſi que mon ſerviteur *Iſaïe* a marché tout „ nud & déchaux, comme un ſigne de trois „ ans ſur l'Egypte & l'Ethiopie, ainſi le roi „ des Aſſiriens emménera des captifs d'Egyp- „ te & d'Ethiopie, jeunes & vieux, les feſſes „ découvertes à la honte de l'Egypte. " *Iſaïe* ch: xx. ⅴ. 2. & ſuivans.

Cela nous ſemble bien étrange ; mais informons-nous ſeulement de ce qui ſe paſſe encor de nos jours chez les Turcs & chez les Africains, & dans l'Inde où nous allons commercer avec tant d'acharnement & ſi peu de ſuccès. On apprendra qu'il n'eſt pas rare de voir des fantons abſolument nuds, non-ſeulement prècher les femmes, mais ſe laiſſer baiſer les parties naturelles avec reſpect, ſans que ces baiſers inſpirent ni à la femme, ni au fanton le moindre déſir impudique. On verra fur les bords du Gange une foule innombrable d'hommes & de femmes nuds de la tête jusqu'aux pieds, les bras étendus vers le ciel, attendre le moment d'une éclipfe pour fe plonger dans le fleuve.

Le bourgeois de Paris ou de Rome ne doit pas croire que le refte de la terre foit tenu de vivre & de penfer en tout comme lui.

Jérém. ch. XXVII. ℣. 2 & fuiv.

Jérémie qui prophétifait du tems de *Joakim* melk de Jérufalem, en faveur du roi de Babilone, fe met des chaînes & des cordes au cou par ordre du Seigneur, & les envoye aux rois d'Edom, d'Ammon, de Tyr, de Sidon par leurs ambaffadeurs qui étaient venus à Jérufalem vers *Sédécias*; il leur ordonne de parler ainfi à leurs maîtres :

Voici ce que dit le Seigneur des armées, le Dieu *d'Ifraël, vous direz ceci à vos maîtres; J'ai fait la terre, les hommes, les bêtes de fomme qui font fur la face de la terre dans ma grande force & dans mon bras étendu, & j'ai donné la terre à celui qui a plu à mes yeux. & maintenant donc j'ai donné toutes ces terres dans la main de Nabucodonofor roi de Babilone mon ferviteur, & par-deffus je lui ai donné toutes les bêtes des champs afin qu'elles le fervent. J'ai parlé felon toutes ces paroles à Sédécias roi de Juda, lui difant; Soumettez votre cou fous le joug du roi de Babilone, fervez-le, lui & fon peuple, & vous vivrez, &c.*

Aussi *Jérémie* fut-il accusé de trahir son roi & sa patrie, & de prophétiser en faveur de l'ennemi pour de l'argent : on a même prétendu qu'il fut lapidé.

Il est évident que ces cordes & ces chaînes étaient l'emblème de cette servitude à laquelle *Jérémie* voulait qu'on se soumît.

C'est ainsi qu'*Hérodote* nous raconte qu'un roi des Scythes envoya pour présent à *Darius* un oiseau, une souris, une grenouille & cinq flèches. Cet emblème signifiait que si *Darius* ne fuiait aussi vite qu'un oiseau, qu'une grenouille, qu'une souris, il serait percé par les flèches des Scythes. L'allégorie de *Jérémie* était celle de l'impuissance, & l'emblème des Scythes était celui du courage.

C'est ainsi que *Sextus Tarquinius* consultant son père, que nous appelons *Tarquin le superbe*, sur la manière dont il devait se conduire avec les Jabiens ; *Tarquin* qui se promenait dans son jardin, ne répondit qu'en abattant les têtes des plus hauts pavots. Son fils l'entendit & fit mourir les principaux citoyens. C'était l'emblème de la tyrannie.

Plusieurs savans ont cru que l'histoire de *Daniel*, du dragon, de la fosse aux sept lions auxquels on donnait chaque jour deux brebis & deux hommes à manger, & l'histoire de l'ange qui enleva *Habacuc* par les cheveux pour porter à dîner à *Daniel* dans la foffe aux lions, ne font qu'une allégorie vifible, un emblême de l'attention continuelle avec laquelle Dieu veille fur fes ferviteurs. Mais il nous femble plus pieux de croire que c'eft une hiftoire véritable, telle qu'il en eft plufieurs dans la fainte Ecriture, qui déploye fans figure & fans type la puiffance divine: & qu'il n'eft pas permis aux efprits prophanes d'approfondir. Bornons-nous aux emblêmes, aux allégories véritables, indiquées comme telles par la fainte Ecriture elle-même.

Ezéchiel chap. 1. *En la trentiéme année le cinquiéme jour du quatriéme mois, comme j'étais au milieu des captifs fur le fleuve Chobar, les cieux s'ouvrirent, & je vis les vifions de Dieu, &c. Le Seigneur adreffa la parole à Ezéchiel prêtre, fils de Buzi, dans le pays des Caldéens près du fleuve Chobar, & la main de Dieu fe fit fur lui.*

C'eft ainfi qu'*Ezéchiel* commence fa prophétie, & après avoir vu un feu, un tourbillon, & au milieu du feu les figures de quatre animaux reffemblans à un homme, lefquels avaient quatre faces & quatre aîles avec des pieds de veau, & une roue qui était fur la terre & qui avait quatre faces, les quatre parties de la roue allant en même tems, & ne retournant point lorfqu'elles marchaient, &c.

EMBLÊME. 173

Il dit : *L'esprit entra dans moi , & m'affermit sur mes pieds ; ensuite le Seigneur me dit, Fils de l'homme , mange tout ce que tu trouveras, mange ce livre & va parler aux enfans d'Israël. En même tems j'ouvris la bouche , & il me fit manger ce livre ; & l'esprit entra dans moi & me fit tenir sur mes pieds. Et il me dit, Va te faire enfermer au milieu te ta maison. Fils de l'homme , voici des chaînes dont on te liera, &c. Et toi, fils de l'homme , prends une brique , place-la devant toi , & trace dessus la ville de Jérusalem, &c.*

Ezéch.ch. III ℣. 14 & suiv.

h iv. ℣. 1. & suiv.

Prends aussi un poelon de fer, & tu le mettras comme un mur de fer entre toi & la ville ; tu affermiras ta face, tu seras devant Jérusalem comme si tu l'assiégeais ; c'est un signe à la maison d'Israel.

Après cet ordre, DIEU lui ordonne de dormir trois cent quatre-vingt dix jours sur le côté gauche pour les iniquités d'Israel , & de dormir sur le côté droit pendant quarante jours , pour l'iniquité de la maison de Juda.

Avant d'aller plus loin, transcrivons ici les paroles du judicieux commentateur *Dom Calmet* sur cette partie de la prophétie d'*Ezéchiel*, qui est à la fois une histoire & une allégorie, une vérité réelle & un emblème. Voici comment ce savant bénédictin s'explique :

„ Il y en a qui croyent qu'il n'arriva rien

,, de tout cela qu'en vifion, qu'un homme
,, ne peut demeurer fi longtems couché fur
,, un même côté fans miracle; que l'Ecri-
,, ture ne nous marquant point qu'il y ait
,, eu ici du prodige, on ne doit point mul-
,, tiplier les actions miraculeufes fans nécef-
,, fité; que s'il demeura couché ces trois cent
,, quatre-vingt dix jours, ce ne fut que
,, pendant les nuits; le jour il vaquait à fes
,, affaires. Mais nous ne voyons nulle nécef-
,, fité ni de recourir au miracle, ni de cher-
,, cher des détours pour expliquer le fait dont
,, il eft parlé ici. Il n'eft nullement impoffi-
,, ble qu'un homme demeure enchaîné &
,, couché fur fon côté pendant trois cent
,, quatre-vingt dix jours. On a tous les
,, jours des expériences qui en prouvent la
,, poffibilité, dans les prifonniers, dans di-
,, vers malades, & dans quelques perfonnes
,, qui ont l'imagination bleffée, & qu'on
,, enchaîne comme des furieux. *Prado* té-
,, moigne qu'il a vu un fou qui demeura
,, lié & couché tout nud fur fon côté pen-
,, dant plus de quinze ans. Si tout cela n'é-
,, tait arrivé qu'en vifion, comment les Juifs
,, de la captivité auraient-ils compris ce que
,, leur voulait dire *Ezéchiel*? comment ce
,, prophète aurait-il exécuté les ordres de
,, Dieu? Il faut donc dire auffi qu'il ne
,, dreffa le plan de Jérufalem, qu'il ne re-
,, préfenta le fiége, qu'il ne fut lié, qu'il ne

„ mangea du pain de différens grains qu'en
„ esprit & en idée. "

Il faut se rendre au sentiment du savant *Calmet*, qui est celui des meilleur interprètes. Il est clair que la sainte Ecriture raconte le fait comme une vérité réelle, & que cette vérité est l'emblême, le type, la figure d'une autre vérité.

Prends du froment, de l'orge, des fèves, des lentilles, du millet, de la vesce, fais-en des pains pour autant de jours que tu dormiras sur le côté. Tu mangeras pendant trois cent quatre-vingt dix jours; tu le mangeras comme un gâ- Ezéch.ch. *teau d'orge, & tu le couvriras de l'excrément qui* IV ℣. 9. *sort du corps de l'homme. Les enfans d'Israël* & 12. *mangeront ainsi leur pain souillé.*

Il est évident que le Seigneur voulait que les Israelites mangeassent leur pain souillé; il falait donc que le pain du prophète fût souillé aussi. Cette souillure était si réelle, qu'*Ezéchiel* en eut horreur. Il s'écria, *Ah! ah! ma vie* ℣. 14. & (*mon ame*) *n'a pas encor été pollue, &c. Et le* 15. *Seigneur lui dit, Va, je te donne de la fiente de bœuf au-lieu de fiente d'homme, & tu la mettras avec ton pain.*

Il falait donc absolument que cette nourriture fût souillée pour être un emblême, un type. Le prophète mit donc en effet de la fiente de bœuf avec son pain pendant trois cent quatre-vingt dix jours, & ce fut à la fois une réalité & une figure symbolique.

DE L'EMBLÊME D'OOLLA ET D'OLIBA.

Ezéch. ch. XVI ℣. 1. & suiv. La sainte Ecriture déclare expressément qu'Oolla est l'emblème de Jérusalem. *Fils de l'homme, fais connaître à Jérusalem ses abominations ; ton père était un Amorrhéen & ta mère une Cethéenne.* Ensuite le prophête sans craindre des prétentions malignes, des plaisanteries alors inconnues, parle à la jeune *Oolla* en ces termes.

Ubera tua intumuerunt, & pilus tuus germinavit, & eras nuda, & confusione plena.

Ta gorge s'enfla, ton poil germa, tu étais nue & confuse.

Et transivi per te, & vidi te, & ecce tempus tuum, tempus amantium : & expandi amictum meum super te, & operui ignominiam tuam, & juravi tibi, & ingressus suum pactum tecum (ait dominus DEUS *) & facta es mihi.*

Je passai, je te vis, voici ton tems, voici le tems des amans ; j'étendis sur toi mon manteau, je couvris ta vilenie, je te jurai, je fis marché avec toi, dit le Seigneur, & tu fus à moi.

Et habens fiduciam in pulchritudine tua, fornicata es in nomine tuo ; & exposuisti fornicationem tuam omni transeunti, ut ejus fieres.

Mais fière de ta beauté tu forniquas en ton nom, tu exposas ta fornication à tout passant pour être à lui.

Embleme.

Et ædificasti tibi lupanar, & fecisti tibi prostibulum in cunctis plateis.

Et tu batis un mauvais lieu, tu fis une prostitution dans tous les carrefours.

Et divisti pedes tuos omni transeunti, & multiplicasti fornicationes tuas.

Et tu ouvris les jambes à tous les passans, & tu multiplias tes fornications.

Et fornicata es cum filiis Ægypti, vicinis tuis, magnarum carnium; & multiplicasti fornicationem tuam, ad irritandum me.

Et tu forniquas avec les Egyptiens tes voisins qui avaient de grands membres, &c. Tu multiplias ta fornication pour m'irriter.

L'article d'Oliba, qui signifie *Samarie*, est beaucoup plus fort & plus éloigné des bienséances de notre stile.

Denudavit quoque fornicationes suas, discooperuit ignominiam suam.

Et elle mit à nud ses fornications, & découvrit sa turpitude.

Multiplicavit enim fornicationes suas, recordans dies adolescentiæ suæ.

Elle multiplia ses fornications comme dans son adolescence.

Et insanivit libidine super concubitum eorum, quorum carnes sunt ut carnes asinorum; & sicut fluxus equorum fluxus eorum.

Et elle fut éprise de fureur pour le coït de ceux dont les membres sont comme les

Cinquiéme partie. M

membres des ânes, & dont l'émiſſion eſt comme l'émiſſion des chevaux.

Ces images nous paraiſſent licentieuſes & révoltantes ; elles n'étaient alors que naïves. Il y en a trente exemples dans le Cantique des cantiques, modèle de l'union la plus chaſte. Remarquez attentivement que ces expreſſions, ces images ſont toûjours très ſérieuſes, & que dans aucun livre de cette haute antiquité, vous ne trouverez jamais la moindre raillerie ſur le grand objet de la génération. Quand la luxure eſt condamnée c'eſt avec les termes propres, mais ce n'eſt jamais ni pour exciter à la volupté, ni pour faire la moindre plaiſanterie. Cette haute antiquité n'a ni de *Martial*, ni de *Catulle*, ni de *Pétrone*.

D'Osée et de quelques autres emblêmes.

On ne regarde pas comme une ſimple viſion, comme une ſimple figure, l'ordre poſitif donné par le Seigneur au prophète *Oſée* de prendre une proſtituée, & d'en avoir trois enfans. On ne fait point d'enfans en viſion ; ce n'eſt point en viſion qu'il fit marché avec *Gomer* fille d'*Ebalaïm*, dont il eut deux garçons & une fille. Ce n'eſt point en viſion qu'il prit enſuite une femme adultère par le commandement exprès du Seigneur, qu'il lui donna quinze petites piéces d'argent, & une

Voÿez les premiers chapitres du petit prophête Oſée.

mesure & demi d'orge. La première prostituée signifiait Jérusalem, & la seconde prostituée signifiait Samarie. Mais ces prostitutions, ces trois enfans, ces quinze piéces d'argent, ce boisseau & demi d'orge n'en sont pas moins des choses très réelles.

Ce n'est point en vision que le patriarche *Salmon* épousa la prostituée *Rahab* ayeule de *David*. Ce n'est point en vision que le patriarche *Juda* commit un inceste avec sa belle-fille *Thamar*, inceste dont naquit *David*. Ce n'est point en vision que *Ruth*, autre ayeule de *David*, se mit dans le lit de *Booz*. Ce n'est point en vision que *David* fit tuer *Urie*, & ravit *Betzabée* dont naquit le roi *Salomon*. Mais ensuite tous ces événemens devinrent des emblèmes, des figures, lorsque les choses qu'ils figuraient furent accomplies.

Il résulte évidemment d'*Ezéchiel*, d'*Osée*, de *Jérémie*, de tous les prophêtes juifs, & de tous les livres juifs, comme de tous les livres qui nous instruisent des usages caldéens, persans, phéniciens, syriens, indiens, égyptiens; il résulte, dis-je, que leurs mœurs n'étaient pas les nôtres, que ce monde ancien ne ressemblait en rien à notre monde.

Passez seulement de Gibraltar à Mequinès, les bienséances ne sont plus les mêmes; on ne trouve plus les mêmes idées; deux lieues de mer ont tout changé. (Voyez *Figure*.)

M ij

EMPOISONNEMENS.

REpétons souvent des vérités utiles. Il y a toûjours eu moins d'empoisonne mens qu'on ne l'a dit ; il en est presqu comme des parricides. Les accusations on été communes, & ces crimes ont été trè rares. Une preuve, c'est qu'on a pris long tems pour poison ce qui n'en est pas. Com bien de princes se sont défaits de ceux qu leur étaient suspects en leur fesant boire d sang de taureau ? combien d'autres prince en ont avalé pour ne point tomber dans le mains de leurs ennemis ? Tous les historien anciens & même *Plutarque* l'attestent.

J'ai été tant bercé de ces contes dans mo enfance, qu'à la fin j'ai fait saigner un d mes taureaux, dans l'idée que son sang m'appartenait, puisqu'il était né dans mo étable : (ancienne prétention dont je ne dis cute pas ici la validité) je bus de ce sang comme *Atrée* & Mlle. de *Vergi*. Il ne me fit pas plus de mal que le sang de cheva n'en fait aux Tartares, & que le boudin n nous en fait tous les jours, surtout lorsqu'i n'est pas trop gras.

Pourquoi le sang de taureau serait-il un poison quand le sang de bouquetin passe pour un remède ? Les paysans de mon canton ava lent tous les jours du sang de bœuf qu'ils appellent de la *fricaſſée* ; celui de taureau n'eſt pas plus dangereux. Soyez sûr, cher lecteur, que *Thémiſtocle* n'en mourut pas.

Quelques ſpéculatifs de la cour de *Louis XIV* crurent deviner que ſa belle-ſœur *Henriette d'Angleterre* avait été empoiſonnée avec de la poudre de diamant, qu'on avait miſe dans une jatte de fraiſes au-lieu de ſucre rapé ; mais ni la poudre impalpable de verre ou de diamans, ni celle d'aucune production de la nature qui ne ſerait pas venimeuſe par elle-même, ne pourait être nuiſible.

Il n'y a que les pointes aigues, tranchantes, actives qui puiſſent devenir des poiſons violens. L'exact obſervateur *Mead* (que nous prononçons *Mide*) célèbre médecin de Londres, a vu au microſcope la liqueur dardée par les gencives des vipères irritées ; il prétend qu'il les a toûjours trouvées ſemées de ces lames coupantes & pointues, dont le nombre innombrable déchire & perce les membranes internes.

La *cantarella* dont on prétend que le pape *Alexandre VI*, & ſon bâtard le duc de *Borgia* feſaient un grand uſage, était, dit-on, la bâve d'un cochon rendu enragé en le ſuſpendant par les pieds la tête en bas, & en le battant longtems juſqu'à la mort ; c'était un poifon auffi prompt & auffi violent que celui de la vipère. Un grand apoticaire m'affure que la *Taphana*, cette célèbre empoifonneufe de Naples, fe fervait principalement de cette recette. Peut-être tout cela n'eft-il pas vrai. Cette fcience eft de celles qu'il faudrait ignorer.

Les poifons qui coagulent le fang au-lieu de déchirer les membranes, font l'opium, la cigue, la jufquiame, l'aconit & plufieurs autres. Les Athéniens avaient rafiné jufqu'à faire mourir par ces poifons réputés froids leurs compatriotes condamnés à mort. Un apoticaire était le bourreau de la république. On dit que *Socrate* mourut fort doucement, & comme on s'endort ; j'ai peine à le croire.

Je fais une remarque fur les livres juifs, c'eft que chez ce peuple vous ne voyez perfonne qui foit mort empoifonné. Une foule de rois & de pontifes, périt par des affaffinats. L'hiftoire de cette nation eft l'hiftoire des meurtres & du brigandage ; mais il n'eft parlé qu'en un feul endroit d'un homme qui fe foit empoifonné lui-même ; & cet homme n'eft point un Juif ; c'était un Syrien nommé *Lizias*, général des armées d'*Antio-*
Chap. x. *chus Epiphane*. Le fecond livre des Macca-
✠. 13. bées dit qu'il s'empoifonna ; *vitam veneno finivit*.

Ce qui m'étonnerait le plus dans l'histoire des mœurs des anciens Romains, ce serait la conspiration des femmes Romaines pour faire périr par le poison, non pas leurs maris, mais en général les principaux citoyens. C'était, dit *Tite-Live*, en l'an 423 de la fondation de Rome ; c'était donc dans le tems de la vertu la plus austère ; c'était avant qu'on eût entendu parler d'aucun divorce, quoique le divorce fût autorisé ; c'était lorsque les femmes ne buvaient point de vin, ne sortaient presque jamais de leurs maisons que pour aller aux temples. Comment imaginer que tout-à-coup elles se fussent appliquées à connaître les poisons, qu'elles s'assemblassent pour en composer, & que sans aucun intérêt apparent elles donnassent ainsi la mort aux premiers de Rome ?

Laurent Echard dans sa compilation abrégée, se contente de dire que *la vertu des dames Romaines se démentit étrangement ; que cent soixante & dix d'entre elles se mêlant de faire le métier d'empoisonneuses, & de réduire cet art en préceptes, furent tout à la fois accusées, convaincues & punies.*

Tite-Live ne dit pas assurément qu'elles réduisirent cet art en préceptes. Cela signifierait qu'elles tinrent école de poisons, qu'elles professèrent cette science, ce qui est ridicule. Il ne parle point de cent soixante & dix professeuses en sublimé corrosif ou en verdde-gris. Enfin, il n'affirme point qu'il y eût des empoisonneuses parmi les femmes des sénateurs & des chevaliers.

Le peuple était extrêmement fot & raisonneur à Rome comme ailleurs ; voici les paroles de *Tite-Live* :

1.ͤ décade liv. VIII. „ L'année 423 fut au nombre des malheureuses ; il y eut une mortalité causée „ par l'intempérie de l'air, ou par la malice „ humaine. Je voudrais qu'on pût affirmer „ avec quelques auteurs que la corruption „ de l'air causa cette épidémie, plutôt que „ d'attribuer la mort de tant de Romains „ au poison, comme l'ont écrit faussement „ des historiens pour décrier cette année. "

On a donc écrit *faussement*, selon *Tite-Live*, que les dames de Rome étaient des empoisonneuses ; il ne le croit donc pas : mais quel intérêt avaient ces auteurs à décrier cette année ? C'est ce que j'ignore.

Je vais rapporter le fait, continue-t-il, *tel qu'on l'a rapporté avant moi.* Ce n'est pas là le discours d'un homme persuadé. Ce fait d'ailleurs ressemble bien à une fable. Une esclave accuse environ soixante & dix femmes, parmi lesquelles il y en a de patriciennes, d'avoir mis la peste dans Rome en préparant des poisons. Quelques-unes des accusées demandent permission d'avaler leurs drogues, & elles expirent sur le champ.

Leurs complices font condamnées à mort fans qu'on fpécifie le genre du fupplice.

J'ofe foupçonner que cette hiftoriette, à laquelle *Tite-Live* ne croit point du tout, mérite d'être reléguée à l'endroit où l'on confervait le vaiffeau qu'une veftale avait tiré fur le rivage avec fa ceinture ; où *Jupiter* en perfonne avait arrêté la fuite des Romains ; où *Caftor* & *Pollux* étaient venus combattre à cheval ; où l'on avait coupé un caillou avec un rafoir, &c. &c. &c.

Il n'y a guères de poifon dont on ne puiffe prévenir les fuites en le combattant incontinent. Il n'y a point de médecine qui ne foit un poifon quand la dofe eft trop forte.

Toute indigeftion eft un empoifonnement.

Un médecin ignorant & même favant, mais inattentif, eft fouvent un empoifonneur ; un bon cuifinier eft à coup fûr un empoifonneur à la longue, fi vous n'êtes pas tempérant.

Un jour le marquis d'*Argenfon* miniftre d'état au département étranger, lorfque fon frère était miniftre de la guerre, reçut de Londres une lettre d'un fou ; (comme les miniftres en reçoivent à chaque pofte) ce fou propofait un moyen infaillible d'empoifonner tous les habitans de la capitale d'Angleterre. Ceci ne me regarde pas, nous dit le marquis d'*Argenson*, c'eſt un placet à mon frère.

ENCHANTEMENT,
Magie, évocation, sortilége, &c.

IL n'eſt guères vraiſemblable que toutes ces abominables abſurdités viennent, comme le dit *Pluche*, des feuillages dont on couronna autrefois les têtes d'*Iſis* & d'*Oſiris*. Quel rapport ces feuillages pouvaient-ils avoir avec l'art d'enchanter des ſerpens, avec celui de reſſuſciter un mort, ou de tuer des hommes avec des paroles, ou d'inſpirer de l'amour, ou de métamorphoſer des hommes en bêtes ?

Enchantement, *incantatio*, vient, dit-on, d'un mot caldéen que les Grecs avaient traduit par *epodi-gonteïa, chanſon productrice.*

Une grande partie des ſuperſtitions abſurdes ne doit-elle pas ſon origine à des choſes naturelles ? Il n'y a guères d'animaux qu'on n'accoutume à venir au ſon d'une muſette ou d'un ſimple cornet pour recevoir ſa nourriture. *Orphée*, ou quelqu'un de ſes prédéceſſeurs, joua de la muſette mieux que les autres bergers ; ou bien il ſe ſervit du chant. Tous les animaux domestiques accouraient à sa voix. On supposa bien vite que les ours & les tigres étaient de la partie : ce premier pas aisément fait, on n'eut pas de peine à croire que les *Orphées* fesaient danser les pierres & les arbres.

Si on fait danser un ballet à des rochers & à des sapins, il en coûte peu de bâtir des villes en cadence. Les pierres de taille viennent s'arranger d'elles-mêmes, lors qu'*Amphion* chante : il ne faut qu'un violon pour construire une ville, & un cornet à bouquin pour la détruire.

L'enchantement des serpens doit avoir une cause encor plus spécieuse. Le serpent n'est point un animal vorace & porté à nuire. Tout reptile est timide. La première chose que fait un serpent (du moins en Europe) dès qu'il voit un homme, c'est de se cacher dans un trou comme un lapin & un lézard. L'instinct de l'homme est de courir après tout ce qui s'enfuit ; & de fuir lui-même devant tout ce qui court après lui, excepté quand il est armé, qu'il sent sa force, & surtout qu'on le regarde.

Loin que le serpent soit avide de sang & de chair, il ne se nourrit que d'herbe, & passe un tems très considérable sans manger : s'il avale quelques infectes comme font les lézards, les caméléons ; en cela il nous rend service.

Tous les voyageurs difent qu'il y en a de très longs & de très gros; mais nous n'en connaiſſons point de tels en Europe. On n'y voit point d'homme, point d'enfant qui ait été attaqué par un gros ſerpent ni par un petit; les animaux n'attaquent que ce qu'ils veulent manger, & les chiens ne mordent les paſſans que pour défendre leurs maîtres. Que ferait un ſerpent d'un petit enfant ? quel plaiſir aurait-il à le mordre ? il ne pourait en avaler le petit doigt.

Je veux croire qu'il y a eu des monſtres dans l'eſpèce des ſerpens comme dans celle des hommes ; je conſens que l'armée de *Régulus* ſe ſoit miſe ſous les armes en Afrique contre un dragon, & que depuis il y ait eu un Normand qui ait combattu contre la gargouille. Mais on m'avouera que ces cas ſont rares.

Les deux ſerpens qui vinrent de Tenedos exprès pour dévorer *Laocoon*, & deux grands garçons de vingt ans, aux yeux de toute l'armée Troyenne, ſont un beau prodige, digne d'être tranſmis à la poſtérité par des vers hexamètres & par des ſtatues qui repréſentent *Laocoon* comme un géant, & les grands enfans comme des pygmées.

Je conçois que cet événement devait arriver lorſqu'on prenait avec un grand vilain cheval de bois *a*) des villes bâties par des Dieux.

Tout ce qu'on a conté des ferpens était très probable dans des pays où *Apollon* était defcendu du ciel pour tuer le ferpent *Python*.

Ils paſſèrent auſſi pour être très prudens. Leur prudence confifte à ne pas courir ſi vîte que nous ; & à fe laiſſer couper en morceaux.

La morfure des ferpens, & furtout des vipères, n'eſt dangereuſe que lorſqu'une eſ‑ pèce de rage a fait fermenter un petit refer‑ voir d'une liqueur extrèmement acre qu'ils ont fous leurs gencives. Hors de-là un fer‑ pent n'eſt pas plus dangereux qu'une anguille.

Pluſieurs dames ont apprivoifé & nourri des ferpens, les ont placés fur leur toilette, les ont entortillés autour de leurs bras.

Les nègres de Guinée adorent un gros ferpent qui ne fait de mal à perfonne.

Il y a pluſieurs fortes de ces reptiles ; & quelques-unes font plus dangereufes que les autres dans les pays chauds ; mais en général le ferpent eſt un animal craintif &

a) Le cheval de bois était une machine fembla‑ ble à ce qu'on appella depuis le *belier*. C'était une longue poutre, terminée en tête de cheval : elle fut conſervée en Grèce, & *Paufanias* dit qu'il l'a vue.

doux ; il n'eſt pas rare d'en voir qui tettent les vaches.

Les premiers hommes qui virent des gens plus hardis qu'eux apprivoiſer & nourrir des ſerpens , & les faire venir d'un coup de ſiflet comme nous appellons les abeilles, prirent ces gens-là pour des ſorciers. Les pſilles & les marſes , qui ſe familiariſèrent avec les ſerpens , eurent la même réputation. Il ne tiendrait qu'aux apoticaires du Poitou , qui prennent des vipères par la queue , de ſe faire reſpecter auſſi comme des magiciens du premier ordre.

L'enchantement des ſerpens paſſa pour une choſe conſtante. La ſainte Ecriture même , qui entre toûjours dans nos faibleſſes , daigna ſe conformer à cette idée vulgaire. *b*) *L'aſpic ſourd qui ſe bouche les oreilles pour ne pas entendre la voix du ſavant enchanteur.*

Pſ. 57.

Jérém. ch. VIII. ⅴ. 17.
J'enverrai contre vous des ſerpens qui réſiſteront aux enchantemens.

Eccléſiaſte.
Le médiſant eſt ſemblable au ſerpent qui ne cède point à l'enchanteur.

L'enchantement était quelquefois aſſez fort pour faire crever les ſerpens. Selon l'ancienne phyſique cet animal était immortel. Si quelque ruſtre trouvait un ſerpent mort dans ſon chemin , il falait bien que ce

fût quelque enchanteur qui l'eût dépouillé
au droit de l'immortalité :

Frigidus in pratis cantando rumpitur anguis.

ENCHANTEMENT DES MORTS.

Enchanter un mort, le reſſuſciter, ou s'en tenir à évoquer ſon ombre pour lui parler, était la choſe du monde la plus ſimple. Il eſt très ordinaire que dans ſes rêves on voye des morts, qu'on leur parle, qu'ils vous répondent. Si on les a vus pendant le ſommeil, pourquoi ne les verra-t-on point pendant la veille ? Il ne s'agit que d'avoir un eſprit de *Python*. Et pour faire agir cet eſprit de *Python*, il ne faut qu'être un fripon, & avoir affaire à un eſprit faible ; or perſonne ne niera que ces deux choſes n'ayent été extrêmement communes.

Quand on eſt aſſez habile pour évoquer des morts avec des paroles, on peut à plus forte raiſon faire mourir des vivans, ou du moins les en menacer, comme le *Médecin malgré lui* dit à *Lucas* qu'il lui donnera la fiévre. Du moins il n'était pas douteux que les ſorciers n'euſſent le pouvoir de faire mourir les beſtiaux ; & il falait oppoſer ſortilège à ſortilège pour garantir ſon bétail. Mais ne nous moquons point des anciens ; pauvres gens que nous ſommes, ſortis à peine de la barbarie ! Il n'y a pas cent ans que nous avons fait brûler des forciers dans toute l'Europe ; & on vient encor de brûler une forcière vers l'an 1750 à Vurtzbourg. Il est vrai que certaines paroles & certaines cérémonies suffisent pour faire périr un troupeau de moutons, pourvu qu'on y ajoute de l'arsenic.

L'histoire critique des cérémonies superstitieuses par *Le Brun* de l'oratoire, est bien étrange ; il veut combattre le ridicule des sortilèges, & il a lui-même le ridicule de croire à leur puissance. Il prétend que *Marie Bucaille* la sorcière, étant en prison à Vallogne, parut à quelques lieues de-là dans le même tems, selon le témoignage juridique du juge de Vallogne. Il rapporte le fameux procès des bergers de Brie condamnés à être pendus & brûlés par le parlement de Paris en 1691. Ces bergers avaient été assez sots pour se croire sorciers, & assez méchans pour mêler des poisons réels à leurs sorcelleries imaginaires.

Voyez le procès des bergers de Brie, depuis la page 516.

Le père *Le Brun* proteste qu'il y eut beaucoup de *surnaturel dans leur fait*, & qu'ils furent pendus en conséquence. L'arrêt du parlement est directement contraire à ce que dit l'auteur : *La cour déclare les accusés duement atteints & convaincus de superstitions, d'impiétés, sacrilèges, prophanations, empoisonnemens.*

L'au-

ENCHANTEMENT.

L'arrêt ne dit pas que ce soient les prophanations qui ayent fait périr les animaux : il dit, que ce sont les empoisonnemens. On peut commettre un sacrilège sans être sorcier, comme on empoisonne sans être sorcier.

D'autres juges firent brûler, à la vérité, le curé *Gaufrédi*, & ils crurent fermement que le diable l'avait fait jouir de toutes ses pénitentes. Le curé *Gaufrédi* croyait aussi en avoir obligation au diable ; mais c'était en 1611 : c'était dans le tems où la plûpart de nos provinciaux n'étaient pas fort au dessus des Caraïbes & des Nègres. Il y en a eu encor de nos jours quelque-uns de cette espèce, comme le jésuite *Girard*, l'ex-jésuite *Nonotte*, le jésuite *Du Plessis*, l'ex-jésuite *Malagrida* ; mais cette espèce de fous devient fort rare de jour en jour.

A l'égard de la *licantropie*, c'est-à-dire des hommes métamorphosés en loups par des enchantemens, il suffit qu'un jeune berger, ayant tué un loup, & s'étant revêtu de sa peau, ait fait peur à de vieilles femmes, pour que la réputation du berger devenu loup se soit répandue dans toute la province, & de là dans d'autres. Bientôt *Virgile* dira :

His ego sæpè lupum fieri & se condere sylvis   *Ecloga*
Mœrin, sæpè animas imis excire sepulcris.   VIII.
Mœris devenu loup se cachait dans les bois :
Du creux de leurs tombeaux j'ai vu sortir des ames.

Voir un homme loup eſt une choſe curieuſe ; mais voir des ames eſt encor plus beau. Des moines du mont Caſſin ne virent-ils pas l'ame de *St. Bénédict* , ou *Benoit ?* Des moines de Tours ne virent-ils pas celle de *St. Martin ?* Des moines de St. Denis ne virent-ils pas celle de *Charles Martel ?*

ENCHANTEMENT POUR SE FAIRE AIMER.

Il y en eut pour les filles & pour les garçons. Les Juifs en vendaient à Rome, & dans Alexandrie ; & ils en vendent encor en Aſie. Vous trouverez quelques-uns de ces ſecrets dans le petit *Albert ;* mais vous vous mettrez plus au fait, ſi vous liſez le plaidoyer qu'*Apulée* compoſa lorſqu'il fut accuſé par un chrétien, dont il avait épouſé la fille, de l'avoir enſorcelée par des philtres. Son beau-père *Emilien* prétendait qu'*Apulée* s'était ſervi principalement de certains poiſſons, attendu que *Vénus* étant née de la mer, les poiſſons devaient exciter prodigieuſement les femmes à l'amour.

On ſe ſervait d'ordinaire de vervenne, de tœnia, de l'hyppomane qui n'était autre choſe qu'un peu de l'arrière-faix d'une jument lorſqu'elle produit ſon poulain, d'un petit oiſeau nommé parmi nous *hoche-queue*, en latin, *motacilla*.

ENCHANTEMENT. 195

Mais *Apulée* était principalement accusé d'avoir employé des coquillages, des pattes d'écrevisses, des hérissons de mer, des huîtres cannelées, du calmar qui passe pour avoir beaucoup de semence, &c.

Apulée fait assez entendre quel était le véritable philtre qui avait engagé *Pudentilla* à se donner à lui. Il est vrai qu'il avoue dans son plaidoyer que sa femme l'avait appellé un jour *magicien*. Mais quoi! dit-il, si elle m'avait appellé *consul*, serais-je consul pour cela?

Le satyrion fut regardé chez les Grecs & chez les Romains comme le philtre le plus puissant; on l'appellait la *plante aphrodisia, racine de Vénus*. Nous y ajoutons la roquette sauvage; c'est l'*eruca* des Latins : *Et Martial, venerem revocans eruca morantem*. Nous y mêlons surtout un peu d'essence d'ambre. La mandragore est passée de mode. Quelques vieux débauchés se sont servis de mouches cantarides, qui portent en effet aux parties génitales ; mais qui portent beaucoup plus à la vessie, qui l'excorient & qui font uriner du sang : ils ont été cruellement punis d'avoir voulu pousser l'art trop loin.

La jeunesse & la santé sont les véritables philtres.

Le chocolat a passé pendant quelque tems pour ranimer la vigueur endormie de nos petits-maîtres vieillis avant l'âge ; mais on aurait beau prendre vingt tasses de chocolat, on n'en inspirera pas plus de goût pour sa personne.

Ut ameris, amabilis esto.

Pour être aimé, soyez aimable.

Voyez l'article *Sorcier*.

ENFER.

INferum, souterrain : les peuples qui enterraient les morts les mirent dans le souterrain ; leur ame y était donc avec eux. Telle est la première physique & la premiere métaphysique des Égyptiens & des Grecs.

Les Indiens, beaucoup plus anciens, qui avaient inventé le dogme ingénieux de la métempsicose, ne crurent jamais que les ames fussent dans le souterrain.

Les Japonois, les Coréens, les Chinois, les peuples de la vaste Tartarie orientale & occidentale, ne surent pas un mot de la philosophie du souterrain.

Les Grecs avec le tems firent du souterrain un vaste royaume, qu'ils donnèrent libéralement à *Pluton* & à *Proserpine* sa femme. Ils leur assignèrent trois conseillers d'état, trois femmes de charge nommées les *furies*, trois parques pour filer, dévider & couper le fil de la vie des hommes. Et comme dans l'antiquité chaque héros avait son chien pour garder sa porte, on donna à *Pluton* un gros chien qui avait trois têtes ; car tout allait par trois. Des trois conseillers d'état *Minos*, *Eaque* & *Radamante*, l'un jugeait la Grèce, l'autre l'Asie mineure, (car les Grecs ne connaissaient pas alors la grande Asie) le troisiéme était pour l'Europe.

Les poëtes ayant inventé ces enfers s'en moquèrent les premiers. Tantôt *Virgile* parle sérieusement des enfers dans l'Enéide, parce qu'alors le sérieux convient à son sujet ; tantôt il en parle avec mépris dans ses géorgiques.

Felix qui potuit rerum cognoscere causas,
Atque metus omnes & inexorabile fatum
Subjecit pedibus, strepitumque Acherontis avari !

Heureux qui peut sonder les loix de la nature,
Qui des vains préjugés foule aux pieds l'imposture,
Qui regarde en pitié le Styx & l'Acheron,
Et le triple Cerbère & la barque à Caron !

On déclamait sur le théâtre de Rome ces vers de la *Troade*, auxquels quarante mille mains applaudissaient.

Tenara & aspero
Regnum sub domino limen & obsident
Custos, non facili Cerberus ostio.

Rumores vacui, verbaque inania,
Et par sollicito fabula somnio.

Le palais de Pluton, son portier à trois têtes,
Les couleuvres d'enfer à mordre toûjours prêtes ;
Le Styx, le Phlegeton sont des contes d'enfans,
Des songes importuns, des mots vides de sens.

Lucrèce, *Horace* s'expriment avec la même force. *Cicéron*, *Sénèque* en parlent de même en vingt endroits. Le grand empereur *Marc-Aurèle* raisonne encor plus philosophiquement qu'eux tous. ,, Celui qui craint la mort craint ,, ou d'être privé de tout sens, ou d'éprou- ,, ver d'autres sensations. Mais si tu n'as plus ,, tes sens tu ne seras plus sujet à aucune ,, peine, à aucune misère. Si tu as des sens ,, d'une autre espèce, tu seras une autre ,, créature. "

Liv. VIII. N°. 62.

Il n'y avait pas un mot à répondre à ce raisonnement dans la philosophie prophane. Cependant par la contradiction attachée à l'espèce humaine, & qui semble faire la base de notre nature, dans le tems même que *Cicéron* disait publiquement, *Il n'y a point de vieille femme qui croye ces inepties*, Lucrèce avouait que ces idées fesaient une grande impression sur les esprits ; il vient, dit-il, pour les détruire.

Si certam finem esse viderent
Ærumnarum homines, aliqua ratione valerent

Religionibus atque minis obsistere vatum.
Nunc ratio nulla est restandi nulla facultas ;
Æternas quoniam pœnas in morte timendum est.

Si l'on voyait du moins un terme à son malheur ;
On soutiendrait sa peine, on combattrait l'erreur,
On pourait supporter le fardeau de la vie.
Mais d'un plus grand supplice elle est, dit-on, suivie.
Après de tristes jours on craint l'éternité.

Il était donc vrai que parmi les derniers du peuple les uns riaient de l'enfer, les autres en tremblaient. Les uns regardaient *Cerbère*, les furies & *Pluton* comme des fables ridicules ; les autres ne cessaient de porter des offrandes aux Dieux infernaux. C'était tout comme chez nous.

Et quocumque tamen miseri venere parentant
Et nigras mactant pecudes, & manibu divis
Inferias mittunt multoque in rebus acerbis
Acrius admittunt animos ad religionem.

Ils conjurent ces Dieux qu'ont forgés nos caprices ;
Ils fatiguent Pluton de leurs vains sacrifices ;
Le sang d'un bélier noir coule sous leurs couteaux ;
Plus ils sont malheureux, & plus ils sont dévots.

Plusieurs philosophes qui ne croyaient pas aux fables des enfers, voulaient que la populace fût contenue par cette croyance. Tel fut *Timée* de Locres, tel fut le politique historien

ENFER.

Polybe. *L'enfer*, dit-il, *est inutile aux sages; mais nécessaire à la populace insensée.*

Il est assez connu que la loi du Pentateuque n'annonça jamais un enfer. *a*) Tous les hommes étaient plongés dans ce chaos de contradictions & d'incertitudes quand JESUS-CHRIST vint au monde. Il confirma la doctrine ancienne de l'enfer, non pas la doctrine des poetes payens, non pas celle des prêtres Egyptiens, mais celle qu'adopta le christianisme, à laquelle il faut que tout cède. Il annonça un royaume qui allait venir, & un enfer qui n'aurait point de fin.

Il dit expressément à Capharnaum en Galilée; ,, Quiconque appellera son frère *Raca* sera ,, condamné par le sanhedrin; mais celui qui ,, l'appellera *fou* sera condamné au *gebenci* ,, *hinnon*, gehenne du feu. "

Matthieu chap. V. ỳ. 2.

---

a) Dans le Dictionnaire encyclopédique, l'auteur de l'article théologique *Enfer*, semble se méprendre étrangement, en citant le Deuteronome au chapitre XXXII. ỳ. 22 & suivans; il n'y est pas plus question d'enfer que de mariage & de danse. On fait parler DIEU ainsi; ,, Ils m'ont provoqué dans celui ,, qui n'était pas leur Dieu, & ils m'ont irrité dans ,, leurs vanités; & moi je les provoquerai dans ,, celui qui n'est pas mon peuple, & je les irriterai ,, dans une nation folle. — Un feu s'est allumé dans ,, ma fureur, & il brûlera jusqu'au bord du souterrain, ,, & il dévorera la terre avec ses germes, & il brûle,, ra les racines des montagnes. — J'accumulerai les ,, maux sur eux; je viderai sur eux mes flêches; je

ENFER.

Cela prouve deux choses, premiérement que JESUS-CHRIST ne voulait pas qu'on dît des injures ; car il n'appartenait qu'à lui comme maître, d'appeler les prévaricateurs pharisiens *race de vipère*.

Secondement que ceux qui disent des injures à leur prochain méritent l'enfer : car la gehenna du feu était dans la vallée d'Hinnon, où l'on brûlait autrefois des victimes à *Moloch* ; & cette gehenna figure le feu d'enfer.

Il dit ailleurs, „ Si quelqu'un sert d'achopement aux faibles qui croyent en moi, il vaudrait mieux qu'on lui mît au cou une meule asinaire, & qu'on le jettât dans la mer. St. Marc ch. IX. ℣. 42 & suivans.

„ Et si ta main te fait achopement, coupela ; il est bon pour toi d'entrer manchot dans la vie, plutôt que d'aller dans la ge-

„ les ferai mourir de faim ; les oiseaux les dévoreront d'une morsure amère ; j'enverrai contre eux les dents des bêtes avec la fureur des reptiles & des serpens. Le glaive les dévastera au dehors, & la frayeur au dedans, eux & les garçons, & les filles, & les enfans à la mammelle avec les vieillards. "

Y a-t-il là, s'il vous plaît, rien qui désigne des châtimens après la mort ? des herbes sèches, des serpens qui mordent, des filles & des enfans qu'on tue, ressemblent-ils à l'enfer ? N'est-il pas honteux de tronquer un passage pour y trouver ce qui n'y est pas ? Si l'auteur s'est trompé on lui pardonne ; s'il a voulu tromper il est inexcusable.

„ henna du feu inextinguible, où le ver
„ ne meurt point, & où le feu ne s'éteint
„ point.

„ Et ſi ton pied te fait achopement, coupe
„ ton pied ; il eſt bon d'entrer boîteux dans
„ la vie éternelle, plutôt que d'être jetté
„ avec tes deux pieds dans la gehenna inex-
„ tinguible, où le ver ne meurt point, & où
„ le feu ne s'éteint point.

„ Et ſi ton œil te fait achopement, arrache
„ ton œil ; il vaut mieux entrer borgne dans
„ le royaume de Dieu, que d'être jetté avec
„ tes deux yeux dans la gehenna du feu, où
„ le ver ne meurt point, & où le feu ne s'é-
„ teint point.

„ Car chacun ſera ſalé par le feu, & toute
„ victime ſera ſalée par le ſel.

„ Le ſel eſt bon ; que ſi le ſel s'affadit avec
„ quoi le ſalerez-vous ?

„ Vous avez dans vous le ſel, conſervez
„ la paix parmi vous. "

St. Luc ch. XIII.
Il dit ailleurs ſur le chemin de Jéruſalem,
„ Quand le père de famille ſera entré & au-
„ ra fermé la porte, vous reſterez dehors, &
„ vous heurterez, diſant, Maître, ouvrez-
„ nous ; & en répondant il vous dira, *Neſcio*
„ *vos*, d'où êtes-vous ? & alors vous com-
„ mencerez à dire, Nous avons mangé & bu
„ avec toi, & tu as enſeigné dans nos carre-
„ fours ; & il vous répondra *neſcio vos*, d'où
„ êtes-vous ? ouvriers d'iniquités ! & il y

„ aura pleurs & grincemens de dents, quand
„ vous verrez *Abraham*, *Isaac*, *Jacob* & tous
„ les prophètes, & que vous ferez chassés
„ dehors. "

Malgré les autres déclarations positives émanées du Sauveur du genre-humain, qui assurent la damnation éternelle de quiconque ne sera pas de notre église, *Origène* & quelques autres n'ont pas cru l'éternité des peines.

Les sociniens les rejettent, mais ils sont hors du giron. Les luthériens & les calvinistes, quoiqu'égarés hors du giron, admettent un enfer sans fin.

Il n'y a pas longtems qu'un théologien calviniste nommé *Petit-Pierre*, prêcha & écrivit que les damnés auraient un jour leur grace. Les autres ministres lui dirent qu'ils n'en voulaient point. La dispute s'échauffa; on prétend que le roi leur souverain leur manda que puisqu'ils voulaient être damnés sans retour, il le trouvait très bon, & qu'il y donnait les mains. Les damnés de l'église de Neufchâtel déposèrent le pauvre *Petit-Pierre* qui avait pris l'enfer pour le purgatoire. On a écrit que l'un d'eux lui dit, Mon ami, je ne crois pas plus à l'enfer éternel que vous; mais sachez qu'il est bon que votre servante, votre tailleur, & surtout votre procureur y croyent.

J'ajouterai pour l'*illuſtration* de ce paſſage, une petite exhortation aux philoſophes qui nient tout à plat l'enfer dans leurs écrits. Je leur dirai, Meſſieurs, nous ne paſſons pas notre vie avec *Cicéron*, *Atticus*, *Caton*, *Marc-Aurèle*, *Epictète*, le chancelier de l'*Hôpital*, *La Motte le Vayer*, *Des-Ivetaux*, *René Deſcartes*, *Newton*, *Locke*, ni avec le reſpectable *Bayle*, qui était ſi au-deſſus de la fortune ; ni avec le vertueux trop incrédule *Spinoſa*, qui n'ayant rien, rendit aux enfans du grand penſionnaire *De With* une penſion de trois cent florins que lui feſait le grand *De With*, dont les Hollandais mangèrent le cœur, quoi qu'il n'y eût rien à gagner en le mangeant. Tous ceux à qui nous avons à faire ne ſont pas des *Des-Barreaux* qui payait à des plaideurs la valeur de leur procès qu'il avait oublié de rapporter. Toutes les femmes ne ſont pas des *Ninon l'Enclos* qui gardait les dépôts ſi religieuſement, tandis que les plus graves perſonnages les violaient. En un mot, meſſieurs, tout le monde n'eſt pas philoſophe.

Nous avons à faire à force fripons qui ont peu réfléchi ; à une foule de petites gens, brutaux, yvrognes, voleurs. Prêchez-leur, ſi vous voulez, qu'il n'y a point d'enfer, & que l'ame eſt mortelle. Pour moi, je leur crierai dans les oreilles qu'ils feront damnés s'ils me volent : j'imiterai ce curé de campagne qui ayant été outrageuſement volé par ſes ouailles, leur dit à son prône; Je ne sais à quoi pensait Jesus-Christ de mourir pour des canailles comme vous.

ENTERREMENT.

EN lisant par un assez grand hazard les canons d'un concile de Brague, tenu en 563, je remarque que le quinziéme canon défend d'enterrer personne dans les églises. Des gens savans m'assurent que plusieurs autres conciles ont fait la même défense. De là je conclus que dès ces premiers siécles quelques bourgeois avaient eu la vanité de changer les temples en charniers pour y pourrir d'une manière distinguée : je peux me tromper; mais je ne connais aucun peuple de l'antiquité, qui ait choisi les lieux sacrés où l'on adorait la Divinité pour en faire des cloaques de morts.

Si on aimait tendrement chez les Egyptiens son père, sa mère & ses vieux parens, qu'on souffre avec bonté parmi nous, & pour lesquels on a rarement une passion violente, il était fort agréable d'en faire des momies, & fort noble d'avoir une suite d'ayeux en chair & en os dans son cabinet. Il est dit même, qu'on mettait souvent en gages chez l'ufurier, le corps de fon père & de fon grand-père. Il n'y a point à préfent de pays au monde où l'on trouvât un écu fur un pareil effet ; mais comment fe pouvait-il faire qu'on mît en gages la momie paternelle, & qu'on allât la faire enterrer au-delà du lac Mœris en la tranfportant dans la barque à *Caron*, après que quarante juges, qui fe trouvaient à point nommé fur le rivage, avaient décidé que la momie avait vécu en perfonne honnête, & qu'elle était digne de paffer dans la barque moiennant un fou qu'elle avait foin de porter dans fa bouche. Un mort ne peut guères à la fois faire une promenade fur l'eau & chez un ufurier, ou refter dans le cabinet de fon héritier. Ce font-là de ces petites contradictions de l'antiquité que le refpect empêche d'examiner fcrupuleufement.

Quoi qu'il en foit, il eft certain qu'aucun temple du monde ne fut fouillé de cadavres ; on n'enterrait pas même dans les villes. Très peu de familles eurent dans Rome le privilège de faire élever des maufolées malgré la loi des douze tables qui en fefait une défenfe expreffe.

Aujourd'hui, quelques papes ont leurs maufolées dans St. Pierre, mais ils n'empuantiffent pas l'églife, parce qu'ils font très bien embaumés, enfermés dans de belles caisses de plomb, & recouverts de gros tombeaux de marbre, à travers lesquels un mort ne peut guères transpirer.

Vous ne voyez ni à Rome, ni dans le reste de l'Italie, aucun de ces abominables cimetières entourer les églises ; l'infection ne s'y trouve pas à côté de la magnificence, & les vivans n'y marchent point sur des morts.

Cette horreur n'est soufferte que dans des pays où l'asservissement aux plus indignes usages laisse subsister un reste de barbarie qui fait honte à l'humanité. Vous entrez dans la gothique cathédrale de Paris ; vous y marcher sur de vilaines pierres mal jointes, qui ne sont point au niveau ; on les a levées mille fois pour jetter sous elles des caisses de cadavres.

Passez par le charnier qu'on appelle des *Innocens* ; c'est un vaste enclos consacré à la peste ; les pauvres qui meurent très souvent de maladies contagieuses y sont enterrés pêlemêle ; les chiens y viennent quelquefois ronger les ossemens ; une vapeur épaisse, cadavereuse, infectée s'en exhale ; elle est pestilentielle dans les chaleurs de l'été après les pluyes. Et presque à côté de cette voierie est l'opera, le palais-royal, le louvre des rois.

On porte à une lieue de la ville les immondices des privés, & on entaffe depuis douze cent ans dans la même ville, les corps pourris dont ces immondices étaient produites.

L'arrêt que le parlement de Paris a rendu depuis trois ans contre ces abus auffi dangereux qu'infâmes, n'a pu être exécuté, tant l'habitude & la fotife ont de force contre la raifon & contre les loix. En vain l'exemple de tant de villes de l'Europe fait rougir Paris; il ne fe corrige point. Paris fera encor longtems un mélange bizarre de la magnificence la plus recherchée, & de la barbarie la plus dégoûtante.

Verfailles vient de donner un exemple qu'on devrait fuivre partout; un petit cimetière d'une paroiffe très nombreufe infectait l'églife, & les maifons voifines. Un fimple particulier a réclamé contre cette coutume abominable; il a excité fes concitoyens; il a bravé les cris de la barbarie, on a préfenté requête au confeil. Enfin le bien public l'a emporté fur l'ufage antique & pernicieux; le cimetière a été transféré à un mille de diftance.

ENTOUSIASME.

CE mot grec signifie *émotion d'entrailles, agitation intérieure* ; les Grecs inventèrent-ils ce mot pour exprimer les secousses qu'on éprouve dans les nerfs, la dilatation & le resserrement des intestins, les violentes contractions du cœur, le cours précipité de ces esprits de feu qui montent des entrailles au cerveau, quand on est vivement affecté ?

Ou bien donna-t-on d'abord le nom d'*entousiasme*, de trouble des entrailles, aux contorsions de cette pythie qui sur le trépied de Delphes recevait l'esprit d'*Apollon* par un endroit qui ne semble fait que pour recevoir des corps ?

Qu'entendons-nous par entousiasme ? que de nuances dans nos affections ! approbation, sensibilité, émotion, trouble, saisissement, passion, emportement, démence, fureur, rage. Voilà tous les états par lesquels peut passer cette pauvre ame humaine.

Un géomètre assiste à une tragèdie touchante ; il remarque seulement qu'elle est bien conduite. Un jeune homme a côté de lui est ému & ne remarque rien, une femme pleure, un autre jeune homme est si transporté, que pour son malheur il va faire aussi

Cinquiéme partie.   O

une tragédie. Il a pris la maladie de l'en‑ touſiaſme.

Le centurion ou le tribun militaire qui ne regardait la guerre que comme un métier dans lequel il y avait une petite fortune à faire, allait au combat tranquillement comme un couvreur monte ſur un toit. *Céſar* pleu‑ rait en voyant la ſtatue d'*Alexandre*.

Ovide ne parlait d'amour qu'avec eſprit. *Sapho* exprimait l'entouſiaſme de cette paſ‑ ſion ; & s'il eſt vrai qu'elle lui coûta la vie, c'eſt que l'entouſiaſme chez elle devint dé‑ mence.

L'eſprit de parti diſpoſe merveilleuſement à l'entouſiaſme, il n'eſt point de faction qui n'ait ſes énergumènes. Un homme paſſionné qui parle avec action, a dans ſes yeux, dans ſa voix, dans ſes geſtes, un poiſon ſubtil qui eſt lancé comme un trait dans les gens de ſa faction. C'eſt par cette raiſon que la reine *Elizabeth* défendit qu'on prêchât de ſix mois en Angleterre ſans une permiſſion ſi‑ gnée de ſa main, pour conſerver la paix dans ſon royaume.

St. Ignace ayant la tête un peu échauffée lit la vie des pères du déſert, après avoir lu des romans. Le voilà ſaiſi d'un double entouſiaſme, il devient chevalier de la vierge *Marie*, il fait la veille des armes, il veut ſe battre pour fa dame, il a des vifions ; la vierge lui apparaît & lui recommande fon fils; elle lui dit, que fa fociété ne doit porter d'autre nom que celui de JESUS.

Ignace communique fon entoufiafme à un autre Efpagnol nommé *Xavier*. Celui-ci court aux Indes dont il n'entend point la langue, de là au Japon, fans qu'il puiffe parler japonois ; n'importe, fon entoufiafme paffe dans l'imagination de quelques autres jeunes jéfuites qui apprennent enfin la langue du Japon. Ceux-ci après la mort de *Xavier* ne doutent pas qu'il n'ait fait plus de miracles que les apôtres, & qu'il n'ait reffufcité fept ou huit morts pour le moins. Enfin, l'entoufiafme devient fi épidémique qu'ils forment au Japon ce qu'ils appellent une *chrétienté*. Cette chrétienté finit par une guerre civile & par cent mille hommes égorgés; l'entoufiafme alors eft parvenu à fon dernier degré qui eft le fanatifme ; & ce fanatifme eft devenu rage.

Le jeune faquir qui voit le bout de fon nez en fefant fes prières, s'échauffe par degrés jufqu'à croire que s'il fe charge de chaînes pefant cinquante livres, l'Etre fuprème lui aura beaucoup d'obligation. Il s'endort l'imagination toute pleine de *Brama*, & il ne manque pas de le voir en fonge. Quelquefois même dans cet état où l'on n'eft ni endormi ni éveillé, des étincelles fortent de ſes yeux, il voit *Brama* reſplendiſſant de lumière, il a des extaſes, & cette maladie devient ſouvent incurable.

La choſe la plus rare eſt de joindre la raiſon avec l'entouſiaſme ; la raiſon conſiſte à voir toûjours les choſes comme elles ſont. Celui qui dans l'yvreſſe voit les objets doubles eſt alors privé de la raiſon.

L'entouſiaſme eſt préciſément comme le vin ; il peut exciter tant de tumulte dans les vaiſſeaux ſanguins, & de ſi violentes vibrations dans les nerfs, que la raiſon en eſt tout-à-fait détruite. Il peut ne cauſer que de légères ſecouſſes qui ne faſſent que donner au cerveau un peu plus d'activité ; c'eſt ce qui arrive dans les grands mouvemens d'éloquence, & ſurtout dans la poeſie ſublime. L'entouſiaſme raiſonnable eſt le partage des grands poetes.

Cet entouſiaſme raiſonnable eſt la perfection de leur art, c'eſt ce qui fit croire autrefois qu'ils étaient inſpirés des Dieux ; & c'eſt ce qu'on n'a jamais dit des autres artiſtes.

Comment le raiſonnement peut-il gouverner l'entouſiaſme ? c'eſt qu'un poete deſſine d'abord l'ordonnance de ſon tableau ; la raiſon alors tient le crayon. Mais veut-il animer ſes perſonnages & leur donner le caractère des paſſions ? alors l'imagination s'échauffe, l'entoufiafme agit : c'eft un courfier qui s'emporte dans fa carrière. Mais la carrière eft reguliérement tracée.

L'ontoufiafme eft admis dans tous les genres de poefie où il entre du fentiment : quelquefois même il fe fait place jufques dans l'églogue, témoin ces vers de la dixiéme églogue de *Virgile*.

Jam mihi per rupes videor Lucofque fonantes
Ire : libet Partho torquere Cydonia cornu
Spicula ; tamquam hæc fint noftri medicina furoris ;
Aut Deus ille malis hominum mitefcere difcat.

Le ftile des épitres, des fatyres réprouve l'entoufiafme ; auffi n'en trouve-t-on point dans les ouvrages de *Boileau* & de *Pope*.

Nos odes, dit-on, font de véritables champs d'entoufiafme ; mais comme elles ne fe chantent point parmi nous, elles font fouvent moins des odes que des ftances, ornées de réflexions ingénieufes. Jettez les yeux fur la plûpart des ftances de la belle ode à la Fortune de *Jean-Batifte Rouffeau*.

> Vous chez qui la guerrière audace
> Tient lieu de toutes les vertus,
> Concevez Socrate à la place
> Du fier meurtrier de Clitus :
> Vous verrez un roi refpectable,
> Humain, généreux, équitable,

Un roi digne de vos autels ;
Mais à la place de Socrate,
Le fameux vainqueur de l'Euphrate
Sera le dernier des mortels.

Ce couplet est une courte dissertation sur le mérite personnel d'*Alexandre* & de *Socrate*; c'est un sentiment particulier, un paradoxe. Il n'est point vrai qu'*Alexandre* sera le dernier des mortels. Le héros qui vengea la Grèce, qui subjugua l'Asie, qui pleura *Darius*, qui punit ses meurtriers, qui respecta la famille du vaincu, qui donna un trône au vertueux *Abdolonime*, qui rétablit *Porus*, qui bâtit tant de villes en si peu de tems, ne sera jamais le dernier des mortels.

Tel qu'on nous vante dans l'histoire,
Doit peut-être toute sa gloire
A la honte de son rival :
L'inexpérience indocile
Du compagnon de Paul-Emile
Fit tout le succès d'Annibal.

Voilà encor une réflexion philosophique sans aucun entousiasme. Et de plus, il est très faux que les fautes de *Varron* ayent fait tous les succès d'*Annibal*; la ruine de Sagunte, la prise de Turin, la défaite de *Scipion* père de l'Africain, les avantages remportés sur *Sempronius*, la victoire de Trébie, la victoire de Trazimène, & tant de savantes marches, n'ont rien de commun avec la bataille de Cannes, où *Varron* fut vaincu, dit-on, par sa faute. Des faits si défigurés doivent-ils être plus approuvés dans une ode que dans une histoire ?

De toutes les odes modernes, celle où il régne le plus grand entousiasme, qui ne s'affaiblit jamais, & qui ne tombe ni dans le faux, ni dans l'ampoulé, est le *Timothée*, ou la fête d'*Alexandre* par *Dryden* : elle est encor regardée en Angleterre comme un chef-d'œuvre inimitable, dont *Pope* n'a pu approcher quand il a voulu s'exercer dans le même genre. Cette ode fut chantée ; & si on avait eu un musicien digne du poéte, ce serait le chef-d'œuvre de la poésie lyrique.

Ce qui est toûjours fort à craindre dans l'entousiasme, c'est de se livrer à l'ampoulé, au gigantesque, au galimatias. En voici un grand exemple dans l'ode sur la naissance d'un prince du sang royal.

>Où suis-je ? quel nouveau miracle
>Tient encor mes sens enchantés ?
>Quel vaste, quel pompeux spectacle
>Frappe mes yeux épouvantés !
>Un nouveau monde vient d'éclore :
>L'univers se reforme encore
>Dans les abîmes du chaos ;
>Et pour réparer ses ruines,

Je vois des demeures divines
Defcendre un peuple de héros.

Nous prendrons cette occafion pour dire qu'il y a peu d'entoufiafme dans l'ode fur la prife de Namur.

Le hazard m'a fait tomber entre les mains une critique très injufte du *Poëme des faifons* de Mr. de *St. Lambert*, & de la traduction des géorgiques de *Virgile* par Mr. *De Lifle*. L'auteur acharné à décrier tout ce qui eft louable dans les auteurs vivans, & à louer ce qui eft condamnable dans les morts, veut faire admirer cette ftrophe.

> Je vois monter nos cohortes
> La flamme & le fer en main,
> Et fur les monceaux de piques,
> De corps morts, de rocs, de briques,
> S'ouvrir un large chemin.

Il ne s'apperçoit pas que les termes de *piques* & de *briques* font un effet très défagréable ; que ce n'eft point un grand effort de monter fur des briques, que l'image de briques eft très faible après celle des morts ; qu'on ne monte point fur des monceaux de piques, & que jamais on n'a entaffé de piques pour aller à l'affaut ; qu'on ne s'ouvre point un large chemin fur des rocs ; qu'il falait dire, *Je vois nos cohortes s'ouvrir un large chemin à travers les débris des rochers,* au milieu des *armes brisées*, & *sur des morts entassés*; alors il y aurait eu de la gradation, de la vérité, & une image terrible.

Le critique n'a été guidé que par son mauvais goût & par la rage de l'envie qui dévore tant de petits auteurs subalternes. Il faut pour s'ériger en critique être un *Quintilien*, un *Rollin*; il ne faut pas avoir l'insolence de dire cela est bon, ceci est mauvais, sans en apporter de preuves convaincantes. Ce ne serait plus ressembler à *Rollin* dans son *Traité des études*, ce serait ressembler à *Fréron*, & être par conséquent très méprisable.

ENVIE.

ON connait assez tout ce que l'antiquité a dit de cette passion honteuse, & ce que les modernes ont répété. *Héfiode* est le premier auteur classique qui en ait parlé.

„ Le potier porte envie au potier, l'ar-
„ tisan à l'artisan, le pauvre même au pau-
„ vre, le musicien au musicien. (ou si l'on
„ veut donner un autre sens au mot *Aoidos*)
„ le poete au poete. "

Longtems avant *Héfiode*, Job avait dit, *l'envie tue les petits*.

Je crois que *Mandeville* auteur de la fable des abeilles, est le premier qui ait voulu prouver que l'envie est une fort bonne chose, une passion très utile. Sa première raison est que l'envie est aussi naturelle à l'homme que la faim & la soif, qu'on la découvre dans tous les enfans ainsi que dans les chevaux & dans les chiens. Voulez-vous que vos enfans se haïssent, caressez l'un plus que l'autre; le secret est infaillible.

Il prétend que la première chose que font deux jeunes femmes qui se rencontrent est de se chercher des ridicules, & la seconde de se dire des flatteries.

Il croit que sans l'envie les arts seraient médiocrement cultivés, & que *Raphaël* n'aurait pas été un grand peintre s'il n'avait pas été jaloux de *Michel Ange*.

Mandeville a peut-être pris l'émulation pour l'envie; peut-être aussi l'émulation n'est-elle qu'une envie qui se tient dans les bornes de la décence.

Michel Ange pouvait dire à *Raphaël*, Votre envie ne vous a porté qu'à travailler encor mieux que moi; vous ne m'avez point décrié, vous n'avez point cabalé contre moi auprès du pape, vous n'avez point tâché de me faire excommunier pour avoir mis des borgnes & des boiteux en paradis, & de succulens cardinaux avec de belles femmes nues comme la main en enfer dans mon tableau du jugement dernier. Allez, votre envie est très louable, vous êtes un brave envieux, foyons bons amis.

Mais si l'envieux est un misérable sans talens, jaloux du mérite comme les gueux le font des riches ; si pressé par l'indigence comme par la turpitude de son caractere, il vous fait des nouvelles du parnasse, des lettres de madame la comtesse, des années litteraires, cet animal étale une envie qui n'est bonne à rien, & dont *Mandeville* ne poura jamais faire l'apologie.

On demande pourquoi les anciens croyaient que l'œil de l'envieux ensorcelait les gens qui le regardaient. Ce sont plutôt les envieux qui sont ensorcelés.

Descartes dit que *l'envie pousse la bile jaune qui vient de la partie inférieure du foie, & la bile noire qui vient de la rate, laquelle se répand du cœur par les artères* &c. Mais comme nulle espèce de bile ne se forme dans la rate, *Descartes* en parlant ainsi semblait ne pas trop mériter qu'on portât envie à sa physique.

Un certain *Voet* ou *Voetius*, polisson en théologie, qui accusa *Descartes* d'athéisme, était très malade de la bile noire ; mais il savait encor moins que *Descartes*, comment sa détestable bile se répandait dans son sang.

Madame *Pernelle* a raison :

Les envieux mourront, mais non jamais l'envie.

Mais c'est un bon proverbe, qu'il vaut mieux faire envie que pitié. Faisons donc envie autant que nous pourons.

EPIGRAMME.

CE mot veut dire proprement *inscription*; ainsi une épigramme devait être courte. Celles de l'anthologie grecque sont pour la plûpart fines & gracieuses ; elles n'ont rien des images grossieres que *Catulle* & *Martial* ont prodiguées, & que *Marot* & d'autres ont imitées. En voici quelques-unes traduites avec une briéveté dont on a souvent reproché à la langue française d'être privée. L'auteur est inconnu.

Sur les sacrifices a Hercule.

Un peu de miel, un peu de lait
Rendent Mercure favorable ;
Hercule est bien plus cher, il est bien moins traitable;
Sans deux agneaux par jour il n'est point satisfait.
On dit qu'à mes moutons ce Dieu sera propice.

Qu'il soit béni ! mais entre nous

Epigramme.

C'est un peu trop en sacrifice :
Qu'importe qui les mange ou d'Hercule ou des loups ?

Sur Laïs qui remit son miroir dans le temple de Vénus.

Je le donne à Vénus puisqu'elle est toûjours belle,
    Il redouble trop mes ennuis.
Je ne saurais me voir dans ce miroir fidèle
Ni telle que j'étais, ni telle que je suis.

Sur une statue de Vénus.

    Oui, je me montrai toute nue
    Au Dieu Mars, au bel Adonis,
    A Vulcain mème, & j'en rougis;
    Mais Praxitèle ! où m'a-t-il vue ?

Sur une statue de Niobé.

    Le fatal couroux des Dieux
    Changea cette femme en pierre ;
    Le sculpteur a fait bien mieux,
    Il a fait tout le contraire.

Sur des fleurs a une fille Grecque, qui passait pour être fière.

    Je sais bien que ces fleurs nouvelles
    Sont loin d'égaler vos appas,

Ne vous énorgueilliffez pas,
Le tems vous fannera comme elles.

SUR LÉANDRE QUI NAGEAIT VERS LA TOUR D'HÉRO PENDANT UNE TEMPÊTE.

Épigramme imitée depuis par Martial.

Léandre conduit par l'amour
En nageant, difait aux orages,
Laiffez-moi gagner les rivages;
Ne me noyez qu'à mon retour.

A travers la faibleffe de la traduction, il eft aifé d'entrevoir la délicateffe & les graces piquantes de ces épigrammes. Qu'elles font différentes des groffières images trop fouvent peintes dans *Catulle* & dans *Martial!*

At nunc pro cervo mentula fupofita eft...
Uxor te cunnos nefcis habere duos.

Marot en a fait quelques-unes où l'on retrouve toute l'aménité de la Grèce.

Plus ne fuis ce que j'ai été
Et ne le faurai jamais être,
Mon beau printems & mon été
Ont fait le faut par la fenêtre.
Amour, tu as été mon maître,
Je t'ai fervi fur tous les Dieux.
Oh! fi je pouvais deux fois naître,
Comme je te fervirais mieux!

ÉPIGRAMME.

Sans le printems & l'été qui font *le faut par la fenêtre*, cette épigramme ferait digne de *Callimaque*.

Je n'oferais en dire autant de ce rondeau que tant de gens de lettres ont fi souvent répété.

>Au bon vieux tems un train d'amour régnait
>Qui fans grand art & dons fe demenait,
>Si qu'un bouquet donné d'amour profonde
>C'était donner toute la terre ronde,
>Car feulement au cœur on fe prenait ;
>Et fi par cas à jouir on venait,
>Savez-vous bien comme on s'entretenait ?
>Vingt ans, trente ans, cela durait un monde
> Au bon vieux tems.
>
>Or eft paffé ce qu'amour ordonnoit, *a*)
>Rien que pleurs feints, rien que changes on voit ;
>Qui voudra donc qu'à aimer je me fonde,
>Il faut premier que l'amour on refonde,
>Et qu'on le mène ainfi qu'on le menait
> Au bon vieux tems.

Je dirais d'abord que peut-être ces rondeaux, dont le mérite eft de répéter à la fin

---

a) Il eft évident qu'alors on prononçait tous les *oi* rudement, *prenoit, démenoit, ordonnoit*, & non pas *ordonnait, démenait, prenait*, puifque ces terminaifons rimaient avec *voit*. Il eft évident encor qu'on fe permettrait les *bâillemens*, les *hyatus*.

de deux couplets les mots qui commencent ce petit poeme, font une invention gothique & puérile, & que les Grecs & les Romains n'ont jamais avili la dignité de leurs langues harmonieuses par ces niaiseries difficiles.

Ensuite, je demanderais ce que c'est qu'*un train d'amour qui régne*, un *train qui se déméne sans dons*. Je pourais demander si *venir à jouir par cas*, font des expressions délicates & agréables; si *s'entretenir & se fonder à aimer*, ne tiennent pas un peu de la barbarie du tems, que *Marot* adoucit dans quelques-unes de ses petites poesies.

Je penserais que *refondre l'amour* est une image bien peu convenable, que si on le refond on ne le mène pas; & je dirais enfin que les femmes pouvaient repliquer à *Marot*, Que ne le refonds-tu toi-même? quel gré te saura-t-on d'un amour tendre & constant, quand il n'y aura point d'autre amour?

Le mérite de ce petit ouvrage semble consister dans une facilité naïve. Mais que de naïvetés dégoûtantes dans presque tous les ouvrages de la cour de *François I !*

<blockquote>
Ton vieux couteau Pierre Martel, rouillé
Semble ton *nez* ja retrait & mouillé,
Et le foureau tant laid où tu l'enguaines
C'est que toûjours as aimé vieilles guaines.
Et la ficelle à quoi il est lié
C'est qu'attaché feras & marié,
</blockquote>

Quant

EPIGRAMME.

Quant au manche de corne connait-on
Que tu feras cornu comme un mouton.
Voilà le fens, voilà la prophétie.
De ton couteau dont je te remercie.

Eft-ce un courtifan qui eft l'auteur d'une telle épigramme ? eft-ce un matelot yvre dans un cabaret ? *Marot* malheureufement n'en a que trop fait dans ce genre.

Les épigrammes qui ne roulent que fur des débauches de moines, & fur des obfcénités, font méprifées des honnêtes gens. Elles ne font goûtées que par une jeuneffe effrenée à qui le fujet plait beaucoup plus que le ftile. Changez d'objet, mettez d'autres acteurs à la place; alors ce qui vous amufait paraîtra dans toute fa laideur.

EPIPHANIE.

LA VISIBILITÉ, L'APPARITION, L'ILLUSTRATION, LE RELUISANT.

ON ne voit pas trop quel rapport ce mot peut avoir avec trois rois, ou trois mages qui vinrent d'Orient, conduits par une étoile. C'eft apparemment cette étoile brillante qui valut à ce jour le titre d'*Epiphanie*.

Cinquième partie. P

On demande d'où venaient ces trois rois ? en quel endroit ils s'étaient donné rendez-vous ? Il y en avait un, dit-on, qui arrivait d'Afrique. Celui-là n'était donc pas venu de l'Orient. On dit que c'étaient trois mages ; mais le peuple a toûjours préféré trois rois. On célèbre partout la fête des rois, & nulle part celle des mages. On mange le gâteau des rois, & non pas le gâteau des mages. On crie *le roi boit*, & non pas *le mage boit*.

D'ailleurs, comme ils apportaient avec eux beaucoup d'or, d'encens & de myrrhe, il fallait bien qu'ils fussent de très grands seigneurs. Les mages de ce tems-là n'étaient pas fort riches. Ce n'était pas comme du tems du faux *Smerdis*.

Tertullien est le premier qui ait assuré que ces trois voyageurs étaient des rois. *St. Ambroise* & *St. Césaire* d'Arles tiennent pour les rois. Et on cite en preuve ces passages du pseaume LXXI : *Les rois de Tarsis & des isles lui offriront des présens. Les rois d'Arabie & de Saba lui apporteront des dons.* Les uns ont appellé ces trois rois *Magalat*, *Galgalat*, *Saraïm* ; les autres *Athos*, *Satos*, *Paratoras*. Les catholiques les connaissent sous le nom de *Gaspard*, *Melchior* & *Baltazar*. L'évêque *Osorius* rapporte que ce fut un roi de Cranganor dans le royaume de Calicut, qui entreprit ce voyage avec deux mages ; & que ce roi de

ÉPIPHANIE.

retour dans son pays, bâtit une chapelle à la Ste. Vierge.

On demande combien ils donnèrent d'or à *Joseph* & à *Marie ?* Plusieurs commentateurs assurent qu'ils firent les plus riches présens. Ils se fondent sur l'*Evangile de l'enfance*, dans lequel il est dit, que *Joseph* & *Marie* furent volés en Egypte par *Titus* & *Dumachus*. Or, disent ils, on ne les aurait pas volés s'ils n'avaient pas eu beaucoup d'argent. Ces deux voleurs furent pendus depuis; l'un fut le bon larron, & l'autre le mauvais larron. Mais l'*Evangile de Nicodème* leur donne d'autres noms; il les appelle *Démas* & *Gestas*.

Le même *Evangile de l'enfance*, dit que ce furent des mages, & non pas des rois qui vinrent à Bethléem; qu'ils avaient été à la vérité conduits par une étoile, mais que l'étoile ayant cessé de paraître quand ils furent dans l'étable, un ange leur apparut en forme d'étoile pour leur en tenir lieu. Cet évangile assure que cette visite des trois mages avait été prédite par *Zoradast* qui est le même que nous appellons *Zoroastre*.

Suarez a recherché ce qu'était devenu l'or que présentèrent les trois rois ou les trois mages. Il prétend que la somme devait être très forte, & que trois rois ne pouvaient faire un présent médiocre. Il dit que tout cet argent fut donné depuis à *Judas*, qui servant de maître-d'hôtel devint un fripon, & volà tout le tréfor.

Toutes ces puérilités n'ont fait aucun tort à la fête de l'Epiphanie qui fut d'abord inftituée par l'églife grecque, comme le nom le porte, & enfuite célébrée par l'églife latine.

EPOPÉE,

POÉME ÉPIQUE.

PUifque *épos* fignifiait *difcours* chez les Grecs, un poeme épique était donc un difcours ; & il était en vers parce que ce n'était pas encor la coutume de raconter en profe. Cela parait bizarre, & n'en eft pas moins vrai. Un *Phérécide* paffe pour le premier Grec qui fe foit fervi tout uniment de la profe pour faire une hiftoire moitié vraie, *a*) moitié fauffe, comme elles l'ont été prefque toutes dans l'antiquité.

Orphée, *Linus*, *Tamiris*, *Mufée*, prédéceffeurs d'*Homère*, n'écrivirent qu'en vers. *Héfiode* qui était certainement contemporain d'*Homère*, ne donne qu'en vers fa théogonie & fon poeme des travaux & des jours. L'harmonie de la langue grecque invitait tellement les hommes à la poefie, une maxime refler-

a) Moitié vraie, c'eft beaucoup.

rée dans un vers se gravait si aisément dans la mémoire, que les loix, les oracles, la morale, la théologie, tout était en vers.

D'HÉSIODE.

Il fit usage des fables qui depuis longtems étaient reçues dans la Grèce. On voit clairement à la manière succinte dont il parle de *Promethée* & d'*Epimetée*, qu'il suppose ces notions déja familières à tous les Grecs. Il n'en parle que pour montrer qu'il faut travailler, & qu'un lâche repos dans lequel d'autres mythologistes ont fait consister la félicité de l'homme, est un attentat contre les ordres de l'Etre suprême.

Tâchons de présenter ici au lecteur une imitation de sa fable de *Pandore*, en changeant cependant quelque chose aux premiers vers, & en nous conformant aux idées reçues depuis *Héfiode*; car aucune mythologie ne fut jamais uniforme.

Promethée autrefois pénétra dans les cieux.
Il prit le feu sacré, qui n'appartient qu'aux Dieux.
Il en fit part à l'homme ; & la race mortelle
De l'esprit qui meut tout, obtint quelque étincelle.
Perfide ! s'écria Jupiter irrité,
Ils seront tous punis de ta témérité ;
Il appella Vulcain ; Vulcain créa Pandore.
De toutes les beautés qu'en Vénus on adore

P iij

Il orna mollement ses membres délicats ;
Les amours, les desirs forment ses premiers pas.
Les trois graces & Flore arrangent sa coëffure,
Et mieux qu'elles encor elle entend la parure.
Minerve lui donna l'art de persuader ;
La superbe Junon celui de commander.
Du dangereux Mercure elle apprit à séduire,
A trahir ses amans, à cabaler, à nuire ;
Et par son écolière il se vit surpassé.
 Ce chef-d'œuvre fatal aux mortels fut laissé,
De Dieu sur les humains tel fut l'arrêt suprême :
Voilà votre supplice, & j'ordonne qu'on l'aime. a)
 Il envoye à Pandore un écrin précieux ;
Sa forme & son éclat éblouïssent les yeux ;
Quels biens doit renfermer cette boëte si belle !
De la bonté des Dieux c'est un gage fidèle ;
C'est-là qu'est renfermé le sort du genre-humain.
Nous serons tous des dieux,.... elle l'ouvre ; & soudain
Tous les fléaux ensemble inondent la nature.
Hélas ! avant ce tems, dans une vie obscure,
Les mortels moins instruits étaient moins malheureux ;
Le vice & la douleur n'osaient approcher d'eux ;
La pauvreté, les soins, la peur, la maladie
Ne précipitaient point le terme de leur vie.
Tous les cœurs étaient purs, & tous les jours se-
  reins, &c.

 a) On a placé ici ces vers d'*Hésiode*, qui sont dans le texte, avant la création de *Pandore*.

Si *Hésiode* avait toûjours écrit ainsi, qu'il serait supérieur à *Homère !*

Ensuite *Hésiode* décrit les quatre âges fameux, dont il est le premier qui ait parlé, (du moins parmi les auteurs anciens qui nous restent.) Le premier âge est celui qui précéda *Pandore*, tems auquel les hommes vivaient avec les Dieux. L'âge de fer est celui du siége de Thèbes & de Troye. *Je suis*, dit-il, *dans le cinquiéme, & je voudrais n'être pas né.* Que d'hommes accablés par l'envie, par le fanatisme, & par la tyrannie en ont dit autant depuis *Hésiode !*

C'est dans ce poëme des travaux & des jours qu'on trouve des proverbes qui se sont perpétués, comme, *le potier est jaloux du potier ;* & il ajoute, *le musicien du musicien, & le pauvre même du pauvre.* C'est-là qu'est l'original de cette fable du rossignol tombé dans les serres du vautour. Le rossignol chante en vain pour le fléchir, le vautour le dévore. *Hésiode* ne conclut pas, *que ventre affamé n'a point d'oreilles ;* mais que les tyrans ne sont point fléchis par les talens.

On trouve dans ce poëme cent maximes dignes des *Xénophons* & des *Catons.*

Les hommes ignorent le prix de la sobriété; ils ne savent pas que la moitié vaut mieux que le tout.

L'iniquité n'est pernicieuse qu'aux petits.

L'équité seule fait fleurir les cités.

Souvent un homme injuste suffit pour ruiner sa patrie.

Le méchant qui ourdit la perte d'un homme prépare souvent la sienne.

Le chemin du crime est court & aisé. Celui de la vertu est long & difficile ; mais près du but il est délicieux.

Dieu a posé le travail pour sentinelle de la vertu.

Enfin ses préceptes sur l'agriculture ont mérité d'être imités par *Virgile*. Il y a aussi de très beaux morceaux dans sa *Théogonie*. L'amour qui débrouille le chaos, *Vénus* qui née sur la mer des parties génitales d'un Dieu, nourrie sur la terre, toûjours suivie de l'amour, unit le ciel, la mer & la terre ensemble, sont des emblèmes admirables.

Pourquoi donc *Hésiode* eut-il moins de réputation qu'*Homère* ? Il me semble qu'à mérite égal *Homère* dut être préféré par les Grecs ; il chantait leurs exploits & leurs victoires sur les Asiatiques leurs éternels ennemis. Il célébrait toutes les maisons qui régnaient de son tems dans l'Achaïe & dans le Péloponèse ; il écrivait la guerre la plus mémorable du premier peuple de l'Europe contre la plus florissante nation qui fût encor connue dans l'Asie. Son poëme fut presque le seul monument de cette grande époque.

Point de ville, point de famille qui ne fe crût honorée de trouver fon nom dans ces archives de la valeur. On affure même que longtems après lui, quelques différends entre des villes grecques au fujet des terrains limitrophes, furent décidés par des vers d'*Homère*. Il devint après fa mort le juge des villes dans lefquelles on prétend qu'il demandait l'aumône pendant fa vie. Et cela prouve encor que les Grecs avaient des poétes longtems avant d'avoir des géographes.

Il eft étonnant que les Grecs fe fefant tant d'honneur des poëmes épiques, qui avait immortalifé les combats de leurs ancêtres, ne trouvaffent perfonne qui chantât les journées de Marathon, des Thermopiles, de Platée, de Salamine. Les héros de ce tems-là valaient bien *Agamemnon*, *Achille* & les *Ajax*.

Tirtée, capitaine, poëte & muficien, tel que nous avons vu de nos jours le roi de Pruffe, fit la guerre, & la chanta. Il anima les Spartiates contre les Mefféniens par fes vers, & remporta la victoire. Mais fes ouvrages font perdus, & on ne dit point qu'il ait fait de poéme épique dans le fiécle de *Périclès*; les grands talens fe tournèrent vers la tragédie; ainfi *Homère* refta feul, & fa gloire augmenta de jour en jour. Venons à fon *Iliade*.

DE L'ILIADE.

Ce qui me confirme dans l'opinion qu'*Homère* était de la colonie Grecque établie à Smyrne, c'est cette foule de métaphores & de peintures dans le stile oriental. La terre qui retentit sous les pieds dans la marche de l'armée comme les foudres de *Jupiter* sur les monts qui couvrent le géant *Tiphée* ; un vent plus noir que la nuit qui vole avec les tempêtes ; *Mars* & *Minerve* suivis de la terreur de la fuite, & de l'insatiable discorde sœur & compagne de l'homicide, Dieu des combats, qui s'élève dès qu'elle paraît, & qui en foulant la terre porte dans le ciel sa tête orgueilleuse. Toute l'*Iliade* est pleine de ces images ; & c'est ce qui fesait dire au sculpteur *Bouchardon*, Lorsque j'ai lu *Homère*, j'ai cru avoir vingt pieds de haut.

Son poëme qui n'est point du tout intéressant pour nous, était donc très précieux pour tous les Grecs.

Ses Dieux sont ridicules aux yeux de la raison, mais ils ne l'étaient pas à ceux du préjugé ; & c'était pour le préjugé qu'il écrivait.

Nous rions, nous levons les épaules en voyant des Dieux qui se disent des injures, qui se battent entre eux, qui se battent contre des hommes, qui sont blessés, & dont le sang coule ; mais c'était-là l'ancienne théologie de la Grèce, & de presque tous les peuples Aſiatiques. Chaque nation, chaque petite peuplade avait ſa divinité particulière qui la conduiſait aux combats.

Les habitans des nuées, & des étoiles qu'on ſuppoſait dans les nuées, s'étaient fait une guerre cruelle. La guerre des anges contre les anges était le fondement de la religion des bracmanes de tems immémorial. La guerre des Titans enfans du ciel & de la terre contre les Dieux maîtres de l'Olympe, était le premier myſtère de la religion grecque. *Typhon* chez les Egyptiens avait combattu contre *Oshiret*, que nous nommons *Oſiris*, & l'avait taillé en piéces.

Madame *Dacier*, dans ſa préface de l'*Iliade*, remarque très ſenſément après *Euſtache* évêque de Theſſalonique, & *Huet* évêque d'Avranche, que chaque nation voiſine des Hébreux avait ſon Dieu des armées. En effet *Jephté* ne dit-il pas aux Ammonites, *Vous poſſédez juſtement ce que votre Dieu Chamos vous a donné, ſouffrez donc que nous ayons ce que notre* DIEU *nous donne ?* [Chap. II. ⱴ. 24.]

Ne voit-on pas le DIEU de Juda vainqueur dans les montagnes, mais repouſſé dans les vallées ? [Juges ch. 1. ⱴ. 29.]

Quant aux hommes qui luttent contre les immortels, c'eſt encor une idée reçue; *Jacob* lutte une nuit entière contre un ange de DIEU. Si *Jupiter* envoye un ſonge trompeur au chef des Grecs, le Seigneur envoye un esprit trompeur au roi *Achab*. Ces emblêmes étaient fréquens, & n'étonnaient personne. *Homère* a donc peint son siécle; il ne pouvait pas peindre les siécles suivans.

On doit répéter ici que ce fut une étrange entreprise dans *La Motte* de dégrader *Homère*, & de le traduire; mais il fut encor plus étrange de l'abréger pour le corriger. Au-lieu d'échauffer son génie en tâchant de copier les sublimes peintures d'*Homère*, il voulut lui donner de l'esprit; c'est la manie de la plûpart des Français; une espèce de pointe qu'ils appellent un *trait*, une petite antithèse, un léger contraste de mots leur suffit. C'est un défaut dans lequel *Racine* & *Boileau* ne sont presque jamais tombés. Mais combien d'auteurs, combien d'hommes de génie même se sont laissés séduire par ces puérilités qui dessèchent & qui énervent tout genre d'éloquence! En voici, autant que j'en puis juger, un exemple bien frappant.

Phénix au livre neuviéme, pour appaiser la colère d'*Achille*, lui parle à-peu-près ainsi:

Les prières, mon fils, devant vous éplorées,
Du souverain des Dieux sont les filles sacrées;
Humbles, le front baissé, les yeux baignés de pleurs,
Leur voix triste & craintive exhale leurs douleurs.
On les voit d'une marche incertaine & tremblante

Suivre de loin l'injure impie & menaçante,
L'injure au front superbe, au regard sans pitié,
Qui parcourt à grands pas l'univers effrayé.
Elles demandent grace.... & lorsqu'on les refuse
C'est au trône de Dieu que leur voix vous accuse ;
On les entend crier en lui tendant les bras,
Punissez le cruel qui ne pardonne pas ;
Livrez ce cœur farouche aux affronts de l'injure,
Rendez-lui tous les maux qu'il aime qu'on endure ;
Que le barbare apprenne à gémir comme nous.
Jupiter les exauce ; & son juste couroux
S'appesantit bientôt sur l'homme impitoyable.

Voilà une traduction faible, mais assez exacte ; & malgré la gêne de la rime & la sécheresse de la langue, on apperçoit quelques traits de cette grande & touchante image si fortement peinte dans l'original.

Que fait le correcteur d'*Homère* ? il mutile en deux vers d'antithèses toute cette peinture.

On offense les Dieux, mais par des sacrifices
De ces Dieux irrités on fait des Dieux propices.

Ce n'est plus qu'une sentence triviale & froide. Il y a sans doute des longueurs dans le discours de *Phenix* ; mais ce n'était pas la peinture des prieres qu'il falait retrancher.

Homère a de grands défauts, *Horace* l'avoue ; tous les hommes de goût en conviennent ; il n'y a qu'un commentateur qui puisse

être assez aveugle pour ne les pas voir. *Pope* lui-même traducteur du poete Grec, dit que „ c'est une vaste campagne, mais brute,
„ où l'on rencontre des beautés naturelles de
„ toute espèce qui ne se présentent pas aussi
„ régulièrement que dans un jardin régulier ;
„ que c'est une abondante pépinière qui con-
„ tient les semences de tous les fruits ; un
„ grand arbre qui pousse des branches super-
„ flues qu'il faut couper: "

Madame *Dacier* prend le parti de la vaste campagne, de la pépinière & de l'arbre; & veut qu'on ne coupe rien. C'était sans doute une femme au-dessus de son sexe, & qui a rendu de grands services aux lettres, ainsi que son mari; mais quand elle se fit homme, elle se fit commentateur, elle outra tant ce rôle qu'elle donna envie de trouver *Homère* mauvais. Elle s'opiniâtra au point d'avoir tort avec Mr. de *La Motte* même. Elle écrivit contre lui en régent de collège ; & *La Motte* répondit comme aurait fait une femme polie & de beaucoup d'esprit. Il traduisit très mal l'*Iliade*; mais il l'attaqua fort bien.

Nous ne parlerons pas ici de l'*Odyssée*; nous en dirons quelque chose quand nous serons à l'*Arioste*.

De Virgile.

Il me semble que le second livre de l'*Enéïde*, le quatriéme & le sixiéme, sont au-

ÉPOPÉE.

tant au-dessus de tous les poëtes Grecs & de tous les Latins sans exception, que les statues de *Girardon* sont supérieures à toutes celles qu'on fit en France avant lui.

On a souvent dit que *Virgile* a emprunté beaucoup de traits d'*Homère*, & que même il lui est inférieur dans ses imitations ; mais il ne l'a point imité dans ces trois chants dont je parle. C'est-là qu'il est lui-même, c'est-là qu'il est touchant & qu'il parle au cœur. Peut-être n'était-il point fait pour le détail terrible mais fatiguant des combats. *Horace* avait dit de lui avant qu'il eût entrepris l'Enéide.

Molle atque facetum
Virgilio annuerunt gaudentes rure camœnæ.

Facetum ne signifie pas ici *facétieux*, mais agréable. Je ne sais si on ne retrouve pas un peu de cette mollesse heureuse & attendrissante, dans la passion fatale de *Didon*. Je crois du moins y retrouver l'auteur de ces vers admirables qu'on rencontre dans ses églogues.

Ut vidi, ut perii, ut me malus abstulit error.

Certainement le chant de la descente aux enfers ne serait pas déparé par ces vers de la quatriéme églogue.

Ille Deum vitam accipiet, divisque videbit
Permistos heroas, & ipse videbitur illis...
Pacatumque reget patriis virtutibus orbem.

Je crois revoir beaucoup de ces traits simples, élégans, attendrissans dans les trois beaux chants de l'*Enéide*.

Tout le quatriéme chant est rempli de vers touchans qui font verser des larmes à ceux qui ont de l'oreille & du sentiment.

Dissimulare etiam sperasti perfide tantum
Posse nefas, tacitusque mea discedere terra !
Nec te noster amor nec te data dextera quondam,
Nec moritura tenet crudeli funere Dido...
Conscendit furibunda rogos, ensemque recludit
Dardannium, non hos quæsitum munus in usus.

Il faudrait transcrire presque tout ce chant si on voulait en faire remarquer les beautés.

Et dans le sombre tableau des enfers, que de vers encore respirent cette mollesse touchante & noble à la fois !

Ne pueri ne tanta animis assuescite bella
Tuque prior tu parce, genus qui ducis Olimpo
Projice tela manu sanguis meus.

Enfin, on sait combien de larmes fit verser à l'empereur *Auguste*, à *Livie*, à tout le palais ce seul demi-vers.

Tu Marcellus eris.

Homère n'a jamais fait répandre de pleurs. Le vrai poète est, à ce qu'il me semble, celui qui

qui remue l'ame & qui l'attendrit ; les autres sont de beaux parleurs. Je suis loin de proposer cette opinion pour régle. *Je donne mon avis*, dit Montagne, *non comme bon, mais comme mien.*

De Lucain.

Si vous cherchez dans *Lucain* l'unité de lieu & d'action, vous ne la trouverez pas ; mais où la trouveriez vous ? Si vous espérez sentir quelque émotion, quelque intérêt, vous n'en éprouverez pas dans les longs détails d'une guerre dont le fond est rendu très sec, & dont les expressions sont ampoulées ; mais si vous voulez des idées fortes, des discours d'un courage philosophique & sublime, vous ne les verrez que dans *Lucain* parmi les anciens. Il n'y a rien de plus grand que le discours de *Labienus* à *Caton* aux portes du temple de Jupiter-Hammon, si ce n'est la réponse de *Caton* même.

Hæremus cuncti superis ; temploque tacente
Nil facimus non sponte Dei.

. . . . . *Steriles non legit arenas*
Ut caneret paucis ; mersit ne hoc pulvere verum ?
Estne Dei sedes nisi terra & pontus & aer,
Et cœlum & virtus ? Superos quid quærimus ultra ?
Jupiter est quodcumque vides quocumque moveris.

Cinquiéme partie,   Q

Mettez ensemble tout ce que les anciens poëtes ont dit des Dieux ; ce sont des discours d'enfans en comparaison de ce morceau de *Lucain*. Mais dans un vaste tableau où l'on voit cent personnages, il ne suffit pas qu'il y en ait un ou deux supérieurement dessinés.

Du Tasse.

Boileau a dénigré le clinquant du *Tasse* mais qu'il y ait une centaine de paillettes d'or faux dans une étoffe d'or, on doit le pardonner. Il y a beaucoup de pierres brutes dans le grand bâtiment de marbre élevé par *Homère*. *Boileau* le savait, le sentait, & il n'en parle pas. Il faut être juste.

On renvoye le lecteur à ce qu'on a dit du *Tasse*, dans l'*Essai sur le poëme épique*. Mais il faut dire ici qu'on sait par cœur ses vers en Italie. Si à Venise, dans une barque, quelqu'un récite une stance de la *Jérusalem délivrée* ; la barque voisine lui répond par la stance suivante.

Si *Boileau* eût entendu ces concerts, il n'aurait eu rien à répliquer.

On connait assez le *Tasse* ; je ne répéterai ici ni les éloges, ni les critiques. Je parlerai un peu plus au long de l'*Arioste*.

Épopée.

De l'Arioste.

L'*Odyssée* d'*Homère* semble avoir été le premier modéle du *Morgante*, de l'*Orlando amoroso*, & de l'*Orlando furioso* ; & ce qui n'arrive pas toûjours, le dernier de ces poëmes a été sans contredit le meilleur.

Les compagnons d'*Ulysse* changés en pourceaux, les vents enfermés dans une peau de de chèvre, des musiciennes qui ont des queues de poisson, & qui mangent ceux qui approchent d'elles, *Ulysse* qui suit tout nud le chariot d'une belle princesse qui venait de faire la grande lessive ; *Ulysse* déguisé en gueux qui demande l'aumône, & qui ensuite tue tous les amans de sa vieille femme, aidé seulement de son fils & de deux valets, sont des imaginations qui ont donné naissance à tous les romans en vers qu'on a faits depuis dans ce goût.

Mais le roman de l'*Arioste* est si plein & si varié, si fécond en beautés de tous les genres, qu'il m'est arrivé plus d'une fois après l'avoir lu tout entier, de n'avoir d'autre desir que d'en recommencer la lecture. Quel est donc le charme de la poésie naturelle ? Je n'ai jamais pu lire un seul chant de ce poëme dans nos traductions en prose.

Ce qui m'a surtout charmé dans ce prodigieux ouvrage, c'est que l'auteur toûjours au-deſſus de ſa matière, la traite en badinant. Il dit les choſes les plus ſublimes ſans effort ; & il les finit ſouvent par un trait de plaiſanterie qui n'eſt ni déplacé ni recherché. C'eſt à la fois l'*Iliade*, l'*Odyſſée* & *Don Quichote* ; car ſon principal chevalier errant devient fou comme le héros Eſpagnol, & eſt infiniment plus plaiſant. Il y a bien plus, on s'intéreſſe à *Roland*, & perſonne ne s'intéreſſe à *Don Quichote*, qui n'eſt repréſenté dans *Cervantes* que comme un inſenſé à qui on fait continuellement des malices.

Le fond du poëme qui raſſemble tant de choſes, eſt préciſément celui de notre roman de *Caſſandre*, qui eut tant de vogue autrefois parmi nous, & qui a perdu cette vogue abſolument, parce qu'ayant la longueur de l'*Orlando furioſo* il n'a aucune de ſes beautés; & quand il les aurait en proſe françaiſe, cinq ou ſix ſtances de l'*Arioſte* les éclipſeraient toutes. Ce fond du poeme eſt que la plûpart des héros & les princeſſes qui n'ont pas péri pendant la guerre, ſe retrouvent dans Paris après mille avantures, comme les perſonnages du roman de *Caſſandre* ſe retrouvent dans la maiſon de *Polemon*.

Il y a dans l'*Orlando furioſo* un mérite inconnu à toute l'antiquité ; c'eſt celui de ſes exordes. Chaque chant eſt comme un palais enchanté dont le veſtibule eſt toûjours dans un goût différent, tantôt majeſtueux, tantôt ſimple, même groteſque. C'eſt de la morale, ou de la gaieté, ou de la galanterie, & toûjours du naturel & de la vérité.

Voyez ſeulement cet exorde du quarante-quatriéme chant, de ce poëme qui en contient quarante-ſix, & qui cependant n'eſt pas trop long, de ce poëme qui eſt tout en ſtances rimées, & qui cependant n'a rien de géné ; de ce poëme qui démontre la necéſſité de la rime dans toutes les langues modernes, de ce poëme charmant qui démontre ſurtout la ſtérilité & la groſſiéreté des poëmes épiques barbares, dans leſquels les auteurs ſe ſont affranchis du joug de la rime parce qu'ils n'avaient pas la force de le porter ; comme diſait *Pope*, & comme l'a écrit *Louis Racine* qui a eu raiſon alors.

Speſſo in poveri alberghi, e in picciol tetti,
Nelle calamitadi, e nei diſagi,
Meglio s'aggiongon d'amicizia i petti,
Che fra ricchezze invidioſe, ed agi
Delle piene d'inſidie, e di ſoſpetti
Corti regali, e ſplendidi palagi,
Dove la caritade è in tuttoo eſtinta ;
Ne ſi vede amicizia ſe non finta.

Quindi avien, che tra principi, e signori
Patti, e convenzion' sono si frali.
Fan' lega oggi rè, papi, imperatori;
Doman' saran' nemici capitali;
Perché, qual' l'apparenze esteriori,
Non hanno i cor, non han gli animi tali,
Che non mirando al torto, piû ch'al dittro,
Attendon solamente al lor profitto.

On a imité ainsi plutôt que traduit cet exorde.

L'amitié sous le chaume habita quelquefois;
On ne la trouve point dans les cours orageuses,
Sous les lambris dorés des prélats & des rois,
Séjour des faux sermens, des caresses trompeuses,
Des sourdes factions, des effrenés desirs;
Séjour où tout est faux, & même les plaisirs.

Les papes, les césars appaisant leur querelle,
Jurent sur l'évangile une paix fraternelle;
Vous les voyez demain l'un de l'autre ennemis;
C'était pour se tromper qu'ils s'étaient réunis,
Nul serment n'est gardé, nul accord n'est sincère;
Quand la bouche a parlé le cœur dit le contraire.
Du ciel qu'ils attestaient ils bravaient le couroux;
L'intérêt est le Dieu qui les gouverne tous.

Il n'y a personne d'assez barbare pour ignorer qu'*Astolphe* alla dans le paradis reprendre le bon sens de *Roland*, que la passion de ce héros pour *Angelique* lui avait fait perdre, & qu'il le lui rendit très proprement renfermé dans une phiole.

Le prologue du trente-cinquiéme chant est une allusion à cette avanture.

Chi salira per me, Madona, in cielo
A riportarne il mio perduto ingegno?
Che poi ch'usci da' be' vostri occhi il telo,
Che'l cor mi fisse, og'nor perdendo vegno;
Nè di tanta jattura mi querelo;
Perchè non cresca, ma stia a questo segno.
Ch'io dubito, se più si va scemando,
Di venir tal, qual' ho descritto Orlando.

Per riaver l'ingegno mio mè aviso,
Che non bisogna, che per l'aria io poggi
Nel cerchio della luna, o in paradiso,
Che'l mio non credo che tant' alto alloggi.
Nè bei vostri occhi, e nel' sereno viso,
Nel' sen d'avorio, e alabastrini poggi
Se ne và errando; ed io con questa labbia
Lo corro; se vi par, ch'io l'o r'abbia.

Ceux qui n'entendent pas l'italien peuvent se faire quelque idée de ces strophes par la version françaife.

Oh si quelqu'un voulait monter pour moi
Au paradis! s'il y pouvait reprendre
Mon sens commun! s'il daignait me le rendre!..
Belle Aglaé je l'ai perdu pour toi ;

Tu m'as rendu plus fou que Roland même ;
C'eſt ton ouvrage : on eſt fou quand on aime.
Pour retrouver mon eſprit égaré
Il ne faut pas faire un ſi long voyage.
Tes yeux l'ont pris, il en eſt éclairé,
Il eſt errant ſur ton charmant viſage.
Sur ton beau ſein ce trône des amours
Il m'abandonne. Un ſeul regard peut être ;
Un ſeul baiſer peut le rendre à ſon maître ;
Mais ſous tes loix il reſtera toûjours.

Ce *molle & facetum* de l'*Arioſte*, cette urbanité, cet atticiſme, cette bonne plaiſanterie répandue dans tous ſes chants, n'ont été ni rendues ni même ſenties par *Mirabaud* ſon traducteur, qui ne s'eſt pas douté que l'*Arioſte* raillait de toutes ſes imaginations. Voyez ſeulement le prologue du vingt-quatriéme chant.

Chi mette il pie ſu l'amoroſa pania
C'erchi ritrarlo e non v'invechi l'ale.
Che non e in ſomma amor ſe non inſania
A giudicio dè ſavii, univerſale.
E ſe ben, come Orlando, ogni un' Smania,
Suo furor moſtra a qualche altro ſegnale
E quale é di pazzia ſegno piu eſpreſſo
Che per altri voler, perde ſe ſteſſo ?

ÉPOPÉE.   249

Vari gli effetti fon' ; ma la pazzia
E tutta una pero che gli fa ufcire.
Gli è come une gran felva ove la via
Conviene a forza a chi va fallire,
Chi fu, chi giù, qui quà, qui là travia
Per concludere in fomma, io vi vo dire
A chi in amor s'invecchia, oltre ogni pena
Si convengono i ceppi, e la catena.

Ben me fi potria dir, frate tu vai
L'altrui moftrando, e non vedi il tuo fallo.
Jo vi refpondo che comprendo affaï
Or che di mente ho lucido intervallo
Ed ho gran' cura (e fpero farlo omaï)
Di ripofar mi, e d'ufcir fuor di ballo.
Ma tofto far come vorei, no'l poffo.
Che'l male é penetrato infino all'offo.

Voici comme *Mirabaud* traduit férieufement cette plaifanterie.

„ Que celui qui a mis le pied fur les
„ gluaux de l'amour tâche de l'en tirer
„ promptement, & de n'y pas laiffer en-
„ gluer fes aîles ; car au jugement unanime
„ des plus fages, l'amour eft une vraie folie.
„ Quoique tous ceux qui s'y abandonnent
„ comme *Roland* ne deviennent pas furieux,
„ il n'y en a cependant pas un feul qui ne
„ faffe voir combien fa raifon eft égarée.
„ Les effets de cette manie font différens,

„ mais une même cause les produit, c'est
„ comme une épaisse forêt où l'un prend à
„ droite, l'autre prend à gauche ; sans comp-
„ ter enfin toutes les autres peines que l'a-
„ mour fait souffrir, il nous ôte encor la li-
„ berté & nous charge de fers.

„ Quelqu'un me dira peut-être, Eh mon
„ ami, prenez pour vous-même les avis que
„ vous donnez aux autres. C'est bien aussi
„ mon dessein à présent que la raison m'é-
„ claire ; je songe à m'affranchir d'un joug
„ qui me pèse, & j'espère que j'y parvien-
„ drai. Il est pourtant vrai que le mal étant
„ fort enraciné, il me faudra pour en guérir
„ beaucoup plus de tems que je ne voudrais. "

Je crois reconnaître davantage l'esprit de l'*Arioste* dans cette imitation faite par un auteur inconnu.

Qui dans la glû du tendre amour s'empêtre,
De s'en tirer n'est pas longtems le maître ;
On s'y démène, on y perd son bon sens,
Témoin Roland & d'autres personnages.
Tous gens de bien, mais fort extravagans,
Ils sont tous fous ; ainsi l'ont dit les sages.

Cette folie a différens effets,
Ainsi qu'on voit dans de vastes forêts,
A droite, à gauche errer à l'avanture,
Des pélerins au gré de leur monture,
Leur grand plaisir est de se fourvoier ;

Et pour leur bien je voudrais les lier.

A ce propos quelqu'un me dira, Frère,
C'est bien prêché ; mais il falait te taire.
Corrige-toi sans sermoner les gens.
Oui, mes amis, oui, je suis très coupable,
Et j'en conviens quand j'ai de bons momens ;
Je prétends bien changer avec le tems,
Mais jusqu'ici le mal est incurable.

Quand je dis que l'*Arioste* égale *Homère* dans la description des combats, je n'en veux pour preuve que ces vers.

Suona l'un brando, e l'altro, or basso, or alto :
Il martel di Vulcano era più tardo
Nella spelunca affumicata, dove
Battea all'incude i folgori di giove.

. . . .
. . . . . . ,

Aspro concento, orribile armonia
D'alte querele, d'ululi, e di strida
Della misera gente, che peria
Nel fondo, per cagion della sua guida ;
Istranamente concordar s'udia
Col fiero suon della fiama omicida.

. . . .
. . . .

L'alto rumor delle sonore trombe
Di timpani, e di barbari stromenti

Giunte al continuo suon d'archi, di frombe
Di machine, di ruote, e di tormenti,
E quel, di che più par che'l ciel ribombe
Gridi, tumulti, gemiti, e lamenti
Rendono un' altro suon, ch'a quel s'accorda
Con che i vicin, cadendo, il nilo afforda.

. . . .
. . . .

Alle squallide ripe d'acheronte
Sciolta del corpo, piu freddo che ghiaccio,
Bestemmiando fuggi l'alma sdegnosa
Che fu sì altera al mondo, e sì orgogliosa.

Voici une faible traduction de ces beaux vers.

Entendez-vous leur armure guerrière
Qui retentit des coups de cimeterre!
Moins violens, moins prompts sont les marteaux
Qui vont frappant les célestes carreaux,
Quand tout noirci de fumée & de poudre
Au mont Etna Vulcain forge la foudre.

. . . . . .
. . . . . .

Concert horrible, exécrable harmonie,
De cris aigus & de longs hurlemens,
Du bruit des cors, des plaintes des mourans,
Et du fracas des maisons embrasées
Que sous leurs toits la flamme a renversées.

ÉPOPÉE.

Les inſtrumens de ruine & de mort
Volans en foule & d'un commun effort,
Et la trompette organe du carnage
De plus d'horreur empliſſent ce rivage,
Que n'en reſſent l'étonné voyageur
Alors qu'il voit tout le Nil en fureur,
Tombant des cieux qu'il touche & qu'il inonde,
Sur cent rochers précipiter ſon onde.

. . . . . .
. . . . . .

Alors, alors cette ame ſi terrible,
Impitoyable, orgueilleuſe, inflexible
Fuit de ſon corps & ſort en blaſphémant,
Superbe encor à ſon dernier moment,
Et défiant les éternels abîmes
Où s'engloutit la foule de ſes crimes.

Il a été donné à l'*Arioſte* d'aller & de revenir de ces deſcriptions terribles aux peintures les plus voluptueuſes, & de ces peintures à la morale la plus ſage. Ce qu'il a de plus extraordinaire encor, c'eſt d'intéreſſer vivement pour les héros & les héroïnes dont il parle, quoi qu'il y en ait un nombre prodigieux. Il y a preſque autant d'événemens touchans dans ſon poëme que d'avantures groteſques; & ſon lecteur s'accoutume ſi bien à cette bigarrure, qu'il paſſe de l'une à l'autre ſans en être étonné.

Je ne fais quel plaifant a fait courir le premier ce mot prétendu du cardinal d'Eft, *Meffer Lodovico dove avete pigliato tante coglionerie?* Le cardinal aurait dû ajouter, *Dove avete pigliato tante cofe divine?* Auffi eft-il appellé en Italie *Il divino Ariofto*.

Il fut le maître du *Taffe*. L'*Armide* eft d'après l'*Alcine*. Le voyage des deux chevaliers qui vont defenchanter *Renaud*, eft abfolument imité du voyage d'*Aftolphe*. Et il faut avouer encor que les imaginations fantafques qu'on trouve fi fouvent dans le poeme de *Roland le furieux*, font bien plus convenables à un fujet mêlé de férieux & de plaifant, qu'au poéme férieux du *Taffe*, dont le fujet femblait exiger des mœurs plus févères.

Ne paffons pas fous filence un autre mérite qui n'eft propre qu'à l'*Ariofte*; je veux parler des charmans prologues de tous fes chants.

Je n'avais pas ofé autrefois le compter parmi les poétes épiques; je ne l'avais regardé que comme le premier des grotefques; mais en le relifant je l'ai trouvé auffi fublime que plaifant; & je lui fais très humblement réparation. Il eft très vrai que le pape *Léon X* publia une bulle en faveur de l'*Orlando furiofo*, & déclara excommuniés ceux qui diraient du mal de ce poéme. Je ne veux pas encourir l'excommunication.

ÉPOPÉE.

C'eſt un grand avantage de la langue italienne, ou plutôt c'eſt un rare mérite dans le *Taſſe* & dans l'*Arioſte* que des poemes ſi longs, non-ſeulement rimés, mais rimés en ſtances, en rimes croiſées, ne fatiguent point l'oreille, & que le poete ne paraiſſe preſque jamais gêné.

Le *Triſſin* au contraire, qui s'eſt délivré du joug de la rime, ſemble n'en avoir que plus de contrainte, avec bien moins d'harmonie & d'élégance.

Spencer en Angleterre voulut rimer en ſtances ſon poëme de *la fée Reine*; on l'eſtima, & perſonne ne le put lire.

Je crois la rime néceſſaire à tous les peuples qui n'ont pas dans leur langue une mélodie ſenſible, marquée par les longues & par les brèves, & qui ne peuvent employer ces dactiles & ces ſpondées qui font un effet ſi merveilleux dans le latin.

Je me ſouviendrai toûjours que je demandai au célèbre *Pope*, pourquoi *Milton* n'avait pas rimé ſon *Paradis perdu*; & qu'il me répondit, *Becauſe he could not*, parce qu'il ne le pouvait pas.

Je ſuis perſuadé que la rime irritant, pour ainſi dire, à tout moment le génie, lui donne autant d'élancemens que d'entraves; qu'en le forçant de tourner ſa penſée en mille manières, elle l'oblige auſſi de penſer avec plus de juſteſſe, & de s'exprimer avec plus de correction. Souvent l'artiſte en s'abandonnant à la facilité des vers blancs, & ſentant intérieurement le peu d'harmonie que ces vers produiſent, croit y ſuppléer par des images gigantesques qui ne ſont point dans la nature. Enfin, il lui manque le mérite de la difficulté ſurmontée.

Pour les poemes en proſe, je ne ſais ce que c'eſt que ce monſtre. Je n'y vois que l'impuiſſance de faire des vers. J'aimerais autant qu'on me propoſât un concert ſans inſtrumens. Le *Caſſandre* de *La Calprenède* ſera, ſi l'on veut, un poéme en proſe; j'y conſens; mais dix vers du *Taſſe* valent mieux.

DE MILTON.

Si *Boileau*, qui n'entendit jamais parler de *Milton*, abſolument inconnu de ſon tems, avait pu lire le *Paradis perdu*, c'eſt alors qu'il aurait pu dire comme du *Taſſe*:

> Quel objet enfin à préſenter aux yeux
> Que le diable toûjours hurlant contre les cieux!

Une épiſode du *Taſſe* eſt devenue le ſujet d'un poeme entier chez l'auteur Anglais; celui-ci a étendu ce que l'autre avait jetté avec diſcrétion dans la fabrique de ſon poeme.

ÉPOPÉE. 257

Je me livre au plaisir de transcrire ce que dit le *Tasse* au commencement du quatriéme chant.

> Quinci avendo pur tutto il pensier volto
> A recar né cristiani ultima doglia ;
> Che sia comanda il popol suo racolto,
> (Concilio orrendo) entro la regia soglia.
> Come sia pur leggiera impresa (ahi stolto)
> Il repugnare alla divina voglia :
> Stolto, ch'al ciel s'agguaglia, e'n obblio pone ;
> Come di dio la destra irata tuone.

> Chiama gli abitator' dell'ombre eterne
> Il rauco, suon della tartarea tromba ;
> Tremaule spaziose atre caverne,
> E l'aer cieco a quel rumor rimbomba.
> Nè stridendo cosi dalle superne
> Regione del cielo il folgor piomba ;
> Nè si scossa giàmai trema la terra,
> Quand i vapori in sen gravida serra.

> Orrida maestà nel fero aspetto
> Terrore accresce, e più superbo il rende.
> Rosseggian gli occhi ; e di veneno infetto,
> Come infausta cometa, il guardo splende.
> Gli involve il mento, e sù l'irsuto petto
> Ispida, e folta la gran barba scende.

E ain guisa di voragine profonda,
S'apre la bocca d'atro sangue immonda.

———

Quali i fumi sulfurei, ed infiammati
Escon di mongibello, e'l puzzo, e'l tuono;
Tal della fera bocca i negri fiati,
Tale il fetore, e le faville sono.
Mentre ei parlava, Cerbero i latrati
Ripresse, e l'Idra si fe' muta al suono:
Restò Cocito, e ne tremar' gli abissi,
E in questi detti il gran rimbombo udisse.

———

Tartarei numi, di seder più degni
Là sovra il sole, ond'è l'origin vostra,
Che meco già da' più felici regni
Spinse il gran caso in questa orribil chiostra;
Gli antichi altrui sospetti, e i fieri sdegni
Noti son troppo, e l'alta impresa nostra.
Or colui regge a suo voler le stelle,
E noi stiam giudicate alme rubelle.

———

Ed in vece del dì sereno, e puro,
Dell'aureo sol, degli stellati giri,
N'hà qui rinchiusi in questo abisso oscuro;
Ne' vol, ch'al primo onor per noi s'aspiri.
E poscia (ahi quanto a ricordarlo è duro,
Questo è quel, che più inaspra i miei martiri.)

ÉPOPÉE.

*Nè bei seggi celesti hà l'uom chiamato,
L'uom' vile, e di vil fango in terra nato.*

Tout le poeme de *Milton* semble fondé sur ces vers, qu'il a même entiérement traduits. Le *Tasse* ne s'appesantit point sur les ressorts de cette machine, la seule peut-être que l'auftérité de sa religion, & le sujet d'une croisade dussent lui fournir. Il quitte le diable le plutôt qu'il peut, pour présenter son *Armide* aux lecteurs ; l'admirable *Armide*, digne de l'*Alcine* de l'*Arioste* dont elle est imitée. Il ne fait point tenir de longs discours à *Belial*, à *Mammon*, à *Belzebut*, à *Satan*.

Il ne fait point bâtir une salle pour les diables ; il n'en fait pas des géans pour les transformer en pygmées, afin qu'ils puissent tenir plus à l'aise dans la salle. Il ne déguise point enfin *Satan* en cormoran & en crapaud.

Qu'auraient dit les cours & les savans de l'ingénieuse Italie, si le *Tasse*, avant d'envoyer l'esprit de ténèbres exciter *Hidraot* le père d'*Armide* à la vengeance, se fût arrêté aux portes de l'enfer pour s'entretenir avec la mort & le péché ; si le péché lui avait appris qu'il était sa fille, qu'il avait accouché d'elle par la tête ; qu'ensuite il devint amoureux de sa fille ; qu'il en eut un enfant qu'on appella *la mort* ; que la mort (qui est supposée masculin) coucha avec le péché, (qui est supposé feminin) & qu'elle lui fit une infinité

R ij

de serpens qui rentrent à toute heure dans ses entrailles, & qui en sortent.

De tels rendez-vous, de telles jouïssances sont aux yeux des Italiens de singuliers épisodes d'un poéme épique. Le *Tasse* les a négligés, & il n'a pas eu la délicatesse de transformer *Satan* en crapaud, pour mieux instruire *Armide*.

Que n'a-t-on point dit de la guerre des bons & des mauvais anges que *Milton* a imitée, de la gigantomachie de *Claudien?* *Gabriel* consume deux chants entiers à raconter les batailles données dans le ciel contre DIEU même; & ensuite la création du monde. On s'est plaint que ce poeme ne soit presque rempli que d'épisodes; & quels épisodes! C'est *Gabriel* & *Satan* qui se disent des injures; ce sont des anges qui se font la guerre dans le ciel, & qui la font à DIEU. Il y a dans le ciel des dévots & des espèces d'athées. *Abdiel*, *Ariel*, *Arioc*, *Rimiel*, combattent *Moloc*, *Belzébut*, *Nisroc*; on se donne de grands coups de sabre; on se jette des montagnes à la tête avec les arbres qu'elles portent, & les neiges qui couvrent leurs cimes, & les rivières qui coulent à leurs pieds. C'est-là, comme on voit, la belle & simple nature!

On se bat dans le ciel à coups de canons; encor cette imagination est-elle prise de l'*Arioste*; mais l'*Arioste* semble garder quelque bienféance dans cette invention. Voilà ce qui a dégoûté bien des lecteurs Italiens & Français. Nous n'avons garde de porter notre jugement ; nous laiffons chacun fentir du dégoût ou du plaifir à fa fantaifie.

On peut remarquer ici que la fable de la guerre des géans contre les Dieux, femble plus raifonnable que celle des anges, fi le mot de raifonnable peut convenir à de telles fictions. Les géans de la fable étaient fuppofés les enfans du ciel & de la terre, qui redemandaient une partie de leur héritage à des Dieux, auxquels ils étaient égaux en force & en puiffance. Ces Dieux n'avaient point créé les Titans ; ils étaient corporels comme eux ; mais il n'en eft pas ainfi dans notre religion. DIEU eft un être pur, infini, tout-puiffant, créateur de toutes chofes, à qui fes créatures n'ont pu faire la guerre, ni lancer contre lui des montagnes, ni tirer du canon.

Auffi cette imitation de la guerre des géans, cette fable des anges révoltés contre DIEU même, ne fe trouve que dans les livres apocryphes attribués à *Enoch* dans le premier fiécle de notre ère vulgaire, livre digne de toute l'extravagance du rabinifme.

Milton a donc décrit cette guerre. Il y a prodigué les peintures les plus hardies. Ici ce font des anges à cheval, & d'autres qu'un coup de fabre coupe en deux, & qui fe rejoignent fur le champ ; là c'eft la mort qui *lève le nez pour renifler l'odeur des cadavres* qui n'exiftent pas encore. Ailleurs elle frappe de *fa maſſue pétrifique fur le froid & fur le fec.* Plus loin c'eft le froid, le chaud, le fec & l'humide qui fe difputent l'empire du monde, & qui *conduifent en bataille rangée des embrions d'atômes.* Les queftions les plus épineufes de la plus rebutante fcolaftique, font traitées en plus de vingt endroits dans les termes mêmes de l'école. Des diables en enfer s'amufent à difputer fur la grace, fur le libre arbitre, fur la prédeftination, tandis que d'autres jouent de la flûte.

Au milieu de ces inventions, il foumet fon imagination poétique, & la reftraint à paraphrafer dans deux chants, les premiers chapitres de la Genèfe.

> *God faw the ligt was good.*
> *And light from darkneſs divided*
> *Ligt the day and darkneſs night he nam'd.*
> *Again god faid let be the firmament…*
> *And faw that it was good.…*

C'eft un refpect qu'il montre pour l'ancien Teftament, ce fondement de notre fainte religion.

Nous croyons avoir une traduction exacte de *Milton*, & nous n'en avons point. On a

ÉPOPÉE.

retranché, ou entiérement altéré plus de deux cent pages qui prouveraient la vérité de ce que j'avance.

En voici un précis que je tire du cinquiéme chant.

Après qu'*Adam* & *Eve* ont récité le pfaume CXLVIII, l'ange *Raphaël* defcend du ciel fur fes fix ailes, & vient leur rendre vifite; & *Eve* lui prépare à dîner. „ Elle écrafe des
„ grappes de raifins & en fait du vin doux
„ qu'on appelle *mouft* ; & de plufieurs grai-
„ nes, & des doux pignons preffés, elle tem-
„ péra de douces crêmes. … L'ange lui dit,
„ Bonjour, & fe fervit de la fainte faluta-
„ tion dont il ufa longtems après envers
„ *Marie* la feconde *Eve* ; Bonjour, mère des
„ hommes, dont le ventre fécond remplira
„ le monde de plus d'enfans qu'il n'y a de
„ différens fruits des arbres de DIEU entaffés
„ fur ta table. La table était un gazon & des
„ fiéges de mouffe tout autour, & fur fon am-
„ ple quarré d'un bout à l'autre tout l'au-
„ tomne était empilé, quoique le printems
„ & l'automne danfaffent dans ce lieu par la
„ main. Ils firent quelque tems converfation
„ fans craindre que le dîner fe refroidît. *c*)
„ Enfin, notre premier père commença ainfi.
„ Envoyé célefte, qu'il vous plaife goûter
„ des préfens que notre nourricier, dont def-

---

c) Mot pour mot : *Nor fear'd leaft dinner cool'd.*

„ cend tout bien parfait & immenſe, a fait
„ produire à la terre pour notre nourriture
„ & pour notre plaiſir ; alimens peut-être
„ inſipides pour des natures ſpirituelles. Je
„ ſais ſeulement qu'un père céleſte les donne
„ à tous.

„ A quoi l'ange répondit, Ce que celui,
„ dont les louanges ſoient chantées, donne
„ à l'homme en partie ſpirituel, n'eſt pas
„ trouvé un mauvais mèts par les purs eſ-
„ prits ; & ces purs eſprits, ces ſubſtances
„ intelligentes, veulent auſſi des alimens
„ ainſi qu'il en faut à votre ſubſtance rai-
„ ſonnable. Ces deux ſubſtances contiennent
„ en elles toutes les facultés baſſes des ſens
„ par leſquelles elles entendent, voyent,
„ flairent, touchent, goûtent, digèrent ce
„ qu'elles ont goûté, en aſſimilent les par-
„ ties, & changent les choſes corporelles en
„ incorporelles. Car, vois-tu, tout ce qui
„ a été créé doit être ſoutenu & nourri ;
„ les élémens les plus groſſiers alimentent
„ les plus purs ; la terre donne à manger à
„ la mer, la terre & la mer à l'air ; l'air don-
„ ne la pâture aux feux éthérés, & d'abord à
„ la lune, qui eſt la plus proche de nous ;
„ c'eſt de-là qu'on voit ſur ſon viſage rond
„ ſes taches & ſes vapeurs non encor puri-
„ fiées, & non encor tournées en ſa ſubſtance.
„ La lune auſſi exhale de la nourriture de ſon
„ continent humide aux globes plus élévés,

ÉPOPÉE.

„ Le soleil qui départ sa lumière à tous, re‑
„ çoit aussi de tous en récompense son ali‑
„ ment en exaltations humides, & le soir il
„ soupe avec l'océan....... Quoique dans
„ le ciel les arbres de vie portent un fruit
„ d'ambroisie, quoique nos vignes donnent
„ du nectar ; quoique tous les matins nous
„ brossions les branches d'arbres couvertes
„ d'une rosée de miel, quoique nous trou‑
„ vions le terrain couvert de graines per‑
„ lées, cependant DIEU a tellement varié
„ ici ses présens, & de nouvelles délices,
„ qu'on peut les comparer au ciel. Soyez sûrs
„ que je ne serai pas assez délicat pour n'en
„ pas tâter avec vous.

„ Ainsi ils se mirent à table, & tombèrent
„ sur les viandes ; & l'ange n'en fit pas seu‑
„ lement semblant ; il ne mangea pas en
„ mystère, selon la glose commune des théo‑
„ logiens, mais avec la vive dépêche d'une
„ faim très réelle, avec une chaleur concoc‑
„ tive & transubstantive ; le superflu du dîner
„ transpire aisément dans les pores des esprits ;
„ il ne faut pas s'en étonner puisque l'empiri‑
„ que alchimiste avec son feu de charbon & de
„ suie peut changer, ou croit pouvoir chan‑
„ ger l'écume du plus grossier métal en or
„ aussi parfait que celui de la mine.

„ Cependant *Eve* servait à table toute nue,
„ & couronnait leurs coupes de liqueurs dé‑
„ licieuses ; ô innocence ! méritant paradis !

,, c'était alors plus que jamais que les enfans
,, de DIEU auraient été excufables d'être
,, amoureux d'un tel objet ; mais dans leurs
,, cœurs l'amour régnait fans débauche. Ils
,, ne connaiffaient pas la jaloufie, enfer des
,, amans outragés. "

Voilà ce que les traducteurs de *Milton* n'ont point du tout rendu ; voilà ce dont ils ont fupprimé les trois quarts, & atténué tout le refte. C'eft ainfi qu'on en a ufé quand on a donné des traductions de quelques tragédies de *Shakefpear* ; elles font toutes mutilées, & entiérement méconnaiffables. Nous n'avons aucune traduction fidelle de ce célèbre auteur dramatique que celle des trois premiers actes de fon *Jules Céfar*, imprimée à la fuite de *Cinna*, dans l'édition du *Corneille* avec des commentaires.

Virgile annonce les deftinées des defcendans d'*Enée*, & les triomphes des Romains. *Milton* prédit le deftin des enfans d'*Adam* ; c'eft un objet plus grand, plus intéreffant pour l'humanité ; c'eft prendre pour fon fujet l'hiftoire univerfelle. Il ne traite pourtant à fond que celle du peuple Juif dans l'onziéme & douziéme chants ; & voici mot-à-mot ce qu'il dit du refte de la terre.

,, L'ange *Michel* & *Adam* montèrent dans
,, la *vifion de* DIEU ; c'était la plus haute
,, montagne du paradis terreftre, du haut de
,, laquelle l'hémifphère de la terre s'étendait

„ dans l'aspect le plus ample & le plus clair.
„ Elle n'était pas plus haute, ni ne présen-
„ tait un aspect plus grand que celle sur la-
„ quelle le diable emporta le second *Adam*
„ dans le désert, pour lui montrer tous les
„ royaumes de la terre & leur gloire. Les
„ yeux d'*Adam* pouvaient commander de-là
„ toutes les villes d'ancienne & de moderne
„ renommée ; sur le siége du plus puissant
„ empire, depuis les futures murailles de
„ Combalu capitale du grand-kan du Catai,
„ & de Samarcande sur l'Oxus, trône de *Ta-*
„ *merlan*, à Pékin des rois de la Chine, &
„ de-là à Agra, & de-là à Lahor du grand-
„ mogol jusqu'à la Chersonèse d'or, ou jus-
„ qu'au siége du Persan dans Ecbatane, &
„ depuis dans Ispahan, ou jusqu'au czar
„ Russe dans Moscou, ou au sultan venu du
„ Turkestan dans Bisance. Ses yeux pou-
„ vaient voir l'empire du Négus jusqu'à son
„ dernier port Ercoco, & les royaumes ma-
„ ritimes Mombaza, Quiloa & Melinde, &
„ Sofala qu'on croit Ophir, jusqu'au royaume
„ de Congo & Angola plus au sud. Ou bien
„ de-là il voyait depuis le fleuve Niger jus-
„ qu'au mont Atlas, les royaumes d'Alman-
„ zor, de Fez & de Maroc, Sus, Alger,
„ Tremizen, & de-là l'Europe à l'endroit
„ d'où Rome devait gouverner le monde.
„ Peut-être il vit en esprit le riche Mexi-
„ que siége de *Motezume*, & Cusco dans le

,, Pérou plus riche siége d'*Atabalipa*, &
,, la Guiane non encor dépouillée, dont la
,, capitale est appellée *Eldorado* par les Es-
,, pagnols. "

Après avoir fait voir tant de royaumes aux yeux d'*Adam*, on lui montre aussi-tôt un hôpital; & l'auteur ne manque pas de dire, que c'est un effet de la gourmandise d'*Eve*.

,, Il vit un lazaret où gisait nombre de ma-
,, lades, spasmes hideux, empreintes doulou-
,, reuses, maux de cœur, d'agonie, toutes
,, les sortes de fiévres, convulsions, épilep-
,, sies, terribles cathares, pierres & ulcères
,, dans les intestins, douleurs de coliques,
,, frénésies diaboliques, mélancolies soupi-
,, rantes, folies lunatiques, atrophies, ma-
,, rasmes, peste dévorante au loin, hydro-
,, pisies, asthmes, rhumes, &c. "

Toute cette vision semble une copie de l'*Arioste*; car *Astolphe*, monté sur l'hypogriphe, voit en volant tout ce qui se passe sur les frontières de l'Europe & sur toute l'Afrique. Peut-être, si on l'ose dire, la fiction de l'*Arioste* est plus vraisemblable que celle de son imitateur; car en volant il est tout naturel qu'on voye plusieurs royaumes l'un après l'autre; mais on ne peut découvrir toute la terre du haut d'une montagne.

On a dit que *Milton* ne savait pas l'optique; mais cette critique est injuste; il est très permis de feindre qu'un esprit céleste découvre au père des hommes les destinées de ses descendans. Il n'importe que ce soit du haut d'une montagne ou ailleurs. L'idée au moins est grande & belle.

Voici comme finit ce poëme.
La mort & le péché construisent un large pont de pierre qui joint l'enfer à la terre pour leur commodité & pour celle de *Satan*, quand ils voudront faire leur voyage. Cependant *Satan* revole vers les diables par un autre chemin ; il vient rendre compte à ses vassaux du succès de sa commission ; il harangue les diables, mais il n'est reçu qu'avec des sifflets. DIEU le change en grand serpent, & ses compagnons deviennent serpens aussi.

Il est aisé de reconnaître dans cet ouvrage, au milieu de ses beautés, je ne sais quel esprit de fanatisme & de férocité pédantesque qui dominaient en Angleterre du tems de *Cromwell*, lorsque tous les Anglais avaient la bible & le pistolet à la main. Ces absurdités théologiques dont l'ingénieux *Buttler* auteur d'*Hudibras* s'est tant moqué, furent traitées sérieusement par *Milton*. Aussi cet ouvrage fut-il regardé par toute la cour de *Charles II* avec autant d'horreur qu'on avait de mépris pour l'auteur.

Milton avait été quelque tems secrétaire pour la langue latine du parlement appellé le *rump*, ou le *croupion*. Cette place fut le prix d'un livre latin en faveur des meurtriers du roi *Charles I* ; livre (il faut l'avouer) aussi ridicule par le stile que détestable par la matière ; livre où l'auteur raisonne à-peu-près, comme lorsque, dans son *Paradis perdu*, il fait digérer un ange, & fait passer les excrémens par insensible transpiration ; lorsqu'il fait coucher ensemble le péché & la mort, lorsqu'il transforme son *Satan* en cormoran & en crapaud, lorsqu'il fait des diables géans, qu'il change ensuite en pygmées pour qu'ils puissent raisonner plus à l'aise & parler de controverse, &c.

Si on veut un échantillon de ce libelle scandaleux qui le rendit si odieux, en voici quelques-uns. *Saumaise* avait commencé son livre en faveur de la maison *Stuart* & contre les régicides, par ces mots.

L'horrible nouvelle du parricide commis en Angleterre, a blessé depuis peu nos oreilles & encor plus nos cœurs.

Milton répond à Saumaise, *Il faut que cette horrible nouvelle ait eu une épée plus longue que celle de St. Pierre qui coupa une oreille à Malchus, ou les oreilles hollandaises doivent être bien longues pour que le coup ait porté de Londres à la Haye ; car une telle nouvelle ne pouvait blesser que des oreilles d'âne.*

ÉPOPÉE.

Après ce singulier préambule, *Milton* traite de *pusillanimes* & de *lâches*, les larmes que le crime de la faction de *Cromwell* avait fait répandre à tous les hommes justes & sensibles. Ce sont, dit-il, *des larmes telles qu'il en coula des yeux de la nymphe Salmacis, qui produisirent la fontaine dont les eaux énervaient les hommes, les dépouillaient de leur virilité, leur ôtaient le courage, & en fesaient des hermaphrodites.* Or Saumaise s'appellait *Salmasius* en latin. *Milton* le fait descendre de la nymphe *Salmacis*. Il l'appelle *eunuque* & *hermaphrodite*, quoiqu'hermaphrodite soit le contraire d'eunuque. Il lui dit que ses pleurs sont ceux de *Salmacis* sa mère, & qu'ils l'ont rendu infâme.

Infamis ne quem male fortibus undis
Salmacis enervet.

On peut juger si un tel pédant atrabilaire, défenseur du plus énorme crime, put plaire à la cour polie & délicate de *Charles II*, aux lords *Rochester*, *Roscommon*, *Bukingkam*, aux *Waller*, aux *Couley*, aux *Congrèves*, aux *Wicherley*. Ils eurent tous en horreur l'homme & le poëme. A peine même fut-on que le *Paradis perdu* existait. Il fut totalement ignoré en France aussi-bien que le nom de l'auteur.

Qui aurait osé parler aux *Racines*, aux *Despréaux*, aux *Molières*, aux *La Fontaine* d'un poëme épique fur *Adam & Eve ?* Quand les Italiens l'ont connu, ils ont peu eftimé cet ouvrage moitié théologique & moitié diabolique, où les anges & les diables parlent pendant des chants entiers. Ceux qui favent par cœur l'*Arioſte* & le *Taſſe*, n'ont pu écouter les fons durs de *Milton*. Il y a trop de diftance entre la langue italienne & l'angloife.

Nous n'avions jamais entendu parler de ce poëme en France, avant que l'auteur de la *Henriade* nous en eût donné une idée dans le neuviéme chapitre de fon *Eſſai ſur le poëme épique*. Il fut même le premier (fi je ne me trompe) qui nous fit connaître les poetes Anglais, comme il fut le premier qui expliqua les découvertes de *Newton* & les fentimens de *Locke*. Mais quand on lui demanda ce qu'il penfait du génie de *Milton*, il répondit, *Les Grecs recommandaient aux poètes de ſacrifier aux graces, Milton a ſacrifié au diable.*

On fongea alors à traduire ce poëme épique anglais dont Mr. de *Voltaire* avait parlé avec beaucoup d'éloges à certains égards. Il eft difficile de favoir précifément qui en fut le traducteur. On l'attribue à deux perfonnes qui travaillèrent enfemble; mais on peut affurer qu'ils ne l'ont point du tout traduit fidélement. Nous l'avons déja fait voir, & il n'y a qu'à jetter les yeux fur le début du poëme pour en être convaincu.

„ J

ÉPOPÉE.

„ Je chante la désobéissance du premier
„ homme, & les funestes effets du fruit dé-
„ fendu. La perte d'un paradis, & le mal de
„ la mort triomphant sur la terre, jusqu'à-
„ ce qu'un DIEU-homme vienne juger les
„ nations, & nous rétablisse dans le séjour
„ bienheureux.

Il n'y a pas un mot dans l'original qui réponde exactement à cette traduction. Il faut d'abord considérer qu'on se permet dans la langue anglaise des inversions que nous souffrons rarement dans la nôtre. Voici mot-à-mot le commencement de ce poëme de *Milton*.

„ La première désobéissance de l'homme,
„ & le fruit de l'arbre défendu, dont le goût
„ porta la mort dans le monde, & toutes nos
„ misères avec la perte d'Eden, jusqu'à-ce
„ qu'un plus grand-homme nous rétablit *d*)
„ & regagnât notre demeure heureuse; Muse
„ céleste, c'est-là ce qu'il faut chanter. "

Il y a de très beaux morceaux sans doute dans ce poëme singulier ; & j'en reviens toujours à ma grande preuve, c'est qu'ils sont retenus en Angleterre par quiconque se pi-

---

d) Il y a dans plusieurs éditions, *Restore us and regaind*. J'ai choisi cette leçon comme la plus naturelle. Il y a dans l'original, *La première désobéissance de l'homme*, &c. *Chantez, muse céleste*. Mais cette inversion ne peut être adoptée dans notre langue.

Cinquiéme partie, S

que d'un peu de littérature. Tel est ce monologue de *Satan*, lorsque s'échappant du fond des enfers, & voyant pour la première fois notre soleil sortant des mains du créateur, il s'écrie :

» Toi, sur qui mon tyran prodigue ses bienfaits,
» Soleil, astre de feu, jour heureux que je hais,
» Jour qui fais mon supplice, & dont mes yeux s'é-
   » tonnent,
» Toi qui sembles le Dieu des cieux qui t'environnent,
» Devant qui tout éclat disparaît & s'enfuit,
» Qui fais pâlir le front des astres de la nuit ;
» Image du Très-Haut qui régla ta carrière,
» Hélas ! j'eusse autrefois éclipsé ta lumière.
» Sur la voûte des cieux élevé plus que toi,
» Le trône où tu t'assieds s'abaissait devant moi ;
» Je suis tombé, l'orgueil m'a plongé dans l'abîme.
» Hélas ! je fus ingrat, c'est-là mon plus grand crime.
» J'osai me révolter contre mon créateur,
» C'est peu de me créer, il fut mon bienfaiteur ;
» Il m'aimait : j'ai forcé sa justice éternelle
» D'appesantir son bras sur ma tête rebelle ;
» Je l'ai rendu barbare en sa sévérité,
» Il punit à jamais, & je l'ai mérité.
» Mais si le repentir pouvait obtenir grace !...
» Non, rien ne fléchira ma haine & mon audace ;
» Non, je déteste un maître, & sans doute il vaut mieux
» Régner dans les enfers qu'obéir dans les cieux.

Les amours d'*Adam* & d'*Eve* font traités avec une molleffe élégante & même attendriffante, qu'on n'attendrait pas du génie un peu dur, & du ftile fouvent raboteux de *Milton*.

DU REPROCHE DE PLAGIAT FAIT A MILTON.

Quelques-uns l'ont accufé d'avoir pris fon poeme dans la tragédie du *Banniffement d'Adam* de Grotius, & dans la *Sarcotis* du jéfuite Mazénius, imprimée à Cologne en 1654 & en 1661, longtems avant que Milton donnât fon *Paradis perdu*.

Pour *Grotius*, on favait affez en Angleterre que *Milton* avait tranfporté dans fon poeme épique anglais quelques vers latins de la tragédie d'*Adam*. Ce n'eft point du tout être plagiaire; c'eft enrichir fa langue des beautés d'une langue étrangère. On n'accufa point *Euripide* de plagiat pour avoir imité dans un chœur d'*Iphigénie* le fecond livre de l'*Iliade*; au contraire, on lui fut très bon gré de cette imitation, qu'on regarda comme un hommage rendu à *Homère* fur le théatre d'Athènes.

Virgile n'effuia jamais de reproche pour avoir heureufement imité dans l'*Enéïde* une centaine de vers du premier des poetes Grecs.

On a pouffé l'accufation un peu plus loin contre *Milton*. Un Ecoffais nommé Mr. *Lauder*, très attaché à la mémoire de *Charles I*, que *Milton* avait infultée avec l'acharnement le plus groffier, fe crut en droit de flétrir la mémoire de l'accufateur de ce monarque. On prétendait que *Milton* avait fait une infâme fourberie pour ravir à *Charles I* la trifte gloire d'être l'auteur de l'*Eikon Bafilike*; livre longtems cher aux royaliftes, & que *Charles I* avait, dit-on, compofé dans fa prifon pour fervir de confolation à fa déplorable infortune.

Lauder voulut donc vers l'année 1752 commencer par prouver que *Milton* n'était qu'un plagiaire, avant de prouver qu'il avait agi en fauffaire contre la mémoire du plus malheureux des rois; il fe procura des éditions du poeme de *Sarcotis*. Il paraiffait évident que *Milton* en avait imité quelques morceaux, comme il avait imité *Grotius* & le *Taffe*.

Mais *Lauder* ne s'en tint pas là; il déterra une mauvaife traduction en vers latins du *Paradis perdu* du poete Anglais; & joignant plufieurs vers de cette traduction à ceux de *Mazénius*, il crut rendre par-là l'accufation plus grave, & la honte de *Milton* plus complette. Ce fut en quoi il fe trompa lourdement; fa fraude fut découverte.

Il voulait faire paſſer *Milton* pour un fauſ-ſaire, & lui-même fut convaincu de l'être. On n'examina point le poeme de *Mazénius*, dont il n'y avait alors que très peu d'exemplaires en Europe. Toute l'Angleterre convaincue du mauvais artifice de l'Ecoſſais, n'en demanda pas davantage. L'accuſateur confondu fut obligé de déſavouer ſa manœuvre & d'en demander pardon.

Depuis ce tems on imprima une nouvelle édition de *Mazénius* en 1757. Le public littéraire fut ſurpris du grand nombre de très beaux vers dont la *Sarcotis* était parſemée. Ce n'eſt à la vérité qu'une longue déclamation de collège ſur la chûte de l'homme. Mais l'exorde, l'invocation, la deſcription du jardin d'Eden, le portrait d'*Eve*, celui du diable, ſont préciſément les mêmes que dans *Milton*. Il y a bien plus, c'eſt le même ſujet, le même nœud, la même cataſtrophe. Si le diable veut dans *Milton* ſe venger ſur l'homme du mal que Dieu lui a fait, il a préciſément le même deſſein chez le jéſuite *Mazénius* ; & il le manifeſte dans des vers dignes peut-être du ſiécle d'*Auguſte*.

Semel excidimus crudelibus aſtris,
Et conjuratas involvit terra cohortes.
Fata manent, tenet & ſuperos oblivio noſtri ;
Indecore premimur, vulgi tolluntur inertes

S iij

Ac viles animæ, cœloque fruuntur aperto.
Nos divum soboles, patriaque in sede locandi
Pellimur exilio, mœstoque Acheronte tenemur.
Heu! dolor & superum decreta indigna! fatiscat
Orbis & antiquo turbentur cuncta tumultu,
Ac redeat deforme cahos; Styx atra ruinam
Terrarum excipiat, fatoque impellat eodem
Et cœlum, & cœli cives; ut inulta Cadamus
Turba, nec umbrarum pariter caligine raptam
Sarcoteam, invisum caput, involvamus? ut astris
Regnantem, & nobis domina cervice minantem
Ignavi patiamur? adhuc tamen, improba, vivit!
Vivit adhuc, fruiturque Dei secura favorem!
Cernimus! & quicquam furiarum absconditur orco?
Vah! pudor, æternumque probrum stygis, occidat, amens
Occidat, & nostræ subeat consortia culpæ.
Hæc mihi secluso cœlis, solatia tantum
Excidii restant; juvat hac consorte malorum
Posse frui, juvat ad nostram seducere pœnam
Frustra exultantem, patriaque ex sorte superbam.
Ærumnas exempla levant; minor illa ruina est,
Quæ caput adversi labens oppresserit hostis.

On trouve dans *Mazénius* & dans *Milton* de petits épisodes, des légères excursions absolument semblables; l'un & l'autre parlent de *Xerxès* qui couvrit la mer de ses vaisseaux.

Quantus erat Xerxes medium qui contrahit orbem
Urbis in excidium.

Tout deux parlent sur le même ton de la tour de Babel ; tout deux font la même description du luxe, de l'orgueil, de l'avarice, de la gourmandise.

Ce qui a le plus persuadé le commun des lecteurs du plagiat de *Milton*, c'est la parfaite ressemblance du commencement des deux poëmes. Plusieurs lecteurs étrangers, après avoir lu l'exorde, n'ont pas douté que tout le reste du poëme de *Milton* ne fût pris de *Mazénius*. C'est une erreur bien grande, & aisée à reconnaître.

Je ne crois pas que le poëte Anglais ait imité en tout plus de deux cent vers du jésuite de Cologne ; & j'ose dire qu'il n'a imité que ce qui méritait de l'être. Ces deux cent vers sont fort beaux ; ceux de *Milton* le sont aussi ; & le total du poëme de *Mazénius*, malgré ces deux cent beaux vers, ne vaut rien du tout.

Molière prit deux scènes entières dans la ridicule comédie du *Pédant joué* de Cyrano de Bergerac. Ces deux scènes sont bonnes, disait-il en plaisantant avec ses amis, elles m'appartiennent de droit, je reprends mon bien. On aurait été après cela très mal reçu à traiter de plagiaire l'auteur du *Tartuffe* & du *Misantrope*.

Il est certain qu'en général *Milton*, dans son *Paradis*, a volé de ses propres aîles en imitant ; & il faut convenir que s'il a emprunté tant de traits de *Grotius* & du jésuite de Cologne, ils sont confondus dans la foule des choses originales qui sont à lui ; il est toûjours regardé en Angleterre comme un très grand poete.

Il est vrai qu'il aurait dû avouer qu'il avait traduit deux cent vers d'un jésuite ; mais de son tems, dans la cour de *Charles II*, on ne se souciait ni des jésuites, ni de *Milton*, ni du *Paradis perdu*, ni du *Paradis retrouvé*. Tout cela était ou bafoué ou inconnu.

EPREUVE.

Toutes les absurdités qui avilissent la nature humaine, nous sont donc venues d'Asie, avec toutes les sciences & tous les arts ! C'est en Asie, c'est en Egypte qu'on osa faire dépendre la vie & la mort d'un accusé, ou d'un coup de dez, ou de quelque chose d'équivalent ; ou de l'eau froide, ou de l'eau chaude, ou d'un fer rouge, ou d'un morceau de pain d'orge. Une superstition à-peu-près semblable existe encor, à ce qu'on prétend, dans les Indes, sur les côtes de Malabar, & au Japon.

ÉPREUVE.

Elle passa d'Egypte en Grèce. Il y eut à Trezène un temple fort célèbre, dans lequel tout homme qui se parjurait, mourait sur le champ d'apoplexie. *Hippolite* dans la tragédie de *Phèdre* parle ainsi à sa maîtresse *Aricie*.

> Aux portes de Trezène, & parmi ces tombeaux,
> Des princes de ma race antiques sépultures,
> Est un temple sacré formidable aux parjures.
> C'est là que les mortels n'osent jurer en vain ;
> Le perfide y reçoit un châtiment soudain ;
> Et craignant d'y trouver la mort inévitable,
> Le mensonge n'a point de frein plus redoutable.

Le savant commentateur du grand *Racine* fait cette remarque sur les épreuves de Trezène.

„ Mr. de *la Motte* a dit qu'*Hippolite* devait proposer à son frère de venir entendre sa justification dans ce temple où l'on n'osait jurer en vain. Il est vrai que *Théfée* n'aurait pu douter alors de l'innocence de ce jeune prince ; mais il eût eu une preuve trop convaincante contre *la vertu de Phèdre*, & c'est ce qu'*Hippolite* ne voulait pas faire. Mr. de *la Motte* aurait dû se défier un peu de son goût, en soupçonnant celui de *Racine*, qui semble avoir prévenu son objection. En effet, *Racine* suppose que *Théfée* est si prévenu contre *Hippolite*, qu'il ne veut pas même l'admettre à se justifier par serment. "

Je dois dire que la critique de *La Motte* est de feu Mr. le marquis de *Lacé*. Il la fit à table chez Mr. de *la Faye*, où j'étais avec feu Mr. de *la Motte*, qui promit qu'il en ferait ufage; & en effet, dans fes difcours fur la tragédie, il fait honneur de cette critique à Mr. le marquis de *Lacé*. Cette réflexion me parut très judicieufe, ainfi qu'à Mr. de *la Faye* & à tous les convives, qui étaient, excepté moi, les meilleurs connaiffeurs de Paris. Mais nous convinmes tous que c'était *Aricie* qui devait demander à *Théfée* l'épreuve du temple de Trezène, d'autant plus que *Théfée* immédiatement après, parle affez longtems à cette princeffe, laquelle oublie la feule chofe qui pouvait éclairer le père, & juftifier le fils. Cet oubli me parait inexcufable. Ni Mr. de *Lacé*, ni Mr. de *la Motte* ne devaient fe défier de leur goût en cette occafion. C'eft en vain que le commentateur objecte que *Théfée* a déclaré à fon fils qu'il n'en croira point fes fermens.

La Motte, tome IV page 308.

Toûjours les fcélérats ont recours au parjure.

Il y a une prodigieufe différence entre un ferment fait dans une chambre, & un ferment fait dans un temple où les parjures font punis d'une mort fubite. Si *Aricie* avait dit un mot, *Théfée* n'avait aucune excufe de ne pas conduire *Hippolite* dans ce temple; mais alors il n'y avait plus de cataftrophe.

Hippolite ne devait donc pas parler de la vertu

du temple de Trezène à son *Aricie*; il n'avait pas besoin de lui faire serment de l'aimer ; elle en était assez persuadée. C'est une légère faute qui a échappé au tragique le plus sage, le plus élégant & le plus passionné que nous ayons eu.

Après cette petite digression je reviens à la barbare folie des épreuves. Elle ne fut point reçue dans la république Romaine. On ne peut regarder comme une des épreuves dont nous parlons, l'usage de faire dépendre les grandes entreprises, de la manière dont les poulets sacrés mangeaient des vesces. Il ne s'agit ici que des épreuves faites sur les hommes. On ne proposa jamais aux *Manlius*, aux *Camilles*, aux *Scipions*, de se justifier en mettant la main dans de l'eau bouillante sans s'échauder.

Ces inepties barbares ne furent point admises sous les empereurs. Mais nos Tartares qui vinrent détruire l'empire, (car la plûpart de ces déprédateurs étaient originaires de Tartarie) remplirent notre Europe de cette jurisprudence qu'ils tenaient des Perses. Elle ne fut point connue dans l'empire d'Orient jusqu'à *Justinien*, malgré la détestable superstition qui régnait alors. Mais depuis ce tems, les épreuves dont nous parlons, y furent reçues. Cette manière de juger les hommes est si ancienne, qu'on la trouve établie chez les Juifs dans tous les tems.

Coré, *Dathan* & *Abiron* disputent le pontificat au grand prêtre *Aaron* dans le désert ; *Moïse* leur ordonne d'apporter deux cent cinquante encensoirs, & leur dit, que Dieu choisira entre leurs encensoirs & celui d'*Aaron*. A peine les révoltés eurent paru pour soutenir cette épreuve, qu'ils furent engloutis dans la terre, & que le feu du ciel frappa deux cent cinquante de leurs principaux adhérens ; **Nombres** après quoi le Seigneur fit encor mourir quatorze mille sept cent hommes du parti. La querelle n'en continua pas moins entre les chefs d'Israël & *Aaron* pour le sacerdoce. On se servit alors de l'épreuve des verges, chacun présenta sa verge ; & celle d'*Aaron* fut la seule qui fleurît.

ch. XVI.

Quand le peuple de Dieu eut fait tomber les murs de Jérico au son des trompettes, il fut vaincu par les habitans du village de Haï. Cette défaite ne parut pas naturelle à *Josué* ; il consulta le Seigneur qui lui répondit, qu'Israël avait péché, que quelqu'un s'était approprié une part de ce qui était dévoué à l'anathème dans Jérico. En effet, tout le butin avait dû être brûlé avec les hommes, les femmes, les enfans & les bêtes, & quiconque avait **Josué ch.** sauvé ou emporté quelque chose devait être **VII.** exterminé. *Josué*, pour découvrir le coupable, soumit toutes les tribus à l'épreuve du sort. Il tomba d'abord sur la tribu de Juda, ensuite

EPREUVE. 285

fur la famille de *Zaré*, puis fur la maifon où demeurait *Zabdi*, & enfin fur le petit-fils de *Zabdi*, nommé *Acan*.

L'Ecriture n'explique pas comment ces tribus errantes avaient alors des maifons. Elle ne dit pas non plus de quel fort on fe fervait ; mais il eft certain, par le texte, qu'*Acan* étant convaincu de s'être approprié une petite lame d'or, un manteau d'écarlate & deux cent cicles d'argent, fut brûlé avec fes fils, fes brebis, fes bœufs, fes ânes & fa tente même dans la vallée d'Achor.

La terre promife fut partagée au fort ; on tirait au fort les deux boucs d'expiation pour favoir lequel des deux ferait offert en facrifice, tandis qu'on enverrait l'autre au défert. Jofué ch. xiv. Levit. ch. xvi.

Quand il falut élire *Saül* pour roi, on confulta le fort qui défigna d'abord la tribu de Benjamin, la famille de *Métri* dans cette tribu, & enfuite *Saül* fils de *Cis* dans la famille de *Métri*. Liv. I. des Rois c. x.

Le fort tomba fur *Jonathas* pour le punir d'avoir mangé un peu de miel au bout d'une verge. Liv. I. des Rois ch. xiv. ℣. 42.

Les matelots de Joppé jettèrent le fort pour apprendre de DIEU quelle était la caufe de la tempête. Le fort leur apprit que c'était *Jonas*, & ils le jettèrent dans la mer. Jonas c. I.

Toutes ces épreuves par le fort, qui n'étaient que des superstitions prophanes chez les autres nations, étaient la voix de Dieu même chez le peuple chéri, & tellement la voix de Dieu que les apôtres tirèrent au sort la place de l'apôtre *Judas*. Les deux concurrens étaient *St. Matthias* & *Barsabas*. La providence se déclara pour *St. Matthias*.

Actes des apôtres ch. I.

Le pape *Honorius* troisiéme du nom, défendit par une décrétale que l'on se servît dorénavant de cette voie pour élire des évèques. Elle était assez commune, c'est ce que les payens appellaient *sortilegium*, sortilège. Caton dit dans la Pharsale :

Sortilegis egeant dubii.

Il y avait d'autres épreuves au nom du Seigneur chez les Juifs, comme les eaux de jalousie. Une femme soupçonnée d'adultère devait boire de cette eau mêlée avec de la cendre, & consacrée par le grand-prêtre. Si elle était coupable, elle enflait sur le champ & mourait. C'est sur cette loi que tout l'Occident chrétien établit les épreuves dans les accusations juridiques, ne sachant pas que ce qui était ordonné par Dieu même dans l'ancien Testament, n'était qu'une superstition absurde dans le nouveau.

Nombres ch. v. ℣. 17.

Le duel fut une de ces épreuves, & elle a duré jusqu'au seiziéme siécle. Celui qui tuait son adversaire avait toûjours raison.

La plus terrible de toutes était de porter, dans l'espace de neuf pas, une barre de fer ardent sans se brûler. Aussi l'*Histoire du moyen âge*, quelque fabuleuse qu'elle soit, ne rapporte aucun exemple de cette épreuve, ni de celle qui consistait à marcher sur neuf coutres de charrue enflammés. On peut douter de toutes les autres, ou expliquer les tours de charlatans dont on se servait pour tromper les juges. Par exemple, il était très aisé de faire l'épreuve de l'eau bouillante impunément; on pouvait présenter un cuvier à moitié plein d'eau fraiche & y verser juridiquement de la chaude, moiennant quoi l'accusé plongeait sa main dans de l'eau tiéde jusqu'au coude, & prenait au fond l'anneau béni qu'on y jettait.

On pouvait faire bouillir de l'huile avec de l'eau; l'huile commence à s'élever, à jaillir, à paraître bouillonner quand l'eau commence à frémir; & cette huile n'a encor acquis que très peu de chaleur. On semble alors mettre sa main dans l'eau bouillante; & on l'humecte d'une huile qui la préserve.

Un champion peut très facilement s'être endurci jusqu'à tenir quelques secondes un anneau jetté dans le feu, sans qu'il reste de grandes marques de brûlure.

Passer entre deux feux sans se brûler, n'est pas un grand tour d'adresse quand on passe fort vite, & qu'on s'est bien pommadé le visage & les mains. C'est ainsi qu'en usa ce terrible Pierre Aldobrandin, *Petrus Igneus*, (fupposé que ce conte foit vrai) quand il paffa entre deux buchers à Florence pour démontrer avec l'aide de DIEU, que fon archevèque était un fripon & un débauché. Charlatans ! charlatans ! difparaiffez de l'hiftoire.

C'était une plaifante épreuve que celle d'avaler un morceau de pain d'orge, qui devait étouffer fon homme s'il était coupable. J'aime bien mieux *Arlequin* que le juge interroge fur un vol dont le docteur *Balouard* l'accufe. Le juge était à table, & buvait d'excellent vin quand *Arlequin* comparut ; il prend la bouteille & le verre du juge ; il vide la bouteille, & lui dit, Monfieur, je veux que ce vin là me ferve de poifon, fi j'ai fait ce dont on m'accufe.

EQUIVOQUE.

(Voyez *Abus des mots.*)

Faute de définir les termes, & furtout faute de netteté dans l'efprit, prefque toutes les loix qui devraient être claires comme l'arithmétique & la géométrie, font obfcures comme des logogriphes. La trifte preuve en eft que prefque tous les procès font fondés fur le fens des loix, entendues prefque
toû-

toûjours différemment par les plaideurs, les avocats & les juges.

Tout le droit public de notre Europe eut pour origine des équivoques, à commencer par la loi falique. *Fille n'héritera point en terre falique.* Mais qu'est-ce que terre falique? & fille n'héritera-t-elle point d'un argent comptant, d'un collier à elle légué qui vaudra mieux que la terre.

Les citoyens de Rome faluent *Karl* fils de *Pepin le bref* l'Auſtraſien, du nom d'*imperator*. Entendaient-ils par-là, Nous vous conférons tous les droits d'*Octave*, de *Tibère*, de *Caligula*, de *Claude ?* nous vous donnons tout le pays qu'ils poſſédaient? Mais ils ne pouvaient le donner, puiſque loin d'en être les maîtres, ils l'étaient à peine de leur ville. Jamais il n'y eut d'expreſſion plus équivoque; & elle l'était tellement qu'elle l'eſt encore.

L'évêque de Rome *Léon III*, qui, dit-on, déclara *Charlemagne* empereur, comprenait-il la force des termes qu'il prononçait? Les Allemands prétendent qu'il entendait que *Charles* ferait ſon maître; la daterie a prétendu qu'il voulait dire, qu'il ſerait maitre de *Charlemagne*.

Les choſes les plus reſpectables, les plus ſacrées, les plus divines n'ont-elles pas été obſcurcies par les équivoques des langues?

Cinquiéme partie. T

On demande à deux chrétiens de quelle religion ils font ; l'un & l'autre répond : Je suis catholique. On les croit tout deux de la même communion ; cependant l'un est de la grecque, l'autre de la latine, & tout deux irréconciliables. Si on veut s'éclaircir davantage, il se trouve que chacun d'eux entend par catholique *universel* ; & qu'en ce cas universel a signifié *partie*.

L'ame de *St. François* est au ciel, est en paradis. Un de ces mots signifie l'*air*, l'autre veut dire *jardin*.

On se sert du mot *esprit* pour exprimer vent, extrait, pensée, brandevin rectifié, apparition d'un corps mort.

L'équivoque a été tellement un vice nécessaire de toutes les langues formées par ce qu'on appelle le *hazard* & par l'habitude, que l'auteur même de toute clarté & de toute vérité daigna condescendre à la manière de parler de son peuple, c'est ce qui fait qu'*heloïm* signifie en quelques endroits des *juges*, d'autrefois des *Dieux*, & d'autrefois des *anges*.

Tu es Pierre & sur cette pierre je bâtirai mon assemblée, serait un équivoque dans une langue & dans un sujet prophane ; mais ces paroles reçoivent un sens divin de la bouche qui les prononce & du sujet auquel elles sont appliquées.

ÉQUIVOQUE.

Je suis le Dieu *d'Abraham, d'Isaac & de Jacob; or* Dieu *n'est pas le* Dieu *des morts, mais des vivans.* Dans le sens ordinaire ces paroles pouvaient signifier, je suis le même Dieu qu'ont adoré *Abraham & Jacob*, comme la terre qui a porté *Abraham, Isaac, & Jacob*, porte aussi leurs descendans; le soleil qui luit aujourd'hui est le soleil qui éclairait *Abraham, Isaac & Jacob*; la loi de leurs enfans est leur loi. Et cela ne signifie pas qu'*Abraham, Isaac & Jacob* soient encor vivans. Mais quand c'est le Messie qui parle, il n'y a plus d'équivoque; le sens est aussi clair que divin. Il est évident qu'*Abraham, Isaac & Jacob* ne sont point au rang des morts, mais qu'ils vivent dans la gloire, puisque cet oracle est prononcé par le Messie; mais il falait que ce fût lui qui le dit.

Les discours des prophétes Juifs pouvaient être équivoques aux yeux des hommes grossiers qui n'en pénétraient pas le sens; mais ils ne le furent pas pour les esprits éclairés des lumières de la foi.

Tous les oracles de l'antiquité étaient équivoques; l'un prédit à *Crésus* qu'un puissant empire succombera; mais sera-ce le sien? sera-ce celui de *Cyrus*? L'autre dit à *Pyrrhus* que les Romains peuvent le vaincre, & qu'il peut vaincre les Romains. Il est impossible que cet oracle mente.

Lorsque *Septime Sévère*, *Pescennius Niger* & *Clodius Albinus* disputaient l'empire, l'oracle de Delphes (consulté malgré le jésuite *Baltus* qui prétend que les oracles avaient cessé) répondit, *Le brun est fort bon, le blanc ne vaut rien, l'Africain est passable*. On voit qu'il y avait plus d'une manière d'expliquer un tel oracle.

Quand *Aurélien* consulta le Dieu de Palmire, (& toûjours malgré *Baltus*) le Dieu dit que les *colombes craignaient le faucon*. Quelque chose qui arrivât, le Dieu se tirait d'affaire. Le faucon était le vainqueur; les colombes étaient les vaincus.

Quelquefois des souverains ont employé l'équivoque aussi-bien que les Dieux. Je ne sais quel tyran ayant juré à un captif de ne le pas tuer, ordonna qu'on ne lui donnât point à manger, disant qu'il lui avait promis de ne le pas faire mourir, mais non de contribuer à le faire vivre.

ESCLAVES.

SECTION PREMIÈRE.

POurquoi appellons nous *esclaves* ceux que les Romains appellaient *servi*, & les Grecs *douloi*. L'étymologie est ici fort en défaut, & les *Bochard* ne pourront faire venir ce mot de l'hébreu.

ESCLAVES.

Le plus ancien monument que nous ayons de ce nom d'*esclave*, est le testament d'un *Ermangaut* archevêque de Narbonne, qui légue à l'évêque *Frédelon* son esclave Anaph, *Anaphum Slavonium*. Cet *Anaph* était bienheureux d'appartenir à deux évêques de suite.

Il n'est pas hors de vraisemblance que les Slavons étant venus du fond du Nord avec tant de peuples indigens & conquérans piller ce que l'empire Romain avait ravi aux nations, & surtout la Dalmatie & l'Illirie, les Italiens ayent appellé *schiavitu* le malheur de tomber entre leurs mains, & *schiavi* ceux qui étaient en captivité dans leurs nouveaux repaires.

Tout ce qu'on peut recueillir du fatras de l'*Histoire du moyen âge*, c'est que du tems des Romains notre univers connu se divisait en hommes libres & en esclaves. Quand les Slavons, Alains, Huns, Hérules, Lombards, Ostrogoths, Visigoths, Vandales, Bourguignons, Francs, Normands, vinrent partager les dépouilles du monde, il n'y a pas d'apparence que la multitude des esclaves diminuât; d'anciens maîtres se virent réduits à la servitude; le très petit nombre enchaîna le grand, comme on le voit dans les colonies où l'on employe les nègres, & comme il se pratique en plus d'un genre.

Nous n'avons rien dans les anciens auteurs concernant les esclaves des Assyriens & des Egyptiens.

Le livre où il est le plus parlé d'esclaves, est l'*Iliade*. D'abord la belle *Chriséïs* est esclave chez *Achille*. Toutes les Troyennes, & surtout les princesses, craignent d'être esclaves des Grecs & d'aller filer pour leurs femmes.

L'esclavage est aussi ancien que la guerre, & la guerre aussi ancienne que la nature humaine.

On était si accoutumé à cette dégradation de l'espèce, qu'*Epictète*, qui assurément valait mieux que son maître, n'est jamais étonné d'être esclave.

Aucun législateur de l'antiquité n'a tenté d'abroger la servitude; au contraire, les peuples les plus entousiastes de la liberté, les Athéniens, les Lacédémoniens, les Romains, les Carthaginois, furent ceux qui portèrent les loix les plus dures contre les serfs. Le droit de vie & de mort sur eux était un des principes de la société. Il faut avouer que de toutes les guerres, celle de *Spartacus* est la plus juste, & peut-être la seule juste.

Qui croirait que les Juifs, formés, à ce qu'il semblait, pour servir toutes les nations tour-à-tour, eussent pourtant quelques esclaves aussi. Il est prononcé dans leurs loix qu'ils pouront acheter leurs frères pour six ans, & les étrangers pour toûjours. Il était dit que les enfans d'*Esaü* devaient être les serfs des enfans de *Jacob*. Mais depuis, sous une autre économie, les Arabes qui se disaient enfans d'*Esaü*, réduisirent les enfans de *Jacob* à l'esclavage. Exode ch. xxi. Levitiq. ch. xxv. &c. Genèse c. xxvii-xxxii.

Les Evangiles ne mettent pas dans la bouche de JESUS-CHRIST une seule parole qui rappelle le genre-humain à sa liberté primitive, pour laquelle il semble né. Il n'est rien dit dans le nouveau Testament de cet état d'opprobre & de peine auquel la moitié du genre-humain était condamnée; pas un mot dans les écrits des apôtres & des pères de l'église pour changer des bêtes de somme en citoyens, comme on commença à le faire parmi nous vers le treiziéme siécle. S'il est parlé de l'esclavage, c'est de l'esclavage du péché.

Il est difficile de bien comprendre comment dans St. Jean les Juifs peuvent dire à JESUS, *Nous n'avons jamais servi sous personne*, eux qui étaient alors sujets des Romains, eux qui avaient été vendus au marché après la prise de Jérusalem ; eux, dont dix tribus emmenées esclaves par *Salmanazar*, avaient disparu de la face de la terre, & dont deux autres tribus furent dans les fers des Babiloniens Ch. viii. v. 33.

T iiij

soixante & dix ans ; eux sept fois réduits en
servitude de leur propre aveu ; eux qui dans
tous leurs écrits parlaient de leur servitude
en Egypte, dans cette Egypte qu'ils abhorraient, & ou ils coururent en foule pour
gagner quelque argent dès qu'*Alexandre* daigna leur permettre de s'y établir. Le révérend père *Dom Calmet* dit, qu'il faut entendre ici une *servitude intrinsèque*, ce qui n'est
pas moins difficile à comprendre.

L'Italie, les Gaules, l'Espagne, une partie
de l'Allemagne étaient habitées par des étrangers devenus maîtres, & par des natifs devenus serfs. Quand l'évêque de Seville *Opas*
& le comte *Julien* appellèrent les Maures
mahométans contre les rois chrétiens Visigoths qui régnaient delà les Pyrenées ; les
mahométans, selon leur coutume, proposèrent aux peuples de se faire circoncire, ou de
se battre, ou de payer en tribut de l'argent
& des filles. Le roi *Roderic* fut vaincu, il
n'y eut d'esclaves que ceux qui furent pris
à la guerre.

Les colons gardèrent leurs biens & leur
religion en payant. C'est ainsi que les Turcs
en usèrent depuis en Grèce. Mais ils imposèrent aux Grecs un tribut de leurs enfans,
les mâles pour être circoncis & pour servir d'icoglaus & de janissaires, les filles pour
être élevées dans les serrails. Ce tribut fut

depuis racheté à prix d'argent. Les Turcs n'ont plus guères d'esclaves pour le service intérieur des maisons que ceux qu'ils achètent des Circassiens, des Mingréliens & des petits Tartares.

Entre les Africains musulmans, & les Européans chrétiens, la coutume de piller, de faire esclave tout ce qu'on rencontre sur mer a toûjours subsisté. Ce sont des oiseaux de proie qui fondent les uns sur les autres; Algériens, Maroquins, Tunisiens vivent de piraterie. Les religieux de Malthe, successeurs des religieux de Rhodes, jurent de piller & d'enchaîner tout ce qu'ils trouveront de musulmans. Les galères du pape vont prendre des Algériens, ou sont prises sur les côtes méridionales d'Afrique. Ceux qui se disent blancs vont acheter des nègres à bon marché, pour les revendre cher en Amérique. Les Pensilvaniens seuls ont renoncé depuis peu solemnellement à ce trafic qui leur a paru malhonnête.

SECTION SECONDE.

J'ai lu depuis peu au mont Krapac où l'on sait que je demeure, un livre fait à Paris, plein d'esprit, de paradoxes, de vues & de courage, tel à quelques égards que ceux de *Montesquieu*, & écrit contre *Montesquieu*. Dans ce livre on préfère hautement l'esclavage à la domesticité, & surtout à l'état libre de manœuvre. On y plaint le sort de ces malheureux hommes libres qui peuvent gagner leur vie où ils veulent par le travail pour lequel l'homme est né, & qui est le gardien de l'innocence comme le consolateur de la vie. Personne, dit l'auteur, n'est chargé de les nourrir, de les secourir, au-lieu que les esclaves étaient nourris & soignés par leurs maîtres ainsi que leurs chevaux. Cela est vrai; mais l'espèce humaine aime mieux se pourvoir que dépendre; & les chevaux nés dans les forêts les préfèrent aux écuries.

Il remarque avec raison que les ouvriers perdent beaucoup de journées, dans lesquelles il leur est défendu de gagner leur vie; mais ce n'est pas parce qu'ils sont libres, c'est parce que nous avons quelques loix ridicules & beaucoup trop de fêtes.

Il dit très justement, que ce n'est pas la charité chrétienne qui a brisé les chaînes de la servitude, puisque cette charité les a resserrées pendant plus de douze siécles; & il pouvait encor ajouter que chez les chrétiens les moines mêmes, tout charitables qu'ils sont, possèdent encor des esclaves réduits à un état affreux sous le nom de *mortaillables*, de *main-mortables*, de *serfs de glèbe*.

Voyez la sect. III.

Il affirme, ce qui est très vrai, que les princes chrétiens n'affranchirent les serfs que par avarice. C'est en effet pour avoir l'argent que ces malheureux avaient amassé, qu'ils leur signèrent des patentes de manumission. Ils ne leur donnèrent pas la liberté, ils la vendirent. L'empereur *Henri V* commença; il affranchit les serfs de Spire & de Worms au douziéme siécle. Les rois de France l'imitèrent. Cela prouve de quel prix est la liberté, puisque ces hommes grossiers l'achetèrent très chérement.

Enfin, c'est aux hommes sur l'état desquels on dispute, à décider quel est l'état qu'ils préfèrent. Interrogez le plus vil manœuvre couvert de haillons, nourri de pain noir, dormant sur la paille dans une hutte entr'ouverte; demandez-lui s'il voudrait être esclave, mieux nourri, mieux vêtu, mieux couché, non-seulement il répondra en reculant d'horreur, mais il en est à qui vous n'oseriez en faire la proposition.

Demandez ensuite à un esclave s'il desirerait d'être affranchi, & vous verrez ce qu'il vous répondra. Par cela seul la question est décidée.

Considérez encor que le manœuvre peut devenir fermier, & de fermier propriétaire. Il peut même en France parvenir à être conseiller du roi, s'il a gagné du bien. Il peut être en Angleterre franc-tenancier, nommer un député au parlement ; en Suède devenir lui-même un membre des états de la nation. Ces perspectives valent bien celle de mourir abandonné dans le coin d'un étable de son maître.

Section troisiéme.

Liv. VI. ch. III.
Puffendorf dit que l'esclavage a été établi par un libre consentement des parties, & par un contract de faire afin qu'on nous donne.

Je ne croirai *Puffendorf* que quand il m'aura montré le premier contract.

Grotius demandé si un homme fait captif à la guerre a le droit de s'enfuir ? (& remarquez qu'il ne parle pas d'un prisonnier sur sa parole d'honneur.) Il décide qu'il n'a pas ce droit. Que ne dit-il aussi qu'ayant été blessé il n'a pas le droit de se faire panser ! la nature décide contre *Grotius*.

Liv. XV. ch. VI.
Voici ce qu'avance l'auteur de l'*Esprit des loix*, après avoir peint l'esclavage des nègres avec le pinceau de *Molière*.

„ Mr. *Perri* dit que les Moscovites se vendent aisément ; j'en sais bien la raison ; c'est que leur liberté ne vaut rien. "

Le capitaine *Jean Perri* Anglais, qui écrivait en 1714 *l'état présent de la Russie*, ne dit pas un mot de ce que l'*Esprit des loix* lui fait dire. Il n'y a dans *Perri* que quelques lignes touchant l'esclavage des Russes ; les

voici : „ Le czar a ordonné que dans tous ſes Pag. 228.
„ états perſonne à l'avenir ne ſe dirait ſon édition
„ golup ou eſclave, mais ſeulement raab qui d'Amſ-
„ ſignifie *ſujet*. Il eſt vrai que ce peuple n'en terdam
„ a tiré aucun avantage réel, car il eſt en- 1717.
„ cor aujourd'hui effectivement eſclave. " *a*)

L'auteur de l'*Eſprit des loix* ajoute que ſuivant le récit de Guillaume Dampier, *tout le monde cherche à ſe vendre dans le royaume d'Achem*. Ce ſerait là un étrange commerce. Je n'ai rien vu dans le *Voyage de Dampier* qui approche d'une pareille idée. C'eſt dommage qu'un homme qui avait tant d'eſprit ait hazardé tant de choſes, & cité faux tant de fois.

SERFS DE CORPS, SERFS DE GLÈBE, MAIN-MORTE, &c.

SECTION QUATRIÉME.

On dit communément qu'il n'y a plus d'eſclaves en France, que c'eſt le royaume des francs; qu'eſclave & franc ſont contradictoires. Qu'on y eſt ſi franc, que pluſieurs financiers y ſont morts en dernier lieu avec plus de trente millions de francs acquis aux dépends des deſcendans des anciens Francs. Heureuſe la nation Françaiſe d'être ſi fran-

a) Voyez à l'article *Loix* les grands changemens faits depuis en Ruſſie. Voyez auſſi quelques mépriſes de *Monteſquieu*.

che ! Cependant, comment accorder tant de liberté avec tant d'espèces de servitudes, comme, par exemple, celle de la main-morte ?

Plus d'une belle dame à Paris, bien brillante dans une loge de l'opéra, ignore qu'elle descend d'une famille de Bourgogne ou du Bourbonnais, ou de la Franche-Comté, ou de la Marche, ou de l'Auvergne, & que sa famille est encor esclave mortaillable, main-mortable.

De ces esclaves, les uns sont obligés de travailler trois jours de la semaine pour leur seigneur ; les autres deux. S'ils meurent sans enfans leur bien appartient à ce seigneur ; s'ils laissent des enfans le seigneur prend seulement les plus beaux bestiaux, les meilleurs meubles à son choix dans plus d'une coutume. Dans d'autres coutumes, si le fils de l'esclave main-mortable n'est pas dans la maison de l'esclavage paternel depuis un an & un jour à la mort du père, il perd tout son bien & il demeure encor esclave, c'est-à-dire, que s'il gagne quelque bien par son industrie, ce pécule à sa mort appartiendra au seigneur.

Voici bien mieux ; un bon Parisien va voir ses parens en Bourgogne ou en Franche-Comté, il demeure un an & un jour dans une maison main-mortable & s'en retourne à Paris, tous ſes biens, en quelque endroit qu'ils ſoient ſitués, appartiendront au ſeigneur foncier, en cas que cet homme meure ſans laiſſer de lignée.

On demande à ce propos, comment la Comté de Bourgogne eut le ſobriquet de *franche* avec une telle ſervitude. C'eſt, ſans doute, comme les Grecs donnèrent aux furies le nom d'euménides, *bons cœurs*.

Mais le plus curieux, le plus conſolant de toute cette juriſprudence, c'eſt que les moines ſont ſeigneurs de preſque toutes les terres main-mortables.

Si par hazard un prince du ſang, ou un miniſtre d'état, ou un chancelier, ou quelqu'un de leurs ſecrétaires jettait les yeux ſur cet article, il ſerait bon que dans l'occaſion il ſe reſſouvint que le roi de France déclare à la nation, dans ſon ordonnance du 18 May 1731, *que les moines & les bénéficiers poſſèdent plus de la moitié des biens de la Franche-Comté.*

Le marquis d'*Argenſon* dans le *Droit public eccléſiaſtique*, auquel il eut la meilleure part, dit qu'en Artois, de dix-huit charrues, les moines en ont treize.

On appelle les moines eux-mêmes *gens de main-morte*, & ils ont des eſclaves. Renvoyons cette poſſeſſion monacale au chapitre des contradictions.

Quand nous avons fait quelques remontrances modeſtes ſur cette étrange tyrannie de gens qui ont juré à Dieu d'être pauvres & humbles, on nous a repondu : Il y a ſix cent ans qu'ils jouiſſent de ce droit, comment les en dépouiller ? Nous avons repliqué humblement, Il y a trente ou quarante mille ans, plus ou moins, que les fouines ſont en poſſeſſion de manger nos poulets, mais on nous accorde la permiſſion de les détruire quand nous les rencontrons.

NB. C'eſt un péché mortel dans un chartreux de manger une demi-once de mouton, mais il peut en ſûreté de conſcience manger la ſubſtance de toute une famille. J'ai vu les chartreux de mon voiſinage hériter cent mille écus d'un de leurs eſclaves main-mortable, lequel avait fait cette fortune à Francfort par ſon commerce. Il eſt vrai que la famille dépouillée a eu la permiſſion de venir demander l'aumône à la porte du couvent, car il faut tout dire.

Diſons donc que les moines ont encor cinquante ou ſoixante mille eſclaves mainmortables dans le royaume des Francs. On n'a pas penſé juſqu'à préſent, à réformer cette juriſprudence chrétienne qu'on vient d'abolir
dans

dans les états du roi de Sardaigne ; mais on y pensera. Attendons seulement quelques siécles, quand les dettes de l'état seront payées.

ESPACE.

Qu'est-ce que l'espace ? *Il n'y a point d'espace, point de vide*, disait Leibnitz, après avoir admis le vide ; mais quand il l'admettait il n'était pas encor brouillé avec *Newton*. Il ne lui disputait pas encor le calcul des fluxions, dont *Newton* était l'inventeur. Quand leur dispute eut éclaté, il n'y eut plus de vide, plus d'espace pour *Leibnitz*.

Heureusement, quelque chose que disent les philosophes sur ces questions insolubles, que l'on soit pour *Epicure*, pour *Gassendi*, pour *Newton* ou pour *Descartes* & *Rohaut*, les règles du mouvement seront toûjours les mêmes. Tous les arts mécaniques seront exercés soit dans l'espace pur, soit dans l'espace matériel.

Que Rohaut vainement sèche pour concevoir
Comment tout étant plein, tout a pu se mouvoir.

Cela n'empêchera pas que nos vaisseaux n'aillent aux Indes, & que tous les mouvemens ne s'exécutent avec régularité, tandis

Cinquiéme partie.   V

que *Rohaut* féchera. L'efpace pur, dites-vous, ne peut être ni matière, ni efprit. Or il n'y a dans le monde que matière & efprit, donc il n'y a point d'efpace.

Eh ! meffieurs, qui nous a dit qu'il n'y a que matière & efprit, à nous qui connaiffons fi imparfaitement l'un & l'autre ? Voilà une plaifante décifion : *Il ne peut être dans la nature que deux chofes, lefquelles nous ne connaiffons pas*. Du moins *Montezume* raifonnait plus jufte dans la tragédie anglaife de Dryden : *Que venez-vous me dire au nom de l'empereur Charles-Quint ? il n'y a que deux empereurs dans le monde, celui du Pérou & moi*. Montezume parlait de deux chofes qu'il connaiffait ; mais nous autres nous parlons de deux chofes dont nous n'avons aucune idée nette.

Nous fommes de plaifans atômes. Nous fefons DIEU un efprit à la mode du nôtre. Et parce que nous appellons *efprit* la faculté que l'Etre fuprême, univerfel, éternel, tout-puiffant nous a donnée de combiner quelques idées dans notre petit cerveau, large de fix doigts tout au plus, nous nous imaginons que DIEU eft un efprit de cette même forte. (Toûjours DIEU à notre image, bonnes gens !)

Mais s'il y avait des millions d'êtres qui fuffent toute autre chofe que notre matière, dont nous ne connaiffons que les apparences,

ESPACE.

& toute autre chose que notre esprit, notre souffle idéal, dont nous ne savons précisément rien du tout ! & qui poura m'assurer que ces millions d'êtres n'existent pas ? & qui poura soupçonner que Dieu, démontré existant par ses effets, n'est pas infiniment différent de tous ces êtres-là, & que l'espace n'est pas un de ces êtres ?

Nous sommes bien loin de dire avec *Lucrèce*,

Ergo præter inane & corpora tertia per se
Nulla potest rerum in numero natura referri.

Hors le corps & le vide il n'est rien dans le monde.

Mais oserons-nous croire avec lui que l'espace infini existe ?

A-t-on jamais pu répondre à son argument ? *Lancez une flèche des bornes du monde, tombera-t-elle dans le rien, dans le néant ?*

Clarke, qui parlait au nom de Newton, prétend que *l'espace a des propriétés, qu'il est étendu, qu'il est mesurable, donc il existe.* Mais si on lui répond qu'on met quelque chose là où il n'y avait rien, que répliqueront *Newton & Clarke ?*

Newton regarde l'espace comme le *sensorium* de Dieu. J'ai cru entendre ce grand mot autrefois, car j'étais jeune ; à présent je ne l'entends pas plus que ses explications de l'Apocalypse. L'espace *sensorium* de Dieu, l'organe intérieur de DIEU ; je m'y perds & lui aussi.

Il crut, au rapport de *Locke, a*) qu'on pouvait expliquer la création, en supposant que DIEU par un acte de sa volonté & de son pouvoir, avait rendu l'espace impénétrable. Un génie tel que *Newton* n'était pas fait pour expliquer des choses inintelligibles.

ESPRIT.

CE mot n'est-il pas une grande preuve de l'imperfection des langages, & du hazard qui a dirigé presque toutes nos conceptions ?

Il plut aux Grecs, ainsi qu'à d'autres nations, d'appeller vent, soufle, *pneuma*, ce qu'ils entendaient vaguement par respiration, vie, ame. Ainsi, ame, & vent étaient en un sens la même chose dans l'antiquité. Et si nous disions que l'homme est une machine pneumatique, nous ne ferions que traduire les Grecs. Les Latins les imitèrent, & se servirent du mot *spiritus*, esprit, soufle. *Anima, spiritus*, furent la même chose.

a) Cette anecdote est rapportée par le traducteur de l'*Essai sur l'entendement humain*, tom. IV pag. 175.

Le *rouhah* des Phéniciens, & , à ce qu'on prétend, des Caldéens, signifiait de même *soufle* & *vent*.

Quand on traduisit la Bible en latin, on employa toûjours indifféremment le mot soufle, esprit, vent, ame. *Spiritus* Dei *ferebatur super aquas*, le vent de Dieu, l'esprit de Dieu était porté sur les eaux.

Spiritus vitæ, le soufle de la vie, l'ame de la vie.

Inspiravit in faciem ejus spiraculum, ou *spiritum vitæ*, & il soufla sur sa face un soufle de vie. Et, selon l'hébreu, il soufla dans ses narines un soufle, un esprit de vie.

Hæc cum dixisset, insuflavit, & dixit eis, accipite spiritum sanctum. Ayant dit cela, il soufla sur eux, & leur dit, Recevez le soufle saint, l'esprit saint.

Spiritus ubi vult spirat, & vocem ejus audis, sed nescis unde veniat, l'esprit, le vent soufle où il veut, & vous entendez sa voix; (son bruit) mais vous ne savez d'où il vient.

Il y a loin delà à nos brochures du quai des augustins & du pont-neuf, intitulées *Esprit de Marivaux*, *Esprit de Desfontaines* &c.

Ce que nous entendons communément en français par esprit, bel esprit, trait d'esprit, &c. signifie des pensées ingénieuses. Aucune autre nation n'a fait un tel usage du mot *spiritus*. Les Latins disaient *ingenium*, les

Grecs *euphuia*, ou bien ils employaient des adjectifs. Les Espagnols disent *agudo*, *agudezza*.

Les Italiens employent communément le terme *ingegno*.

Les Anglais se servent du mot *wit*, *witty*, dont l'étymologie est belle, car ce mot autrefois signifiait *sage*.

Les Allemands disent *verstandig*; & quand ils veulent exprimer des pensées ingénieuses, vives, agréables, ils disent riche en sensations, *sin reich*. C'est delà que les Anglais, qui ont retenu beaucoup d'expressions de l'ancienne langue germanique & françaife, disent *sensible man*.

Ainsi presque tous les mots qui expriment des idées de l'entendement, sont des métaphores.

L'*ingegno*, l'*ingenium*, est tiré de ce qui engendre; l'*agudessa* de ce qui est pointu, le *sin reich* des sensations, l'esprit du vent, & le *wit*, de la sagesse.

En toute langue ce qui répond à esprit en général est de plusieurs sortes; & quand vous dites, Cet homme a de l'esprit, on est en droit de vous demander duquel?

Girard, dans son livre utile des définitions, intitulé *Synonymes français*, conclut ainsi:

Il faut dans le commerce des dames de l'esprit, ou du jargon qui en ait l'apparence. (Ce n'est

pas leur faire honneur, elles méritent mieux.)
L'entendement est de mise avec les politiques & les courtisans.

Il me semble que l'entendement est nécessaire partout, & qu'il est bien extraordinaire de voir un entendement *de mise*.

Le génie est propre avec les gens à projets & à dépense.

Ou je me trompe, ou le génie de *Corneille* était fait pour tous les spectateurs; le génie de *Bossuet* pour tous les auditeurs, encor plus que propre avec les gens à dépense.

Le mot qui répond à *spiritus*, esprit, vent, soufle, donnant nécessairement à toutes les nations l'idée de l'air, elles supposèrent toutes que notre faculté de penser, d'agir, ce qui nous anime, est de l'air; & delà notre ame fut de l'air subtil.

Delà les *mânes*, les esprits, les revenans, les ombres furent composés d'air. (Voyez *Ame*.)

Delà nous disions, il n'y a pas longtems, *Un esprit lui est apparu, il a un esprit familier; il revient des esprits dans ce château;* & la populace le dit encore.

Il n'y a guères que les traductions des livres hébreux en mauvais latin, qui ayent employé le mot de *spiritus* en ce sens.

Manes, *umbræ*, *simulacra*, sont les expressions de *Cicéron* & de *Virgile*. Les Allemands
V iiij

disent *geest*, les Anglais *ghost*, les Espagnols *duende*, *trasgo*; les Italiens semblent n'avoir point de terme qui signifie *revenant*. Les Français seuls se sont servis du mot *esprit*. Le mot propre pour toutes les nations doit être *fantôme*, *imagination*, *rêverie*, *sottise*, *friponnerie*.

SECTION SECONDE.

Bel esprit, esprit.

Quand une nation commence à sortir de la barbarie, elle cherche à montrer ce que nous appellons *de l'esprit*.

Ainsi aux premieres tentatives qu'on fit sous *François I*, vous voyez dans *Marot* des pointes, des jeux de mots, qui seraient aujourd'hui intolérables.

> Romorentin sa perte rememore,
> Cognac s'en cogne en sa poitrine blême,
> Anjou fait joug, Angoulême est de même.

Ces belles idées ne se présentent pas d'abord pour marquer la douleur des peuples. Il en a coûté à l'imagination pour parvenir à cet excès de ridicule.

On pourait apporter plusieurs exemples d'un goût si dépravé; mais tenons-nous en à celui-ci qui est le plus fort de tous.

Dans la seconde époque de l'esprit humain en France, au tems de *Balzac*, de *Mairet*, de *Rotrou*, de *Corneille*, on applaudissait à toute pensée qui surprenait par des images nouvelles qu'on appellait *esprit*. On reçut très bien ces vers de la tragédie de *Pyrame* :

> Ah ! voici le poignard qui du sang de son maître,
> Est encor tout sanglant ; il en rougit, le traître.

On trouvait un grand art à donner du sentiment à ce poignard, à le faire rougir de honte d'être teint du sang de *Pyrame* autant que du sang dont il était coloré.

Personne ne se récria contre *Corneille* quand dans sa tragédie d'*Andromède*, Phinée dit au soleil :

> Tu luis, soleil, & ta lumière
> Semble se plaire à m'affliger.
> Ah ! mon amour te va bien obliger
> A quitter soudain ta carrière.
> Viens, soleil, viens voir la beauté
> Dont le divin éclat me dompte,
> Et tu fuiras de honte
> D'avoir moins de clarté.

Le soleil qui fuit parce qu'il est moins clair que le visage d'*Andromède*, vaut bien le poignard qui rougit.

Si de tels efforts d'ineptie trouvaient grace devant un public dont le goût s'est formé si difficilement, il ne faut pas être surpris que des traits d'esprit qui avaient quelque lueur de beauté ayent longtems séduit

Non-seulement on admirait cette traduction de l'espagnol ;

 Ce sang qui tout versé fume encor de couroux
 De se voir répandu pour d'autres que pour vous.

Non-seulement on trouvait une finesse très spirituelle dans ce vers d'*Hipsipile* à *Médée* dans la *Toison d'or* ;

 Je n'ai que des attraits & vous avez des charmes.

Mais on ne s'appercevait pas, & peu de connaisseurs s'apperçoivent encore, que dans le rôle imposant de *Cornélie* l'auteur met presque toûjours de l'esprit où il falait seulement de la douleur. Cette femme dont on vient d'assassiner le mari, commence son discours étudié à *César*, par un *car*:

 César, car le destin que dans tes fers je brave,
 M'a fait ta prisonnière & non pas ton esclave ;
 Et tu ne prétends pas qu'il m'abaisse le cœur
 Jusqu'à te rendre hommage & te nommer seigneur.

Elle s'interrompt ainsi dès le premier mot, pour dire une chose recherchée & fausse. Jamais une citoyenne Romaine ne fut esclave d'un citoyen Romain ; jamais un Romain ne fut appellé *seigneur* ; & ce mot *seigneur* n'est parmi nous qu'un terme d'honneur & de remplissage usité au théâtre.

 Fille de Scipion, & pour dire encor plus,
 Romaine, mon courage est encor au-dessus.

ESPRIT.

Outre le défaut si commun à tous les héros de *Corneille*, de s'annoncer ainsi eux-mêmes, de dire, Je suis grand, j'ai du courage, admirez-moi, il y a ici une affectation bien condamnable de parler de sa naissance quand la tête de *Pompée* vient d'être présentée à *Céfar*. Ce n'est point ainsi qu'une affliction véritable s'exprime. La douleur ne cherche point à dire *encor plus*. Et ce qu'il y a de pis, c'est qu'en voulant dire encor plus, elle dit beaucoup moins. Etre Romaine est sans doute moins que d'être fille de *Scipion* & femme de *Pompée*. L'infâme *Septime* assassin de *Pompée*, était Romain comme elle. Mille Romains étaient des hommes très médiocres ; mais être femme & fille des plus grands des Romains, c'était là une vraie supériorité. Il y a donc dans ce discours de l'esprit faux & déplacé, ainsi qu'une grandeur fausse & déplacée.

Ensuite elle dit après *Lucain*, qu'elle doit rougir d'être en vie.

Je dois rougir *pourtant* après un tel malheur,
De n'avoir pu mourir d'un excès de douleur.

Lucain après le beau siécle d'*Auguste*, cherchait de l'esprit, parce que la décadence commençait ; & dans le siécle de *Louis XIV* on commença par vouloir étaler de l'esprit, parce que le bon goût n'était pas encor entiérement formé comme il le fut depuis.

> César, de ta victoire écoute moins le bruit;
> Elle n'est que l'effet du malheur qui me suit.

Quel mauvais artifice, quelle idée fausse autant qu'imprudente ! *César* ne doit point, selon elle, écouter *le bruit* de sa victoire. Il n'a vaincu à Pharsale que parce que *Pompée* a épousé *Cornélie !* Que de peine pour dire ce qui n'est ni vrai, ni vraisemblable, ni convenable, ni touchant !

> *Deux fois du monde entier j'ai causé la disgrace.*

C'est le *bis nocui mundo* de Lucain. Ce vers présente une très grande idée. Elle doit surprendre, il n'y manque que la vérité. Mais il faut bien remarquer que si ce vers avait seulement une faible lueur de vraisemblance, & s'il était échappé aux emportemens de la douleur il serait admirable ; il aurait alors toute la vérité, toute la beauté de la convenance théâtrale.

> Heureuse en mes malheurs si ce triste himenée
> Pour le bonheur du monde à Rome m'eût donnée,
> Et si j'eusse avec moi porté dans ta maison
> D'un astre envenimé l'invincible poison ;
> Car enfin n'attends pas que j'abaisse ma haine ;
> Je te l'ai déja dit, César, je suis Romaine ;
> Et quoi que ta captive, un cœur tel que le mien,
> De peur de s'oublier ne te demande rien.

C'est encor du *Lucain ;* elle souhaite dans

la *Pharsale* d'avoir épousé *César*, & de n'avoir eu à se louer d'aucun de ses maris.

Atque utinam in thalamos invisi Cesaris essem
Infelix conjux & nulli læta marito.

Ce sentiment n'est point dans la nature ; il est à la fois gigantesque & puérile ; mais du moins ce n'est pas à *César* que *Cornélie* parle ainsi dans *Lucain*. Corneille au contraire fait parler *Cornélie* à *César* même ; il lui fait dire qu'elle souhaite d'être sa femme, pour porter dans sa maison le *poison invincible d'un astre envenimé*; car, ajoute-t-elle, ma haine ne peut s'abaisser, & je t'ai déja dit que je suis Romaine, & je ne te demande rien. Voilà un singulier raisonnement ; je voudrais t'avoir épousé pour te faire mourir, car je ne te demande rien.

Ajoutons encor que cette veuve accable *César* d'injures dans le moment où *César* vient de pleurer la mort de *Pompée*, & qu'il a promis de la venger.

Il est certain que si l'auteur n'avait pas voulu donner de l'esprit à *Cornélie*, il ne serait pas tombé dans ces défauts qui se font sentir aujourd'hui après avoir été applaudis si longtems. Les actrices ne peuvent plus guères les pallier par une fierté étudiée & des éclats de voix séducteurs.

Pour mieux connaître combien l'esprit seul est au-dessous des sentimens naturels, comparez *Cornélie* avec elle-même, quand elle dit des choses toutes contraires dans la même tirade ;

Encor ai-je sujet de rendre grace aux Dieux
De ce qu'en arrivant je te trouve en ces lieux,
Que César y commande & non pas Ptolomée.
Hélas ! & sous quel astre, ô ciel ! m'as-tu formée ?
Si je leur dois des vœux de ce qu'ils ont permis
Que je rencontre ici mes plus grands ennemis,
Et tombe entre leurs mains plutôt qu'aux mains d'un prince,
Qui doit à mon époux son trône & sa province.

Passons sur la petite faute de stile, & considérons combien ce discours est décent & douloureux ; il va au cœur, tout le reste éblouit l'esprit un moment & ensuite le révolte.

Ces vers naturels charment tous les spectateurs ;

O vous ! à ma douleur, objet terrible & tendre,
Eternel entretien de haine & de pitié,
Restes du grand Pompée écoutez sa moitié, &c.

C'est par ces comparaisons qu'on se forme le goût, & qu'on s'accoutume à ne rien aimer que le vrai mis à sa place. (Voyez *Goût.*)

Cléopatre dans la même tragédie s'exprime ainsi à sa confidente *Charmion* :

Apprends qu'une princesse aimant sa renommée,
Quand elle dit qu'elle aime est sûre d'être aimée ;

Et que les plus beaux feux dont son cœur soit épris
Ne sauraient l'exposer aux hontes d'un mépris,

Charmion pouvait lui repondre, Madame, je n'entends pas ce que c'est que les beaux feux d'une princesse qui n'oseraient l'exposer à des hontes. Et à l'égard des princesses qui ne disent qu'elles aiment que quand elles sont sûres d'être aimées, je fais toûjours le rôle de confidente à la comédie, & vingt princesses m'ont avoué leurs beaux feux sans être sûres de rien, & principalement l'infante du *Cid*.

Allons plus loin. *César*, *César* lui-même, ne parle à *Cléopatre* que pour montrer de l'esprit alambiqué :

Mais, ô Dieux ! ce moment que je vous ai quittée
D'un trouble bien plus grand a mon ame agitée,
Et ces soins importans qui m'arrachaient à vous
Contre ma grandeur même allumaient mon couroux ;
Je lui voulais du mal de m'être si contraire,
Mais je lui pardonnais au simple souvenir
Du bonheur qu'à ma flamme elle fait obtenir,
C'est elle dont je tiens cette haute espérance
Qui flatte mes désirs d'une illustre apparence.
C'était pour acquérir un droit si précieux
Que combattait partout mon bras ambitieux.
Et dans Pharsale même il a tiré l'épée
Plus pour le conserver que pour vaincre Pompée.

Voilà donc *César* qui veut du mal à sa grandeur de l'avoir éloigné un moment de *Cléopatre*, mais qui pardonne à sa grandeur en se souvenant que cette grandeur lui a fait obtenir le bonheur de sa flamme. Il tient la haute espérance d'une illustre apparence; & ce n'est que pour acquérir le droit précieux de cette illustre apparence que son bras ambitieux a donné la bataille de Pharsale.

On dit que cette sorte d'esprit, qui n'est, il faut le dire, que du galimatias, était alors l'esprit du tems. C'est cet abus intolérable que *Molière* proscrivit dans ses *Précieuses ridicules*.

Ce sont ces défauts trop fréquens dans Corneille que La Bruière désigna en disant, *J'ai cru dans ma première jeunesse que ces endroits étaient clairs, intelligibles pour les acteurs, pour le parterre & l'amphithéâtre, que leurs auteurs s'entendaient eux-mêmes, & que j'avais tort de n'y rien comprendre. Je suis détrompé.*

Caractères de La Bruière, chap. des ouvrages de l'esprit.

Nous avons relevé ailleurs l'affectation singulière, où est tombé *La Motte* dans son abrégé de l'*Iliade*, en fesant parler avec esprit toute l'armée des Grecs à la fois:

Tout le camp s'écria dans une joie extrême,
Que ne vaincra-t-il point, il s'est vaincu lui-même!

C'est-

C'est-là un trait d'esprit, une espèce de pointe & de jeu de mots. Car s'ensuit-il de ce qu'un homme a dompté sa colère qu'il sera vainqueur dans le combat ? Et comment cent mille hommes peuvent-ils dans un même instant s'accorder à dire un rébus ? ou, si l'on veut, un bon mot ?

SECTION TROISIÉME.

En Angleterre, pour exprimer qu'un homme a beaucoup d'esprit, on dit qu'il a de grandes parties, *great parts*. D'où cette manière de parler qui étonne aujourd'hui les Français, peut-elle venir ? d'eux-mêmes. Autrefois nous nous servions de ce mot *parties* très communément dans ce sens-là. *Clélie*, *Cassandre*, nos autres anciens romans ne parlent que des parties de leurs héros & de leurs héroïnes, & ces parties sont leur esprit. On ne pouvait mieux s'exprimer. En effet, qui peut avoir tout ? Chacun de nous n'a que sa petite portion d'intelligence, de mémoire, de sagacité, de profondeur d'idées, d'étendue, de vivacité, de finesse. Le mot de *parties* est le plus convenable pour des êtres aussi faibles que l'homme. Les Français ont laissé échapper de leurs dictionnaires une expression dont les Anglais se sont saisis. Les Anglais se sont enrichis plus d'une fois à nos dépends.

Cinquiéme partie.   X

Plusieurs écrivains philosophes se sont étonnés de ce que tout le monde prétendant à l'esprit, personne n'ose se vanter d'en avoir.

L'envie, a-t-on dit, *permet à chacun d'être le panégyriste de sa probité & non de son esprit.* L'envie permet qu'on fasse l'apologie de sa probité, non de son esprit, pourquoi ? c'est qu'il est très nécessaire de passer pour homme de bien, & point du tout d'avoir la réputation d'homme d'esprit.

On a ému la question si tous les hommes sont nés avec le même esprit, les mêmes dispositions pour les sciences, & que tout dépend de leur éducation & des circonstances où ils se trouvent. Un philosophe qui avait droit de se croire né avec quelque supériorité, prétendit que les esprits sont égaux ; cependant ou a toûjours vu le contraire. De quatre cent enfans élevés ensemble sous les mêmes maîtres, dans la même discipline, à peine y en a-t-il cinq ou six qui fassent des progrès bien marqués. Le grand nombre est toûjours des médiocres, & parmi ces médiocres il y a des nuances ; en un mot les esprits diffèrent plus que les visages.

Esprit faux.

Il y a malheureusement bien des manières d'avoir l'esprit faux. 1°. De ne pas exprimer si le principe est vrai lors-même qu'on en

ESPRIT. 323

déduit des conséquences juftes, & cette manière eft commune. (Voyez *Conféquences*.).

2°. De tirer des conféquences fauffes d'un principe reconnu pour vrai. Par exemple, un domeftique eft interrogé fi fon maître eft dans fa chambre, par des gens qu'il foupçonne d'en vouloir à fa vie ; s'il était affez fot pour leur dire la vérité fous prétexte qu'il ne faut pas mentir, il eft clair qu'il aurait tiré une conféquence abfurde d'un principe très vrai.

Un juge qui condamnerait un homme qui a tué fon affaffin parce que l'homicide eft défendu, ferait auffi inique que mauvais raifonneur.

De pareils cas fe fubdivifent en mille nuances différentes. Le bon efprit, l'efprit jufte eft celui qui les démêle ; delà vient qu'on a vu tant de jugemens iniques ; non que le cœur des juges fût méchant, mais parce qu'ils n'étaient pas affez éclairés.

ESSÉNIENS.

PLus une nation eft fuperftitieufe & barbare, obftinée à la guerre malgré fes défaites, partagée en factions, flottante entre la royauté & le facerdoce, enyvrée de fanatifme, plus il se trouve chez un tel peuple un nombre de citoyens qui s'unissent pour vivre en paix.

Il arrive qu'en tems de peste un petit canton s'interdit la communication avec les grandes villes. Il se préserve de la contagion qui régne ; mais il reste en proie aux autres maladies.

Tels on a vu les gymnosophistes aux Indes ; telles furent quelques sectes de philosophes chez les Grecs ; tels les pythagoriciens en Italie & en Grèce, & les thérapeutes en Egypte ; tels sont aujourd'hui les primitifs nommés *quakers*, & les *dunkards* en Pensilvanie ; & tels furent à-peu-près les premiers chrétiens qui vécurent ensemble loin des villes.

Aucune de ces sociétés ne connut cette effrayante coutume de se lier par serment au genre de vie qu'elles embrassaient ; de se donner des chaînes perpétuelles, de se dépouiller religieusement de la nature humaine dont le premier caractère est la liberté ; de faire enfin ce que nous appellons des *vœux*. Ce fut *St. Bazile* qui le premier imagina ces vœux, ce ferment de l'esclavage. Il introduisit un nouveau fléau sur la terre, & il tourna en poison ce qui avait été inventé comme remède.

Il y avait en Syrie des sociétés toutes semblables à celles des esséniens. C'est le Juif

ESSÉNIENS.

Philon qui nous le dit (dans le *Traité de la liberté des gens de bien.*) La Syrie fut toûjours superstitieuse & factieuse, toûjours opprimée par des tyrans. Les successeurs d'*Alexandre* en firent un théâtre d'horreurs. Il n'est pas étonnant que parmi tant d'infortunés, quelques-uns plus humains & plus sages que les autres, se soient éloignés du commerce des grandes villes, pour vivre en commun dans une honnête pauvreté, loin des yeux de la tyrannie.

On se réfugia dans de semblables asyles en Egypte pendant les guerres civiles des derniers *Ptoloméés*; & lorsque les armées romaines subjuguèrent l'Egypte, les thérapeutes s'établirent dans un désert auprès du lac Mœris.

Il paraît très probable qu'il y eut des thérapeutes Grecs, Egyptiens & Juifs. *Philon*, après avoir loué *Anaxagore*, *Démocrite* & les autres philosophes qui embrassèrent ce genre de vie, s'exprime ainsi. *Philon, de la vie contemplative.*

,, On trouve de pareilles sociétés en plu-
,, sieurs pays; la Grèce & d'autres contrées
,, jouissent de cette consolation : elle est très
,, commune en Egypte dans chaque nôme, &
,, surtout dans celui d'Alexandrie. Les plus
,, gens de bien, les plus austères se sont re-
,, tirés au-dessus du lac Mœris dans un lieu
,, désert, mais commode, qui forme une pen-
,, te douce. L'air y est tres sain; les bour-

,, gades assez nombreuses dans le voisinage du
,, désert, &c. "

Voilà donc partout des sociétés qui ont tâché d'échapper aux troubles, aux factions, à l'insolence, à la rapacité des oppresseurs. Toutes, sans exception, eurent la guerre en horreur; ils la regardèrent précisément du même œil que nous voyons le vol & l'assassinat sur les grands chemins.

Tels furent à-peu-près les gens de lettres qui s'assemblèrent en France, & qui fondèrent l'académie. Ils échappaient aux factions & aux cruautés qui désolaient le règne de *Loüis XIII*. Tels furent ceux qui fondèrent la société royale de Londres, pendant que les fous barbares nommés *puritains* & *épiscopaux*, s'égorgeaient pour quelques passages de trois ou quatre vieux livres inintelligibles.

Quelques savans ont cru que JESUS-CHRIST qui daigna paraître quelque tems dans le petit pays de Capharnaüm, dans Nazareth & dans quelques autres bourgades de la Palestine, était un de ces esséniens qui fuyaient le tumulte des affaires, & qui cultivaient en paix la vertu. Mais ni dans les quatre Evangiles reçus, ni dans les apocryphes, ni dans les *Actes des apôtres*, ni dans leurs lettres, on ne lit le nom d'*essénien*.

Quoique le nom ne s'y trouve pas, la ressemblance s'y trouve en plusieurs points, confraternité, biens en commun, vie auſtère, travail des mains, détachement des richeſſes & des honneurs, & ſurtout horreur pour la guerre. Cet éloignement eſt ſi grand, que Jesus-Christ commande de tendre l'autre joue quand on vous donne un ſoufflet, & de donner votre tunique quand on vous vole votre manteau. C'eſt ſur ce principe que les chrétiens ſe conduiſirent pendant près de deux ſiécles, ſans autels, ſans temples, ſans magiſtratures, tous exerçant des métiers, tous menant une vie cachée & paiſible.

Leurs premiers écrits atteſtent qu'il ne leur était pas permis de porter les armes. Ils reſ‑ ſemblaient en cela parfaitement à nos Penſil‑ vains, à nos anabatiſtes, à nos memnonites d'aujourd'hui, qui ſe piquent de ſuivre l'E‑ vangile à la lettre. Car quoi qu'il y ait dans l'Evangile pluſieurs paſſages qui étant mal entendus, peuvent inſpirer la violence, com‑ me les marchands chaſſés à coups de fouet hors des parvis du temple, le *contrain-les d'entrer*, les cachots dans leſquels on préci‑ pite ceux qui n'ont pas fait profiter l'argent du maître à cinq pour un, ceux qui viennent au feſtin ſans avoir la robe nuptiale ; quoique, dis-je, toutes ces maximes y ſemblent contrai‑ res à l'eſprit pacifique, cependant, il y en a tant d'autres qui ordonnent de ſouffrir au‑ lieu de combattre, qu'il n'eſt pas étonnant que les chrétiens ayent eu la guerre en exécration pendant environ deux cent ans.

Voilà fur quoi fe fonde la nombreufe & refpectable fociété des Penfilvains, ainfi que les petites fectes qui l'imitent. Quand je les appelle *refpectables*, ce n'eft pas par leur averfion pour la fplendeur de l'églife catholique. Je plains fans doute, comme je le dois, leurs erreurs. C'eft leur vertu, c'eft leur modeftie, c'eft leur efprit de paix que je refpecte.

Le grand philofophe *Bayle* n'a-t-il donc pas eu raifon de dire qu'un chrétien des premiers tems ferait un très mauvais foldat, ou qu'un foldat ferait un très mauvais chrétien?

Ce dilemme paraît fans replique; & c'eft, ce me femble, la différence entre l'ancien chriftianifme & l'ancien judaïfme.

La loi des premiers Juifs dit expreffément, Dès que vous ferez entrés dans le pays dont vous devez vous emparer, mettez tout à feu & à fang, égorgez fans pitié vieillards, femmes, enfans à la mammelle, tuez jufqu'aux animaux, faccagez tout, brûlez tout, c'eft votre DIEU qui vous l'ordonne. Ce catéchifme n'eft pas annoncé une fois, mais vingt; & il eft toûjours fuivi.

Mahomet perfécuté par les Mecquois fe défend en brave homme. Il contraint fes perfécuteurs vaincus à fe mettre à fes pieds, à devenir ſes proſélites ; il établit ſa religion par la parole & par l'épée.

JESUS, placé entre les tems de *Moïſe* & de *Mahomet* dans un coin de la Galilée, prêche le pardon des injures, la patience, la douceur, la ſouffrance, meurt du dernier ſupplice, & veut que ſes premiers diſciples meurent ainſi.

Je demande en bonne foi ſi *St. Barthelemi*, *St. André*, *St. Matthieu*, *St. Barnabé*, auraient été reçus parmi les cuiraſſiers de l'empereur, ou dans les trabans de *Charles XII ?* *St. Pierre* même, quoiqu'il ait coupé l'oreille à *Malchus*, aurait-il été propre à faire un bon chef de file ? Peut-être *St. Paul* accoutumé d'abord au carnage, & ayant eu le malheur d'être un perſécuteur ſanguinaire, eſt le ſeul qui aurait pu devenir guerrier. L'impétuoſité de ſon tempéramment & la chaleur de ſon imagination en auraient pu faire un capitaine redoutable. Mais malgré ces qualités il ne chercha point à ſe venger de *Gamaliel* par les armes. Il ne fit point comme les *Juda*, les *Theudas*, les *Barcokebas* qui levèrent des troupes ; il ſuivit les préceptes de JESUS, il ſouffrit, & même il eut, à ce qu'on prétend, la tête tranchée.

Faire une armée de chrétiens était donc, dans les premiers tems, une contradiction dans les termes.

ESSÉNIENS.

Il est clair que les chrétiens n'entrèrent dans les troupes de l'empire que quand l'esprit qui les animait, fut changé. Ils avaient dans les deux premiers siécles de l'horreur pour les temples, les autels, les cierges, l'encens, l'eau lustrale ; *Porphyre* les comparait aux renards qui disent, *ils sont trop verds*. Si vous pouviez avoir, disait-il, de beaux temples brillans d'or avec de grosses rentes pour les desservans, vous aimeriez les temples passionnément. Ils se donnèrent ensuite tout ce qu'ils avaient abhorré. C'est ainsi qu'ayant détesté le métier des armes, ils allèrent enfin à la guerre. Les chrétiens dès le tems de *Dioclétien*, furent aussi différens des chrétiens du tems des apôtres, que nous sommes différens des chrétiens du troisiéme siécle.

Continuation des pensées diverses. article CXXIV.

Je ne conçois pas comment un esprit aussi éclairé & aussi hardi que celui de *Montesquieu*, a pu condamner sévérement un autre génie bien plus méthodique que le sien, & combattre cette vérité annoncée par Bayle, *qu'une société de vrais chrétiens pourait vivre heureusement ensemble, mais qu'elle se défendrait mal contre les attaques d'un ennemi.*

,, Ce seraient, dit *Montesquieu*, des citoyens
,, infiniment éclairés sur leurs devoirs, & qui
,, auraient un très grand zèle pour les rem-
,, plir. Ils sentiraient très bien les droits de
,, la défense naturelle. Plus ils croiraient de-

,, voir à la religion , plus ils penseraient
,, devoir à la patrie. Les principes du chris-
,, tianisme bien gravés dans le cœur feraient
,, infiniment plus forts que ce faux honneur
,, des monarchies, ces vertus humaines des
,, républiques , & cette crainte servile des
,, états despotiques. "

Assurément l'auteur de l'*Esprit de loix* ne songeait pas aux paroles de l'Évangile quand il dit, que les vrais chrétiens sentiraient très bien les droits de la défense naturelle. Il ne se souvenait pas de l'ordre de donner sa tunique quand on vous vole le manteau , & de tendre l'autre joue quand on a reçu un soufflet. Voilà les principes de la défense naturelle très clairement anéantis. Ceux que nous appellons *quakers* ont toûjours refusé de combattre ; mais ils auraient été écrasés dans la guerre de 1756 s'ils n'avaient pas été secourus & forcés à se laisser secourir par les autres Anglais. (Voyez l'article *Primitive églife.*)

N'est-il pas indubitable que ceux qui penseraient en tout comme des martyrs , se battraient fort mal contre des grenadiers ? Toutes les paroles de ce chapitre de l'*Esprit des loix*, me paraissent fausses. *Les principes du chriftianifme bien gravés dans le cœur feraient infiniment plus forts*, &c. Oui , plus forts pour les empêcher de manier l'épée , pour les faire trembler de répandre le sang de leur prochain,

pour leur faire regarder la vie comme un fardeau dont le souverain bonheur est d'être dé-
chargé.

On les enverrait, dit Bayle, *comme des brebis au milieu des loups, si on les fesait aller re-
pousser de vieux corps d'infanterie, ou char-
ger des régimens de cuirassiers.*

Bayle avait très grande raison. *Montesquieu*
ne s'est pas apperçu qu'en le réfutant, il ne
voyait que les chrétiens mercenaires & sangui-
naires d'aujourd'hui, & non pas des premiers
chrétiens. Il semble qu'il ait voulu prévenir les
injustes accusations qu'il a essuié des fanatiques, en leur sacrifiant *Bayle*; & il n'y a
rien gagné. Ce sont deux grands-hommes
qui paraissent d'avis différent, & qui auraient
eu toûjours le même s'ils avaient été également
libres.

*Le faux honneur des monarchies, les vertus
humaines des républiques, la crainte servile des
états despotiques.* Rien de tout cela ne fait les
soldats, comme le prétend l'*Esprit des loix*.
Quand nous levons un régiment dont le quart
déserte au bout de quinze jours, il n'y a
pas un seul des enrôlés qui pense à l'honneur
de la monarchie; ils ne savent ce que c'est.
Les troupes mercenaires de la république de
Venise connaissent leur paye, & non la vertu
républicaine, de laquelle on ne parle jamais dans la place St. Marc. Je ne crois pas
en un mot qu'il y ait un seul homme sur

la terre qui s'enrôle dans un régiment par vertu.

Ce n'est point non plus par une crainte servile que les Turcs & les Russes se battent avec un acharnement & une fureur de lions & de tigres ; on n'a point ainsi du courage par crainte. Ce n'est pas non plus par dévotion que les Russes ont battu les armées de *Monstapha*. Il serait à desirer, ce me semble, qu'un homme si ingénieux eût plus cherché à faire connaitre le vrai , qu'à montrer son esprit. Il faut s'oublier entiérement quand on veut instruire les hommes, & n'avoir en vue que la vérité.

ÉTERNITÉ.

J'Admirais dans ma jeunesse tous les raisonnemens de *Samuel Clarke* ; j'aimais sa personne quoi qu'il fût un arien déterminé ainsi que *Newton*, & j'aime encor sa mémoire parce qu'il était bon homme ; mais le cachet de ses idées qu'il avait mis sur ma cervelle encor molle, s'effaça quand cette cervelle se fut un peu fortifiée. Je trouvai, par exemple, qu'il avait aussi mal combattu l'éternité du monde qu'il avait mal établi la réalité de l'espace infini.

J'ai tant de respect pour la Genèse & pour l'église qui l'adopte, que je la regarde comme la seule preuve de la création du monde depuis cinq mille sept cent dix-huit ans, selon le comput des Latins, & de sept mille deux cent soixante & dix-huit ans selon les Grecs.

Toute l'antiquité crut au moins la matière éternelle ; & les plus grands philosophes attribuèrent aussi l'éternité à l'ordre de l'univers.

Ils se sont tous trompés, comme on sait ; mais on peut croire sans blasphème que l'Eternel formateur de toutes choses fit d'autres mondes que le nôtre.

Voici ce que dit sur ces mondes & sur cette éternité un auteur inconnu dans une petite feuille, qui peut aisément se perdre, & qu'il est peut-être bon de conserver.

Foliis tantum ne carmina manda.

S'il y a dans cet écrit quelques propositions téméraires, la petite société qui travaille à la rédaction du recueil, les désavoue de tout son cœur.

Mes compagnons, mes frères, hommes qui possédez l'intelligence, cette émanation de DIEU *même, adorez avec moi ce* DIEU *qui vous l'a donnée, ce* Li, *ce* Chang-ti, *ce* Tien, *que les Seres, les antiques habitans du Catay adorent depuis cinq mille ans, selon leurs annales publiques ; annales qu'aucun tribunal de lettrés* n'a jamais révoquées en doute, & qui ne sont combattues chez les peuples occidentaux que par des ignorans insensés, qui mesurent le reste de la terre & les tems antiques par la petite mesure de leur province, sortie à peine de la barbarie.

Adorons cet Etre des êtres que les peuples du Gange polices avant les Seres reconnaissaient dans des tems encor plus reculés, sous le nom de Birmah père de Brama & de toutes choses, & qui fut invoqué sans doute dans les révolutions innombrables qui ont changé si souvent la face de notre globe.

Adorons ce grand Etre nommé Oromaze chez les anciens Perses. Adorons ce Démiourgos que Platon célebra chez les Grecs, ce DIEU très bon & très grand, optimum maximum, qui n'était point appellé d'un autre nom chez les Romains, lorsque dans le sénat ils dictaient des loix aux trois quarts de la terre alors connue.

C'est lui qui de toute éternité arrangea la matière dans l'immensité de l'espace. Il dit, & tout exista ; mais il le dit avant les tems ; il est l'Etre nécessaire : donc il fut toûjours. Il est l'Etre agissant, donc il a toûjours agi : sans quoi il n'aurait été dans une éternité passée que l'être inutile. Il n'a pas fait l'univers dans peu de jours ; car alors il ne serait que l'être capricieux.

Ce n'est ni depuis six mille ans, ni depuis cent mille, que ses créatures lui dûrent leurs hommages ; c'est de toute éternité. Quel resserrement d'esprit, quelle absurde grossiereté ! de dire le chaos était éternel, & l'ordre n'est que d'hier. Non, l'ordre fut toûjours parce que l'Etre nécessaire auteur de l'ordre fut toûjours.

C'est ainsi que pensait le grand St. Thomas dans la Somme de la foi catholique, lib. II. capite III. „ Dieu a eu la volonté pendant toute
„ l'eternité, ou de produire l'univers, ou de ne
„ le pas produire ; or il est manifeste qu'il a eu
„ la volonté de le produire ; donc il l'a produit
„ de toute éternité, l'effet suivant toûjours la
„ puissance d'un agent qui agit par volonté."

A ces paroles sensees qu'on est bien étonné de trouver dans St. Thomas, j'ajoute, qu'un effet d'une cause éternelle & nécessaire, doit être éternel & nécessaire comme elle.

Dieu n'a pas abandonné la matière à des atômes qui ont eu sans cesse un mouvement de déclinaison ainsi que l'a chanté Lucrèce, grand peintre à la vérité des choses communes qu'il est aisé de peindre, mais physicien de la plus complette ignorance.

Cet Etre suprème n'a pas pris des cubes, des petits dés pour en former la terre. les planétes, la lumiere, la matière magnetique, comme l'a imaginé le chimerique Descartes, dans son roman, appellé philosophie.

Mais il a voulu que toute matière gravitât invinciblement vers un centre en raison directe de sa masse, & en raison inverse du quarré
de

ETERNITÉ.

de sa distance à ce centre ; il a ordonné que ce centre de notre petit monde fût dans le soleil, & que toutes nos planètes tournassent autour de lui, de façon que les cubes de leurs distances seraient toûjours comme les quarrés de leurs révolutions. Jupiter & Saturne observent ces loix en parcourant leurs orbites ; & les satellites de Saturne & de Jupiter obéïssent à ces loix avec la même exactitude. Ces divins théorèmes réduits en pratique à la naissance éternelle des mondes, n'ont été découverts que de nos jours ; mais ils sont aujourd'hui aussi connus que les premières propositions d'Euclide.

On sait que tout est uniforme dans l'étendue des cieux ; mille milliards de soleils qui la remplissent, ne sont qu'une faible expression de l'immensité de l'existence. Tous jettent de leur sein les mêmes torrens de lumière qui partent de notre soleil ; & des mondes innombrables s'éclairent les uns les autres. On en compte jusqu'à deux mille dans une seule partie de la constellation d'Orion. Cette longue & large bande de points blancs qu'on remarque dans l'espace, & que la fabuleuse Grèce nommait la voye lactée, en imaginant qu'un enfant nommé Jupiter, Dieu de l'univers, avait laissé repandre un peu de lait en tétant sa nourrice, cette voye lactée, dis-je, est une foule de soleils dont chacun a ses mondes planétaires roulans autour de lui. Et à travers cette longue trainée de soleils & de mondes on voit des espaces dans lesquels

Cinquiéme partie.

on distingue encor des mondes plus éloignés, surmontés d'autres espaces & d'autres mondes.

J'ai lu dans un poëme épique ces vers qui expriment ce que j'ai voulu dire ;

> Au delà de leurs cours & loin dans cet espace,
> Où la matière nage & que Dieu seul embrasse,
> Sont des soleils sans nombre & des mondes sans fin ;
> Dans cet abime immense il leur ouvre un chemin.
> Par delà tous ces cieux le Dieu des cieux réside.

J'aurais mieux aimé que l'auteur eût dit :

> Dans ces cieux infinis le Dieu des cieux réside.

Car la force, la vertu puissante qui les dirige & qui les anime, doivent être partout ; ainsi que la gravitation est dans toutes les parties de la matière, ainsi que la force motrice est dans toute la substance du corps en mouvement.

Quoi ! la force active serait en tous lieux, & le grand Etre ne serait pas en tous lieux !

Virgile *a dit* :

Mens agitat molem & magno se corpore miscet.

Caton *a dit* :

Jupiter est quodcumque vides quocumque moveris.

St. Paul *a dit* :

In Deo vivimus movemur & sumus.

Tout se meut, tout respire & tout existe en Dieu.

ETERNITÉ.

Nous avons eu la baſſeſſe d'en faire un roi qui a des courtiſans dans ſon cabinet, & des huiſſiers dans ſon antichambre. On chante dans quelques temples gothiques ces vers nouveaux.

Illic secum habitans in penetralibus
Se rex ipse suo contuitu beat.

*Dans ſon appartement ce monarque ſuprême
Se voit avec plaiſir & vit avec lui-même.*

C'eſt au fond peindre Dieu comme un fat qui ſe regarde au miroir & qui ſe contemple dans ſa figure ; c'eſt bien alors que l'homme a fait Dieu à ſon image.

Penſons donc comme Platon, Virgile, Caton, St. Paul, St. Thomas, *ſur ce grand ſujet, & non comme l'auteur de cette hymne. Ne ceſſons de répéter que l'intelligence infinie de l'Etre néceſſaire, de l'Etre formateur, produit tout, remplit tout, vivifie tout de toute éternité. Il nous faut à nous, ombres paſſagères, à nous atômes d'un moment, à nous atômes penſans, il nous faut une portion d'intelligence bien rare, bien exercée pour comprendre ſeulement une petite partie de ſes mathématiques éternelles.*

Par quelles loix la terre a-t-elle un mouvement périodique de vingt-ſept mille neuf cent vingt années outre ſon cours dans ſon orbite & ſa rotation ſur elle-même ? comment l'aſtre de nos nuits ſe balance-t-il, & pourquoi la terre & lui changent-ils continuellement pendant dix-neuf années la place où leurs orbites *doivent se rencontrer ? Le nombre des hommes qui s'élèvent à ces connaissances divines, n'est pas une unité sur un million dans le genre-humain : tandis que presque tous les hommes courbés vers la fange de la terre, ou consument leur vie dans de petites intrigues, ou tuent les hommes leurs frères, & en sont tués pour de l'argent.*

C'est au petit nombre de sages que je m'adresse pour admirer avec eux l'immensité de l'ordre des choses ; la puissante intelligence qui respire dans elles, & l'éternité dans laquelle elles nagent, éternité dont un moment est accordé aux individus passagers qui végètent, qui sentent, & qui pensent. (Voyez *Infini.*)

EVANGILE.

C'Est une grande question de savoir quels sont les premiers Evangiles. C'est une vérité constante, quoiqu'en dise *Abadie*, qu'aucun des premiers pères de l'église inclusivement jusqu'à *Irénée*, ne cite aucun passage des quatre Evangiles que nous connaissons. Au contraire les alloges, les théodosiens rejettèrent constamment l'*Evangile de St. Jean*, & ils en parlaient toûjours avec mépris, comme l'avance *St. Epiphane* dans sa trente-quatriéme homélie. Nos ennemis remarquent encor que non-feulement les plus anciens pères ne citent jamais rien de nos Evangiles ; mais qu'ils rapportent plufieurs paſſages qui ne ſe trouvent que dans les Evangiles apocryphes rejettés du canon.

St. Clément, par exemple, rapporte que notre Seigneur ayant été interrogé ſur le tems où ſon royaume aviendrait, repondit, *Ce ſera quand deux ne feront qu'un, quand le dehors reſſemblera au dedans, & quand il n'y aura ni mâle ni femelle.* Or il faut avouer que ce paſſage ne ſe trouve dans aucun de nos Evangiles. Il y a cent exemples qui prouvent cette vérité ; on les peut recueillir dans l'examen critique de Mr. *Freret* ſecrétaire perpétuel de l'académie des belles-lettres de Paris.

Le ſavant *Fabricius* s'eſt donné la peine de raſſembler les anciens Evangiles que le tems a conſervés, celui de *Jacques* parait le premier. Il eſt certain qu'il a encor beaucoup d'autorité dans quelques égliſes d'Orient. Il eſt appellé *premier évangile*. Il nous reſte la paſſion & la réſurrection qu'on prétend écrite par Nicodème. Cet *Evangile de Nicodème* eſt cité par *St. Juſtin* & par *Tertullien*, c'eſt-là qu'on trouve les noms des accuſateurs de notre Sauveur, *Annas*, *Caïphas*, *Soumas*, *Dathan*, *Gamaliel*, *Judas*, *Levi*, *Nephtali* ; l'attention de rapporter ces noms, donne une apparence de candeur à l'ouvrage. Nos adverfaires ont conclu que puifqu'on fuppofa tant de faux Evangiles reconnus d'abord pour vrais, on peut auffi avoir fuppofé ceux qui font aujourd'hui l'objet de notre croyance. Ils infiftent beaucoup fur la foi des premiers hérétiques qui moururent pour ces Evangiles apocryphes. Il y eut donc, difent-ils, des fauffaires, des féducteurs & des gens féduits qui moururent pour l'erreur ; ce n'eft donc pas une preuve de la vérité de notre religion que des martyrs foient morts pour elle.

Ils ajoutent de plus, qu'on ne demanda jamais aux martyrs : Croyez-vous à l'Evangile de *Jean*, ou à l'Evangile de *Jacques ?* Les payens ne pouvaient fonder des interrogatoires fur des livres qu'ils ne connaiffaient pas : les magiftrats punirent quelques chrétiens très injuftement comme perturbateurs du repos public ; mais ils ne les interrogèrent jamais fur nos quatre Evangiles. Ces livres ne furent un peu connus des Romains que fous *Dioclétien*; & ils eurent à peine quelque publicité dans les dernières années de *Dioclétien*. C'était un crime abominable, irrémiffible à un chrétien de faire voir un Evangile à un gentil. Cela eft fi vrai, que vous ne rencontrez le mot d'*Evangile* dans aucun auteur prophane.

Les fociniens rigides ne regardent donc nos quatres divins Evangiles que comme des ouvrages clandeftins fabriqués environ un siécle après Jesus-Christ, & cachés soigneusement aux gentils pendant un autre siécle ; ouvrages, disent-ils, grossiérement écrits par des hommes grossiers qui ne s'adressèrent longtems qu'à la populace de leur parti. Nous ne voulons pas répéter ici leurs autres blasphèmes. Cette secte, quoiqu'assez répandue, est aujourd'hui aussi cachée que l'étaient les premiers Evangiles. Il est d'autant plus difficile de les convertir, qu'ils ne croyent que leur raison. Les autres chrétiens ne combattent contre eux que par la voix sainte de l'Ecriture : ainsi il est impossible que les uns & les autres étant toûjours ennemis, puissent jamais se rencontrer.

Pour nous ; restons toûjours inviolablement attachés à nos quatre Evangiles, avec l'église infaillible. Réprouvons les cinquante Evangiles qu'elle a réprouvés. N'examinons point pourquoi notre Seigneur Jesus-Christ permit qu'on fît cinquante Evangiles faux, cinquante histoires fausses de sa vie ; & soumettons-nous à nos pasteurs qui sont les seuls sur la terre éclairés du St. Esprit.

Qu'*Abadie* soit tombé dans une erreur grossière en regardant comme autentiques les lettres, si ridiculement supposées, de *Pilate* à *Tibère*, & la prétendue proposition de *Tibère* au sénat, de mettre Jesus-Christ au rang des Dieux. Si *Abadie* est un mauvais critique

& un très mauvais raisonneur, l'église est-elle moins éclairée ? devons-nous moins la croire ? devons-nous lui être moins soumis ?

EUCHARISTIE.

Dans cette question délicate, nous ne parlerons point en théologiens. Soumis de cœur & d'esprit à la religion dans laquelle nous sommes nés, aux loix sous lesquelles nous vivons, nous n'agiterons point la controverse; elle est trop ennemie de toutes les religions qu'elle se vante de soutenir, de toutes les loix qu'elle feint d'expliquer, & surtout de la concorde qu'elle a bannie de la terre dans tous les tems.

Une moitié de l'Europe anathématise l'autre au sujet de l'eucharistie, & le sang a coulé des rivages de la mer Baltique au pied des Pyrenées, pendant près de deux cent ans, pour un mot qui signifie *douce charité*.

Vingt nations dans cette partie du monde ont en horreur le systéme de la transsubstantiation catholique. Elles crient que ce dogme est le dernier effort de la folie humaine. Elles attestent ce fameux passage de *Cicéron*, qui dit, que les hommes ayant épuisé toutes les épouvantables démences dont ils sont capa-

Voyez la Divination de Cicéron citée à l'article.

bles, ne se sont point encor avisés de manger le Dieu qu'ils adorent. Elles disent que presque toutes les opinions populaires étant fondées sur des équivoques, sur l'abus des mots, les catholiques romains n'ont fondé leur système de l'eucharistie & de la transsubstantiation que sur une équivoque; qu'ils ont pris au propre ce qui n'a pu être dit qu'au figuré, & que la terre depuis seize cent ans a été ensanglantée pour des logomachies, pour des mal-entendus.

Leurs prédicateurs dans les chaires, leurs savans dans leurs livres, les peuples dans leurs discours répètent sans cesse que Jesus-Christ ne prit point son corps avec ses deux mains pour le faire manger à ses apôtres; qu'un corps ne peut être en cent mille endroits à la fois dans du pain & dans un calice; que du pain qu'on rend en excrémens, & du vin qu'on rend en urine ne peuvent être le Dieu formateur de l'univers. Que ce dogme peut exposer la religion chrétienne à la dérision des plus simples, au mépris & à l'exécration du reste du genre-humain.

C'est-là ce que disent les *Tillotson*, les *Smaldriges*, les *Turrettins*, les *Claudes*, les *Daillé*, les *Amyrauts*, les *Mestrezat*, les *Dumoulin*, les *Blondel*, & la foule innombrable des réformateurs du seiziéme siécle; tandis que le mahométan paisible, maitre de l'Afrique, de la plus belle partie de l'Europe &

de l'Afie rit avec dédain de nos difputes, & que le refte de la terre les ignore.

Encor une fois, je ne controverfe point; je crois d'une foi vive tout ce que la religion catholique apoftolique enfeigne fur l'eucharistie, fans y comprendre un feul mot.

Voici mon feul objet. Il s'agit de mettre aux crimes le plus grand frein poffible. Les ftoïciens difaient, qu'ils portaient DIEU dans leur cœur ; ce font les expreffions de *Marc-Aurèle* & d'*Epictète* les plus vertueux de tous les hommes, & qui étaient, fi on ofe le dire, des dieux fur la terre. Ils entendaient par ces mots, *je porte* DIEU *dans moi*, la partie de l'ame divine univerfelle qui anime toutes les intelligences.

La religion catholique va plus loin ; elle dit aux hommes, Vous aurez phyfiquement dans vous ce que les ftoïciens avaient métaphyfiquement. Ne vous informez pas de ce que je vous donne à manger, & à boire, ou à manger fimplement. Croyez feulement que c'eft DIEU que je vous donne ; il eft dans votre eftomac. Votre cœur le fouillera-t-il par des injuftices, par des turpitudes ? Voilà donc des hommes qui reçoivent DIEU dans eux au milieu d'une cérémonie augufte, à la lueur de cent cierges, après une mufique qui a enchanté leurs fens, au pied d'un autel brillant d'or. L'imagination eft fubjuguée, l'ame eft faifie & attendrie. On refpire à peine, on est détaché de tout lien terrestre , on est uni avec D<small>IEU</small> , il est dans notre chair & dans notre sang. Qui osera, qui poura commettre après cela une seule faute, en recevoir seulement la pensée ? Il était impossible, sans doute, d'imaginer un mystère qui retînt plus fortement les hommes dans la vertu.

Cependant , *Louïs XI* en recevant D<small>IEU</small> dans lui, empoisonne son frère ; l'archevêque de Florence en fesant D<small>IEU</small>, & les *Pazzi* en recevant D<small>IEU</small> assassinent les *Médicis* dans la cathédrale. Le pape *Alexandre VI* au sortir du lit de sa fille bâtarde, donne D<small>IEU</small> à son bâtard *César Borgia*, & tout deux font périr par la corde, par le poison, par le fer quiconque possède deux arpens de terre à leur bienséance.

Jules II fait & mange D<small>IEU</small> ; mais la cuirasse sur le dos & le casque en tête, il se souille de sang & de carnage. *Léon X* tient D<small>IEU</small> dans son estomac, ses maîtresses dans ses bras , & l'argent extorqué par les indulgences dans ses coffres & dans ceux de sa sœur.

Troll archevêque d'Upsal, fait égorger sous ses yeux les sénateurs de Suède, une bulle du pape à la main. *Vangal* évêque de Munster, fait la guerre à tous ses voisins, & devient fameux par ses rapines.

L'abbé *N*... est plein de D<small>IEU</small>, ne parle que de D<small>IEU</small>, donne à D<small>IEU</small> toutes les femmes ou imbécilles ou folles qu'il peut diriger & vole l'argent des pénitens.

Que conclure de ces contradictions ? que tous ces gens-là n'ont pas cru véritablement en Dieu, qu'ils ont encor moins cru qu'ils eussent mangé le corps de Dieu & bu son sang. Qu'ils n'ont jamais imaginé avoir Dieu dans leur estomac ; que s'ils l'avaient cru fermement, ils n'auraient jamais commis aucun de ces crimes réfléchis ; qu'en un mot, le remede le plus fort contre les atrocités des hommes, a été le plus inefficace. Plus l'idée en était sublime, plus elle a été rejettée en secret par la malice humaine.

Non-seulement tous nos grands criminels qui ont gouverné, mais qui ont voulu extorquer une petite part au gouvernement en sous-ordre, n'ont pas cru qu'ils recevaient Dieu dans leurs entrailles, mais ils n'ont pas cru réellement en Dieu ; du moins ils en ont entiérement effacé l'idée dans leur tête. Leur mépris pour le sacrement qu'ils fesaient, & qu'ils conféraient, a été porté jusqu'au mépris de Dieu même. Quelle est donc la ressource qui nous reste contre la déprédation, l'insolence, la violence, la calomnie, la persécution ? De bien persuader l'existence de Dieu au puissant qui opprime le faible. Il ne tira pas du moins de cette opinion ; & s'il n'a pas cru que Dieu fût dans son estomac, il poura croire que Dieu est dans toute la nature. Un mystère incompréhensible l'a rebuté. Poura-t-il dire que l'existence d'un Dieu rémunérateur

& vengeur eſt un myſtère incompréhenſible ? Enfin, s'il ne s'eſt pas ſoumis à la voix d'un évêque catholique qui lui a dit, Voilà DIEU qu'un homme, conſacré par moi, a mis dans ta bouche ; réſiſtera-t-il à la voix de tous les aſtres, & de tous les êtres animés, qui lui crient, C'eſt DIEU qui nous a formés ?

ÉVÊQUE.

SAmuel Ornik natif de Bâle, était, comme on ſait, un jeune homme très aimable, qui d'ailleurs ſavait par cœur ſon nouveau Teſtament en grec & en allemand. Ses parens le firent voyager à l'âge de vingt ans. On le chargea de porter des livres au coadjuteur de Paris du tems de la fronde. Il arrive à la porte de l'archevêché ; le Suiſſe lui dit, que monſeigneur ne voit perſonne. Camarade, lui dit Ornik. vous êtes rude à vos compatriotes ; les apôtres laiſſèrent approcher tout le monde ; & JESUS-CHRIST voulait qu'on laiſſât venir à lui tous les petits enfans. Je n'ai rien à demander à votre maître, au contraire je viens lui apporter. Entrez donc, dit le Suiſſe.

Il attend une heure dans une première antichambre. Comme il était fort naïf, il attaque de conversation un domestique qui aimait fort à dire tout ce qu'il savait de son maître. Il faut qu'il soit puissamment riche, dit *Ornik*, pour avoir cette foule de pages & d'estafiers que je vois courir dans la maison. Je ne sais pas ce qu'il a de revenu, répond l'autre ; mais j'entends dire à *Joli* & à l'abbé *Charier*, qu'il a déja deux millions de dettes. Il faudra, dit *Ornik*, qu'il envoye fouiller dans la gueule d'un poisson pour payer son corban. Mais quelle est cette dame qui sort d'un cabinet, & qui passe ? C'est madame de *Pomereu* l'une de ses maîtresses. — Elle est vraiment fort jolie. Mais je n'ai point lu que les apôtres eussent une telle compagnie dans leur chambre à coucher les matins.— Ah ! voilà, je crois, monsieur qui va donner audience.—Dites sa grandeur, monseigneur.— Hélas ! très volontiers. *Ornik* salue sa grandeur, lui présente ses livres, & en est reçu avec un sourire très gracieux. On lui dit quatre mots, & on monte en carrosse escorté de cinquante cavaliers. En montant, monseigneur laisse tomber une gaîne. *Ornik* est tout étonné que monseigneur porte une si grande écritoire dans sa poche. — Ne voyez-vous pas que c'est son poignard, lui dit le causeur. Tout le monde porte régulièrement son poignard quand on va au parlement. Voilà une plaisante manière d'officier, dit *Ornik*, & il s'en va fort étonné.

Il parcourt la France & s'édifie de ville en ville ; delà il paffe en Italie. Quand il eft fur les terres du pape, il rencontre un de ces évêques à mille écus de rente, qui allait à pied. *Ornik* était très honnête ; il lui offre une place dans fa cambiature. Vous allez fans doute, monfeigneur, confoler quelque malade ? — Monfieur, j'allais chez mon maître. — Votre maître ! c'eft JESUS-CHRIST fans doute ? — Monfieur, c'eft le cardinal *Azolin*, je fuis fon aumônier. Il me donne des gages bien médiocres ; mais il m'a promis de me placer auprès de *Dona Olimpia*, la belle-fœur favorite *di noftro fignore*. — Quoi ! vous êtes aux gages d'un cardinal ! mais ne favez-vous pas qu'il n'y avait point de cardinaux du tems de JESUS CHRIST & de *St. Jean ?*— Eft-il poffible ? s'écria le prélat Italien. — Rien n'eft plus vrai ; vous l'avez lu dans l'Evangile. — Je ne l'ai jamais lu, repliqua l'évêque, je ne fais que l'office de Notre-Dame.— Il n'y avait, vous dis-je, ni cardinaux, ni évêques; & quand il y eut des évêques, les prêtres furent prefque leurs égaux, à ce que *Jérôme* affure en plufieurs endroits.— Ste. Vierge, dit l'Italien, je n'en favais rien. Et des papes ? — Il n'y en avait pas plus que de cardinaux. — Le bon évêque fe figna ; il crut être avec l'efprit malin, & fauta en bas de la cambiature.

EXAGÉRATION.

C'Est le propre de l'esprit humain d'exagérer. Les premiers écrivains agrandirent la taille des premiers hommes, leur donnèrent une vie dix fois plus longue que la nôtre, supposèrent que les corneilles vivaient trois cent ans, les cerfs neuf cent, & les nymphes trois mille années. Si *Xerxès* passe en Grèce, il traine quatre millions d'hommes à sa suite. Si une nation gagne une bataille, elle a presque toûjours perdu peu de guerriers, & tué une quantité prodigieuse d'ennemis. C'est peut-être en ce sens qu'il est dit dans les pseaumes, *Omnis homo mendax.*

Quiconque fait un récit, a besoin d'être le plus scrupuleux de tous les hommes, s'il n'exagère pas un peu pour se faire écouter. C'est-là ce qui a tant décrédité les voyageurs; on se défie toûjours d'eux. Si l'un a vu un chou grand comme une maison, l'autre a vu la marmite faite pour ce chou. Ce n'est qu'une longue unanimité de témoignages valides qui met à la fin le sceau de la probabilité aux récits extraordinaires.

La poesie est surtout le champ de l'exagération. Tous les poetes ont voulu attirer l'attention des hommes par des images frappantes.

EXAGÉRATION.

Si un Dieu marche dans l'*Iliade*, il est au bout du monde à la troisiéme enjambée. Ce n'était pas la peine de parler des montagnes pour les laisser à leur place; il falait les faire sauter comme des chèvres, ou les fondre comme de la cire.

L'ode dans tous les tems a été consacrée à l'exagération. Aussi plus une nation devient philosophe, plus les odes à entousiasme, & qui n'apprennent rien aux hommes, perdent de leur prix.

De tous les genres de poésie celui qui charme le plus les esprits instruits & cultivés, c'est la tragédie. Quand la nation n'a pas encor le goût formé, quand elle est dans ce passage de la barbarie à la culture de l'esprit, alors presque tout dans la tragédie est gigantesque & hors de la nature.

Rotrou qui avec du génie travailla précisément dans le tems de ce passage, & qui donna dans l'anné 1636 son *Hercule mourant*, commence par faire parler ainsi son héros :

Père de la clarté, grand astre, ame du monde,
  Quels termes n'a franchis ma course vagabonde ;
  Sur quels bords a-t-on vu tes rayons étalés
  Où ces bras triomphans ne se soient signalés ?
  J'ai porté la terreur plus loin que ta carrière,
  Plus loin qu'où tes rayons ont porté ta lumière :
J'ai forcé des pays que le jour ne voit pas,
  Et j'ai vu la nature au delà de mes pas.

Cinquiéme partie.   Z

Neptune & ses tritons ont vu d'un œil timide
Promener mes vaisseaux sur leur campagne humide.
L'air tremble comme l'onde au seul bruit de mon nom,
Et n'ose plus servir la haine de Junon.
Mais qu'en vain j'ai purgé le séjour où nous sommes!
Je donne aux immortels la peur que j'ôte aux hommes.

On voit par ces vers combien l'exagéré, l'ampoulé, le forcé étaient encor à la mode; & c'est ce qui doit faire pardonner à *Pierre Corneille*.

Il n'y avait que trois ans que *Mairet* avait commencé à se rapprocher de la vraisemblance & du naturel dans sa *Sophonisbe*. Il fut le premier en France qui non-seulement fit une piéce régulière, dans laquelle les trois unités sont exactement observées, mais qui connut le langage des passions & qui mit de la vérité dans le dialogue. Il n'y a rien d'exagéré, rien d'ampoulé dans cette piéce. L'auteur tomba dans un vice tout contraire : c'est la naïveté & la familiarité qui ne sont convenables qu'à la comédie. Cette naïveté plut alors beaucoup.

La première entrevue de *Sophonisbe* & de *Massinisse* charma toute la cour. La coquetterie de cette reine captive qui veut plaire à son vainqueur, eut un prodigieux succès. On trouva même très bon que de deux suivantes qui accompagnaient *Sophonisbe* dans cette scène, l'une dit à l'autre, en voyant

EXAGÉRATION.

Massinisse attendri, *Ma compagne, il se prend.*
Ce trait comique était dans la nature ; & les discours ampoulés n'y sont pas ; aussi cette piéce resta plus de quarante années au théâtre.

L'exagération espagnole reprit bientôt sa place dans l'imitation du *Cid* que donna *Pierre Corneille* d'après *Guillain de Castro* & *Baptista Diamante*, deux auteurs qui avaient traité ce sujet avec succès à Madrid. *Corneille* ne craignit point de traduire ces vers de *Diamante* :

Su sangre segor que en humo
Su sentimiento explicava,
Por la boca que la viérté
De verse alli derramada
Por otro, que por su rey.

Son sang sur la poussière écrivait mon devoir.

Ce sang qui tout sorti fume encor de courroux
De se voir répandu pour d'autres que pour vous.

Le comte de *Gormas* ne prodigue pas des exagérations moins fortes quand il dit :

Mon nom sert de rempart à toute la Castille,
Grenade & l'Arragon tremblent quand ce fer brille.

Le prince, pour essai de générosité,
Gagnerait des combats marchant à mon côté.

Non-seulement ces rodomontades étaient intolérables, mais elles étaient exprimées dans un stile qui felait un énorme contraste avec les sentimens si naturels & si vrais de *Chimène* & de *Rodrigue*.

Toutes ces images boursoufflées ne commencèrent à déplaire aux esprits bien faits, que lors qu'enfin la politesse de la cour de *Louis XIV* apprit aux Français que la modestie doit être la compagne de la valeur ; qu'il faut laisser aux autres le soin de nous louer ; que ni les guerriers, ni les ministres, ni les rois ne parlent avec emphase ; & que le stile boursouflé est le contraire du sublime.

On n'aime point aujourd'hui qu'Auguste parle de *l'empire absolu qu'il a sur tout le monde, & de son pouvoir souverain sur la terre & sur l'onde ;* on n'entend plus qu'en souriant Emilie dire à Cinna :

Pour être plus qu'un roi tu te crois quelque chose.

Jamais il n'y eut en effet d'exagération plus outrée. Il n'y avait pas longtems que des chevaliers Romains des plus anciennes familles, un *Septime*, un *Achillas* avaient été aux gages de *Ptolomée* roi d'Egypte. Le sénat de Rome pouvait se croire au-dessus des rois ; mais chaque bourgeois de Rome ne pouvait avoir cette prétention ridicule. On haïssait le nom de roi à Rome, comme celui de maître, *dominus*, mais on ne le méprisait pas. On le méprisait

EXAGÉRATION. 357

si peu, que *César* l'ambitionna, & ne fut tué que pour l'avoir recherché. *Octave* lui-même, dans cette tragédie, dit à *Cinna* :

Aujourd'hui même encor je te donne Emilie
Ce digne objet des vœux de toute l'Italie;
Et qu'ont mise si haut mon amour & mes soins,
Qu'en te couronnant ROI, je t'aurais donné moins.

Le discours d'*Emilie* est donc non-seulement exagéré, mais entièrement faux.

Le jeune *Ptolomée* exagère bien davantage lorsqu'en parlant d'une bataille qu'il n'a point vue, & qui s'est donnée à soixante lieuës d'Alexandrie, il décrit *des fleuves teints de sang rendus plus rapides par le débordement des parricides, des montagnes de morts privés d'honneurs suprêmes que la nature force à se venger eux-mêmes, & dont les troncs pourris exhalent de quoi faire la guerre au reste des vivans ; & la déroute orgueilleuse de Pompée qui croit que l'Egypte, en dépit de la guerre, ayant sauvé le ciel pourra sauver la terre, & pourra prêter l'épaule au monde chancelant.*

Ce n'est point ainsi que *Racine* fait parler *Mithridate* d'une bataille dont il sort.

. . . . Pompée a saisi l'avantage
D'une nuit qui laissait peu de place au courage.
Mes soldats presque nuds dans l'ombre intimidés,
Les rangs de toutes parts mal pris & mal gardés,
Le désordre partout redoublant les allarmes,

Z iij

Nous-mêmes contre nous tournant nos propres armes;
Les cris que les rochers renvoyaient plus affreux,
Enfin toute l'horreur d'un combat ténébreux.
Que pouvait la valeur dans ce trouble funeste?
Les uns sont morts, la fuite a sauvé tout le reste;
Et je ne dois la vie, en ce commun effroi,
Qu'au bruit de mon trépas que je laisse après moi.

C'est-là parler en homme. Le roi *Ptolomée* n'a parlé qu'en poëte ampoulé & ridicule.

L'exagération s'est réfugiée dans les oraisons funèbres; on s'attend toûjours à l'y trouver; on ne regarde jamais ces piéces d'éloquence que comme des déclamations; c'est donc un grand mérite dans *Bossuet*, d'avoir su attendrir & émouvoir dans un genre qui semble fait pour ennuier.

EXPIATION.

Dieu fit du repentir la vertu des mortels.

C'Est peut-être la plus belle institution de l'antiquité que cette cérémonie solemnelle, qui réprimait les crimes, en avertissant qu'ils doivent être punis; & qui calmait le désespoir des coupables en leur fesant racheter leurs transgressions par des espèces de pénitences. Il faut nécessairement que les remords ayent prévenu les expiations : car les maladies font plus anciennes que la médecine ; & tous les befoins ont exifté avant les fecours.

Il fut donc avant tous les cultes une religion naturelle qui troubla le cœur de l'homme, quand il eut dans fon ignorance ou dans fon emportement commis une action inhumaine. Un ami dans une querelle a tué fon ami, un frère a tué fon frère, un amant jaloux & frénétique a même donné la mort à celle fans laquelle il ne pouvait vivre. Un chef d'une nation a condamné un homme vertueux, un citoyen utile. Voilà des hommes défefpérés, s'ils font fenfibles. Leur confcience les pourfuit ; rien n'eft plus vrai ; & c'eft le comble du malheur. Il ne refte plus que deux partis, ou la réparation, ou l'affermiffement dans le crime. Toutes les ames fenfibles cherchent le premier parti, les monftres prennent le fecond.

Dès qu'il y eut des religions établies, il y eut des expiations ; les cérémonies en furent ridicules : car quel rapport entre l'eau du Gange & un meurtre ? comment un homme réparait-il un homicide en fe baignant ? Nous avons déja remarqué cet excès de démence & d'abfurdité, d'avoir imaginé que ce qui lave le corps, lave l'ame, & enlève les taches des mauvaifes actions.

L'eau du Nil eut enfuite la même vertu que l'eau du Gange : on ajoutait à ces purifications d'autres cérémonies : j'avoue qu'elles furent encor plus impertinentes. Les Egyptiens prenaient deux boucs, & tiraient au fort lequel des deux on jetterait en bas chargé des péchés des coupables. On donnait à ce bouc le nom d'*Azazel*, l'expiateur. Quel rapport, je vous prie, entre un bouc & le crime d'un homme ?

Il est vrai que depuis, DIEU permit que cette cérémonie fût fanctifiée chez les Juifs nos pères, qui prirent tant de rites égyptiaques ; mais fans doute, c'était le repentir & non le bouc qui purifiait les ames juives.

Jafon ayant tué *Abfyrthe* fon beau-frère, vient, dit-on, avec *Médée* plus coupable que lui, fe faire abfoudre par *Circé* reine & prêtreffe d'Æa, laquelle paffa depuis pour une grande magicienne. *Circé* les abfout avec un cochon de lait & des gâteaux au fel. Cela peut faire un affez bon plat ; mais cela ne peut guères ni payer le fang d'*Abfyrthe*, ni rendre *Jafon* & *Médée* plus honnêtes gens ; à moins qu'ils ne témoignent un repentir fincère en mangeant leur cochon de lait.

L'expiation d'*Orefte* qui avait vengé fon père par le meurtre de fa mère, fut d'aller voler une ftatue chez les Tartares de Crimée. La ftatue devait être bien mal faite ; & il n'y avait rien à gagner fur un pareil effet. On fit mieux depuis, on inventa les myftères : les coupables pouvaient y recevoir leur abfolution en fubiffant des épreuves pénibles, & en jurant qu'ils méneraient une nouvelle vie. C'eft de ce ferment que les récipiendaires furent appellés chez toutes les nations d'un nom qui répond à initiés, *qui iniunt vitam novam*, qui commencent une nouvelle carrière, qui entrent dans le chemin de la vertu.

Nous avons vu à l'article *Batême* que les catéchumènes chrétiens n'étaient appellés *initiés* que lors qu'ils étaient batifés.

Il eft indubitable qu'on n'était lavé de fes fautes, dans ces myftères, que par le ferment d'être vertueux : cela eft fi vrai, que l'hiérophante dans tous les myftères de la Grèce, en congédiant l'affemblée, prononçait ces deux mots égyptiens; *Koth*, *ompheth;* Veillez, foyez purs; ce qui eft à la fois une preuve que les myftères viennent originairement d'Egypte, & qu'ils n'étaient inventés que pour rendre les hommes meilleurs.

Les fages dans tous les tems firent donc ce qu'ils purent pour infpirer la vertu, & pour ne point réduire la faibleffe humaine au défefpoir; mais auffi il y a des crimes fi horribles, qu'aucun myftère n'en accorda l'expiation. *Néron*, tout empereur qu'il était, ne put fe faire initier aux myftères de *Cérès*. Conftantin, au rapport de *Zozime*, ne put obtenir le pardon de ses crimes : il était souillé du sang de sa femme, de son fils & de tous ses proches. C'était l'intérêt du genre-humain que de si grands forfaits demeurassent sans expiation, afin que l'absolution n'invitât pas à les commettre, & que l'horreur universelle pût arrêter quelquefois les scélérats.

Les catholiques romains ont des expiations qu'on appelle *pénitences*. Nous avons vu à l'article *Austérités* quel fut l'abus d'une institution si salutaire.

Par les loix des barbares qui détruisirent l'empire Romain, on expiait les crimes avec de l'argent ; cela s'appellait composer, *componat cum decem, viginti, triginta solidis*. Il en coûtait deux cent sous de ce tems-là pour tuer un prêtre, & quatre cent pour tuer un évêque : de sorte qu'un évêque valait précisément deux prêtres.

Après avoir ainsi composé avec les hommes, on composa ensuite avec Dieu, lorsque la confession fut généralement établie. Enfin le pape *Jean XXII*, qui fesait argent de tout, rédigea le tarif des péchés.

L'absolution d'un inceste, quatre tournois pour un laïque ; *ab incestu pro laico in foro conscientiæ turonenses quatuor*. Pour l'homme & la femme qui ont commis l'inceste, dix-huit tournois, quatre ducats & neuf carlins. Cela n'est pas juste ; si un seul ne paye que quatre tournois, les deux ne devaient que huit tournois.

La sodomie & la bestialité sont mises au même taux avec la clause inhibitoire au titre XLIII : cela monte à quatre-vingt-dix tournois, douze ducats & six carlins : *cum inhibitione turonenses 90. ducatos 12. carlinos 6. &c.*

Il est bien difficile de croire que *Léon X* ait eu l'imprudence de faire imprimer cette taxe en 1514, comme on l'assure ; mais il faut considérer que nulle étincelle ne paraissait alors de l'embrasement qu'excitèrent depuis les réformateurs, que la cour de Rome s'endormait sur la crédulité des peuples, & négligeait de couvrir ses exactions du moindre voile. La vente publique des indulgences, qui suivit bientôt après, fait voir que cette cour ne prenait aucune précaution pour cacher des turpitudes auxquelles tant de nations étaient accoutumées. Dès que les plaintes contre les abus de l'église romaine éclatèrent, elle fit ce qu'elle put pour supprimer le livre ; mais elle ne put y parvenir.

Si j'ose dire mon avis sur cette taxe, je crois que les éditions ne sont pas fidelles ; les prix ne sont du tout point proportionnés : ces prix ne s'accordent pas avec ceux qui sont allégués par d'*Aubigné*, grand-père de madame de *Maintenon*, dans la *Confession de Sanci* : il évalue un pucelage à six gros, & l'inceste avec sa mère & sa sœur à cinq gros ; ce compte est ridicule. Je pense qu'il y avait en effet une taxe établie dans la chambre de la daterie pour ceux qui venaient se faire absoudre à Rome, ou marchander des dispenses ; mais que les ennemis de Rome y ajoutèrent beaucoup pour la rendre plus odieuse. Consultez *Bayle* aux articles *Banket*, *Pinet*, *Claude Dépenses*, *Drelincourt*, *Juricu*.

Ce qui est très certain, c'est que jamais ces taxes ne furent autorisées par aucun concile ; que c'était un abus énorme inventé par l'avarice & respecté par ceux qui avaient intérêt à ne le pas abolir. Les vendeurs & les acheteurs y trouvaient également leur compte : ainsi presque personne ne réclama jusqu'aux troubles de la réformation. Il faut avouer qu'une connaissance bien exacte de toutes ces taxes servirait beaucoup à l'histoire de l'esprit humain.

EXTRÊME.

Nous essaierons ici de tirer de ce mot *extrême* une notion qui poura être utile.

EXTRÊME.

On dispute tous les jours si à la guerre la fortune ou la conduite fait les succès.

Si dans les maladies la nature agit plus que la médecine pour guérir ou pour tuer.

Si dans la jurisprudence il n'est pas très avantageux de s'accommoder quand on a raison, & de plaider quand on a tort.

Si les belles-lettres contribuent à la gloire d'une nation ou à sa décadence.

S'il faut ou s'il ne faut pas rendre le peuple superstitieux.

S'il y a quelque chose de vrai en métaphysique, en histoire, en morale.

Si le goût est arbitraire, & s'il est en effet un bon & un mauvais goût, &c. &c.

Pour décider tout-d'un-coup toutes ces questions, prenez un exemple de ce qu'il y a de plus extrême dans chacune ; comparez les deux extrémités opposées, & vous trouverez d'abord le vrai.

Vous voulez savoir si la conduite peut décider infailliblement du succès à la guerre, voyez le cas le plus extrême, les situations les plus opposées où la conduite seule triomphera infailliblement. L'armée ennemie est obligée de passer dans une gorge profonde de montagnes ; votre général le sait, il fait une marche forcée, il s'empare des hauteurs, il tient les ennemis enfermés dans un défilé, il faut qu'ils périssent ou qu'ils se rendent. Dans ce cas extrême la fortune ne peut avoir nulle part à la victoire. Il est donc démontré que l'habileté peut décider du succès d'une campagne ; de cela seul il est prouvé que la guerre est un art.

Ensuite imaginez une position avantageuse, mais moins décisive ; le succès n'est pas si certain, mais il est toûjours très probable. Vous arrivez ainsi de proche en proche jusqu'à une parfaite égalité entre les deux armées, qui décidera alors ? la fortune, c'est-à-dire, un événement imprévu : un officier général tué lorsqu'il va exécuter un ordre important, un corps qui s'ébranle sur un faux bruit ; une terreur panique, & mille autres cas auxquels la prudence ne peut remédier ; mais il reste toûjours certain qu'il y a un art, une tactique.

Il en faut dire autant de la médecine, de cet art d'opérer de la tête & de la main, pour rendre à la vie un homme qui va la perdre.

Le premier qui saigna & purgea à propos un homme tombé en appoléxie, le premier qui imagina de plonger un bistouri dans la vessie pour en tirer un caillou, & de refermer la playe ; le premier qui sut prévenir la gangrène dans une partie du corps, étaient sans doute des hommes presque divins, & ne ressemblaient pas aux médecins de *Molière*.

Descendez de cet exemple palpable à des expériences moins frappantes & plus équivoques ;

EXTRÊME.

vous voyez des fièvres, des maux de toute espèce, qui se guérissent sans qu'il soit bien prouvé si c'est la nature ou le médecin qui les a guéries; vous voyez des maladies dont l'issue ne peut se deviner; vingt médecins s'y trompent; celui qui a le plus d'esprit, le coup d'œil plus juste, devine le caractère de la maladie. Il y a donc un art; & l'homme supérieur en connaît les finesses. Ainsi *la Peyronie* devina qu'un homme de la cour devait avoir avalé un os pointu qui lui avait causé un ulcère, & le mettait en danger de mort. Ainsi *Boerhaave* devina la cause de la maladie aussi inconnue que cruelle d'un comte de *Vassenaar*. Il y a donc réellement un art de la médecine; mais dans tout art il y a des *Virgile* & des *Mævius*.

Dans la jurisprudence, prenez une cause nette, dans laquelle la loi parle clairement; une lettre de change bien faite, bien acceptée; il faudra par tout pays que l'accepteur soit condamné à la payer. Il y a donc une jurisprudence utile, quoique dans mille cas, les jugemens soient arbitraires pour le malheur du genre-humain, parce que les loix sont mal faites.

Voulez-vous savoir si les belles-lettres font du bien à une nation, comparez les deux extrêmes, *Cicéron*, & un ignorant grossier. Voyez si c'est *Pline* ou *Attila* qui fit la décadence de Rome.

On demande si l'on doit encourager la superstition dans le peuple, voyez surtout ce qu'il y a de plus extrême dans cette funeste matière, les St. Barthelemis, les massacres d'Irlande, les croisades; la question est bientôt résolue.

Y a-t-il du vrai en métaphysique ? Saisissez d'abord les points les plus étonnans & les plus vrais; quelque chose existe, donc quelque chose existe de toute éternité. Un Etre éternel existe par lui-même; cet Etre peut n'être ni méchant, ni inconséquent. Il faut se rendre à ces vérités ; presque tout le reste est abandonné à la dispute, & l'esprit le plus juste démêle la vérité lorsque les autres cherchent dans les ténèbres.

Y a-t-il un bon & un mauvais goût ? Comparez les extrêmes ; voyez ces vers de *Corneille* dans *Cinna*.

Octave ose accuser le destin d'injustice,
Quand tu vois que les tiens s'arment pour ton supplice;
Et que par ton exemple à ta perte guidés,
Ils violent des droits que tu n'as pas gardés.

Comparez-les à ceux-ci dans *Othon*.

Dis-moi donc, lorsqu'Othon s'est offert à Camille,
A-t-il été content, a-t-elle été facile ?
Son hommage auprès d'elle a-t-il eu plein effet ?
Comment l'a-t-elle pris, & comment l'a-t-il fait ?

Par

Par cette comparaifon des deux extrêmes, il eft bientôt décidé qu'il exifte un bon & un mauvais goût.

Il en eft en toutes chofes comme des couleurs, les plus mauvais yeux diftinguent le blanc & le noir, les yeux meilleurs, plus exercés, difcernent les nuances qui fe rapprochent.

Ufque adeo quod tangit idem eft ; tamen ultima diftant.

Fin de la cinquiéme partie.

TABLE
DES ARTICLES
contenus dans cette cinquiéme partie.

DROIT CANONIQUE.
Idée générale du droit canonique, par Mr. Bertrand *ci-devant premier pasteur de l'églife de Berne.* . Pag. 1.
Section première. *Du minifère ecclésiaftique.* . . . . . 4.
Section seconde. *Des poffeffions des eccléfiaftiques.* . . . . 7.
Section troisiéme. *Des affemblées eccléfiaftiques ou religieufes.* . . 12.
Section quatriéme. *Des peines eccléfiaftiques.* . . . . . 18.
Section cinquiéme. *De l'infpection fur le dogme.* . . . . . 23.

TABLE DES ARTICLES. 371

Section sixiéme. *Inspection des magistrats sur l'administration des sacremens.* . . . . Pag. 24.

Section septiéme. *Jurisdiction des ecclésiastiques.* . . . . . 28.

Extrait du tarif des droits qu'on paye en France à la cour de Rome pour les bulles, dispenses, absolutions, &c. 30.

Dispenses de mariage. . . . 32.

DROIT DE LA GUERRE. (du.) *Dialogue entre un Anglais & un Allemand.* 34.

ECONOMIE. . . . . 47.
   De l'économie publique. . . 56.

ECONOMIE DE PAROLES. *Parler par économie.* . . . 66.

ECROUELLES. . . . 75.

EDUCATION. *Dialogue entre un conseiller & un ex-jésuite.* . . 78.

EGALITÉ. (Section première.) 83.
   Section seconde. . . . 87.

EGLISE. *Précis de l'histoire de l'église chrétienne.* . . . . . 90.
   Du pouvoir de chasser les diables donné à l'église. . . . . 103.

Aa ij

Des martyrs de l'églife. . . Pag. 105.
De l'établiſſement de l'égliſe ſous Conſ-
tantin. . . . . 112.
De la ſignification du mot Egliſe. *Portrait de l'égliſe primitive. Dégénération. Examen des ſociétés qui ont voulu rétablir l'égliſe primitive, & particuliérement des primitifs appellés
quakers.* . . . . 117.
*Du nom d'*Egliſe *dans les ſociétés chrétiennes.* . . . . 120.
*De la primitive égliſe, & de ceux qui
ont cru la rétablir.* . . . 121.
Des primitifs appellés quakers. . 127.
*Querelles entre l'égliſe grecque & la la-
tine, dans l'Aſie & dans l'Europe.* 133.
De la préſente égliſe grecque. . 140.

EGLOGUE. . . . . 142.
Eglogue allemande. . . , 145.
Eglogue à Mr. de St. Lambert. . 146.

ELIE & ENOCH. . . 149.
ELOQUENCE. . . . 153.
EMBLÊME, FIGURE, ALLÉGO-
RIE, SYMBOLE, &c. . . 163.

DES ARTICLES. 373

De quelques emblêmes dans la nation
   juive. . . . . Pag. 167.
De l'emblême d'Oolla & d'Oliba. 176.
D'Osée & de quelques autres emblêmes. 178.
EMPOISONNEMENS. . . 180.
ENCHANTEMENT, MAGIE, ÉVO-
   CATION, SORTILÈGE, &c. 186.
Enchantement des morts. . . 191.
Enchantement pour se faire aimer. 194.
ENFER. . . . . 196.
ENTERREMENT. . . . 205.
ENTOUSIASME. , . . 209.
ENVIE. . . . . 217.
EPIGRAMME. . . . 220.
   Sur les sacrifices à Hercule. . *ibid.*
   Sur Laïs *qui remit son miroir dans le*
      temple de Vénus. . . . 221.
   Sur une statue de Vénus. . . *ibid.*
   Sur une statue de Niobé. . . *ibid.*
   Sur des fleurs à une fille Grecque, qui
      passait pour être fière. , . *ibid.*
   Sur Léandre *qui nageait vers la tour*
      d'Héro pendant une tempête. . 222.
EPIPHANIE. *La visibilité, l'appari-*
   tion, l'illustration, le reluisant. . 225.

EPOPÉE, POÉME ÉPIQUE. Pag. 228.
- D'Hésiode. . . . . 229.
- De l'Iliade. . . . . 234.
- De Virgile. . . . . 238.
- De Lucain. . . . . 241.
- Du Tasse. . . . . 242.
- De l'Arioste. . . . . 243.
- De Milton. . . . . 256.
- Du reproche de plagiat fait à Milton. 275.

EPREUVE. . . . 280.
EQUIVOQUE. . . . 288.
ESCLAVES. (Section première.) . 292.
- Section seconde. . . . 297.
- Section troisiéme. . . . 300.
- *Serfs de corps, serfs de glèbe, mainmorte, &c.* (Section quatriéme.) 301.

ESPACE. . . . . 305.
ESPRIT. . . . . 308.
- Section seconde. *Bel esprit, esprit.* 312.
- Section troisiéme. . . . 321.
- *Esprit faux.* . . . . 322.

ESSÉNIENS. . . . 323.
ETERNITÉ. . . . 333.
EVANGILE. . . . 340.
EUCHARISTIE. . . 345.

EVÊQUE.	349.
EXAGÉRATION.	352.
EXPIATION.	358.
EXTRÊME.	364.

ERRATA

du cinquiéme volume.

Page 5. *ligne* 4. contradictons, *corrigez*, contradictions.

page 11. *lig.* 2. fouftraifant, *corr.* fouftraiant.

page 28. *lig.* 24. d'être jugé fur la terre, *corr.* d'être juge fur la terre.

page 49. *lig.* 27. *Rebecca* qu'il fait paffer, *corr. Rebecca* que fon mari fait paffer.

page 57. *lig.* 12. eur argent, *corr.* leur argent.

page 59. *lig.* 10. n'exifte, *corr.* n'exiftent.

page 74. *lig.* 20. *funt menfa*, corr. *funt manfa*.

page 85. *lig.* 13. que celui des daims, *corr.* que de celui des daims.

page 102. *lig.* 13. presbiteroi, *corr.* presbyteroi.

page 125. *lig.* 26. shifmes, *corr.* fchifmes.

page 135. *lig.* 19. *rerum dommos*, corr. *rerum dominos*.

page 137. *lig.* 7. Le shifme, *corr.* le fchifme.

page 155. *lig.* 20. dont l'éloquence, *corr.* donc l'éloquence.

ERRATA.

Page 167. *ligne* 23. comme la feuille, *corrigez* comme la fleur.

page 168. *lig.* 26. après *je cueillerai de ses fruits*, ajoutez : *Que ferons-nous de notre petite sœur, qui n'a point encor de tetons ? si c'est un mur, bâtissons dessus ; si c'est une porte, fermons-la.*

page 171. *lig.* 10. Les Jabiens, *corr.* les Gabiens.

page 173. *lig.* 8. *te ta maison*, corr. *de ta maison.*

page 176. *lig.* 19. *suum pactum*, corr. *sum pactum*.

page 182. *lig.* 3. *Taphana*, corr. *Tophana.*

page 185. *lig.* 11. *après ces mots*, coupé un caillou avec un rasoir, *ajoutez* : & où *Simon Barjone*, surnommé *Pierre*, disputa de miracles avec *Simon le magicien*, &c.

page 186. *lig.* 18. *epodi-gonteïa*, corr. *epodigonoeïa.*

page 195. *lig.* 25. l'hyppomane, *corr.* l'hippomane.

page 197. *lig.* 26. *Tenara & aspero*, corr. *Tænara & aspero.*

ibid. lig. 27. *& obsident*, corr. *& obsidens.*

Cinquiéme partie.   B b

ERRATA.

Page 202. *ligne* 19. avec quoi le falerez-vous *corrigez*, avec quoi falerez-vous ?

page 207. *lig.* 15. marcher fur, *corr.* marchez fur.

ibid. lig. 19. qu'on appelle des *Innocens*, *corr.* qu'on appelle *St. Innocent*.

page 214. *lig.* 13. *Abdolonime*, corr. *Abdolomine*.

page 228. *lig.* 9. Puifque *épos*, *corr.* puifqu'*épos*.

page 240. *lig.* 12. *Dardannium*, corr. *Dardanium*.

page 245. *lig.* pénult. *in tutoo*, corr. *in tutto*.

page 252. *lig.* 7. *cl'acheronte*, corr. *dell'acheronte*.

page 257. *lig.* 14. *Tremaule*, corr. *Treman le*.

page 258. *lig.* 1. *E ain guifa*, corr. *Ed in guifa*.

ibid. lig. 10. *rimbombo udiffe*, corr. *rimbombo udiffi*.

page 262. *lig.* 21. *Ligt the day*, corr. *Light the day*.

page 278. *lig.* 13. *Dei fecura favorem*, corr. *Dei fecura favore*.

page 294. *lig.* 5. *Chrifeis*, corr. *Brifeis*.

page 310. *lig.* 1. *euphnia*, corr. *euphuia*.

ERRATA.

Page 317. *ligne* 3. *thalamos invifi cefaris*, corrigez, *thalamis invifi cæfaris.*

page 355. *Su fangre fegor que en humo*
Su fentimiento explicava,
Corrigez,
Su fangre feñor que en humo
Su fentimiento efplicava,

page 361. *lig.* 8. *qui iniunt vitam*, corr. *qui ineunt vitam.*

page 366. *lig.* 22. appolexie, *corr.* apoplexie.

page 368. *lig.* 7. méhaphyfique? *corr.* métaphyfique.

www.ingramcontent.com/pod-product-compliance
Lightning Source LLC
Chambersburg PA
CBHW070454170426
43201CB00010B/1337